Industrie- und Betriebssoziologie

von

Dr. Wolfram Burisch

Universität Konstanz

7. verbesserte Auflage

Sammlung Göschen 4103

Walter de Gruyter

Berlin · New York · 1973

Verfasser der 1.–4. Auflage, 1955–1967:
Prof. Dr. Ralf Dahrendorf

ISBN 3 11 004308 4

 Satz und Druck: Saladruck, Berlin. – Printed in Germany.

Inhaltsverzeichnis

I. Zur Bestimmung des Gegenstandes, der Methoden und der Ziele der Industrie- und Betriebssoziologie

1. Begriff und Gegenstand

Die Soziologie ist ein Produkt der industrialisierten Gesellschaft – und die Industrie ist ihr bevorzugter Gegenstand. Dennoch hat sie Schwierigkeiten bei der Bestimmung des Begriffs der „industriellen Gesellschaft", wiewohl alle Gesellschaften mit entfalteter Industrie – gleich welcher politischen Prägung auch – als solche bezeichnet werden. Eine Definition wie die von *R. Aron,* die industrielle Gesellschaft „sei eine Gesellschaft, in der die Industrie, die Großindustrie zumal, die charakteristische Produktionsweise bildet", scheint unmittelbar einleuchtend. Freilich ist sie in dieser Verkürzung noch ungenügend, deckt sie doch nur eine der Vorstellungen, die mit dem Begriff in seiner Komplexität verbunden werden. *Aron* läßt es deshalb auch bei der einfachen Definition nicht bewenden, sondern typisiert sie in „fünf charakteristischen Eigentümlichkeiten der industriellen Gesellschaft", die zumindest einen Ansatz zur Analyse der komplexen Gesellschaftsform bieten. Zugleich wird daran die Vielschichtigkeit der mit dem Industrialisierungsprozeß verbundenen Wandlungen der Gesellschaft deutlich. Für *Aron* sind die folgenden Eigentümlichkeiten von herausragender Bedeutung.

1. Der Betrieb ist völlig von der Familie getrennt.
2. Der industrielle Betrieb führt eine ihm eigentümliche Form der Arbeitsteilung ein.
3. Das industrielle Unternehmen setzt eine Akkumulation von Kapital voraus.

4. Die Anwendung technischer Verfahren erfordert eine Wirtschaftlichkeitsberechnung.
5. Dem Begriff des Industrieunternehmens ist eine Konzentration der Arbeitskraft am Arbeitsort abzuleiten [34, S. 69–71].

So fragwürdig, wie eine solche abgekürzte Charakterisierung bereits unter politischem Aspekt sein mag – längst wird nicht in allen industriellen Gesellschaften ein Zwang zur Kapitalakkumulation anerkannt –, so unbestritten ist die zunächst bloß technisch-ökonomische Tatsache, daß die Güterproduktion, wie sie sich in Fabriken und unter Verwendung mechanischer Hilfsmittel der verschiedensten Art vollzieht, bis in die intimsten Bereiche des sozialen Lebens der Menschen hineinwirkt. Mindestens jeder zweite Erwachsene erwirbt in der Industrie, als Arbeiter, Angestellter oder Unternehmer, seinen Lebensunterhalt; nahezu alle Menschen in industriellen Gesellschaften sind mittelbar abhängig von der Industrie, ihren Produktionseinrichtungen und -leistungen, ihrer technischen Entwicklung und ihren Veränderungen. Die Mechanisierung des gesamten Lebens, die Konzentration der Bevölkerung in Großstädten, die Auflösung der festgefügten Familienstruktur vorindustrieller Zeit, die Entstehung gesellschaftlicher Konflikte und Antagonismen zwischen Unternehmern, Arbeitern und Angestellten – all dies ist nur ein Teil der Folgen und Begleiterscheinungen der industriellen Produktion.

So scheint es geradezu ein zwangsläufiger Prozeß zu sein, daß die industrialisierte Gesellschaft in der Soziologie zum Gegenstand einer Wissenschaft wurde, die das überkommene starre Weltbild ablöste, ohne freilich selbst der Gefahr enthoben zu sein, wiederum zu einem solchen zu erstarren. Zweifellos jedoch ist die Soziologie in ihrer Entstehungsgeschichte als „Oppositionswissenschaft und Gesellschaftskritik" zu verstehen[1], und es liegt nahe, daß sie sich vornehmlich dem Gegenstand zuwandte, der ihre Entstehung in erster Linie bewirkt

[1] R. *König:* Soziologische Orientierungen (Köln – Berlin 1965); S. 17.

hat. Zugleich sind die Formen der Industrialisierung und die Organisationen der Produktion als Gegenstände wissenschaftlicher Analyse überschaubarer als die Gesellschaft in ihren Konflikten und Wandlungen allgemein. Deshalb überrascht es nicht, wenn gerade in den letzten Jahren die Zahl der Arbeiten, die die Industrie und den Industriebetrieb zum Forschungsgegenstand haben, fast schneller gewachsen ist als die, die sich mit der Gesellschaft allgemein befassen. Das mag unter anderem ein Ungenügen der allgemeinen Gesellschaftstheorie anzeigen, gründet jedoch vor allem in dem raschen Entwicklungsprozeß der Industrie. „In dem Interesse an Soziologie drückt sich immer auch das an derjenigen Gesellschaft aus, in der man lebt." [16, S. 9] Die Gesellschaften aber, in denen das Interesse an der Soziologie am auffälligsten ist, sind durch die Industrie geprägt.

Sofern die Soziologie an der Beschreibung und Erklärung des sozialen Handelns allgemein orientiert ist, hat die Industrie- und Betriebssoziologie den Ausschnitt des sozialen Handelns zum Gegenstand, der durch die industrielle Güterproduktion gegeben ist. Sie ist in diesem Sinne, mit einer Formel von *W. E. Moore*, „die Anwendung soziologischer (oder sozialwissenschaftlicher) Prinzipien auf die Analyse eines konkreten Satzes sozialer Beziehungen" [3, S. 4]. Doch wo die Industrie- und Betriebssoziologie als eine „angewandte Wissenschaft" bezeichnet wird, ist die Gefahr gegeben, daß sie als eine Disziplin mißverstanden wird, die weniger auf die Erkenntnis als auf die aktive Veränderung oder Bestätigung der zuständlichen Verhältnisse abzielt. Dagegen wäre klar zu halten, daß „sich dieser Begriff der ‚Angewandtheit' keineswegs darauf (bezieht), daß der Inhalt dieser Spezialdisziplin darin bestünde, praktische Ratschläge und Lösungen vorzutragen, also in wissenschaftlichem Sinne eine Politik zu sein, sondern er bedeutet, daß hier die allgemeinen Theorien der systematischen Soziologie auf spezielle Tatbestände und Teilgebiete der gesellschaftlichen Wirklichkeit angewendet werden". Um also den Verdacht abzuwenden, die Industrie- und Betriebssoziologie sei als Anleitung für eine bestimmte Interessenpolitik zu verstehen, scheint es sinnvoll, mit *H. Schelsky* besser von einer „speziellen Soziologie“ zu sprechen [15, S. 7][2].

Als solche spezielle Soziologie, die einen eigenen Anspruch auf verallgemeinernde Theorienbildung in einem Ausschnittsbereich der Soziologie vertritt, hat die Industrie- und Betriebssoziologie allerdings einen merkwürdigen Status: Ihr Gegenstand ist nicht ein systematisch abtrennbarer Ausschnitt des Gesamtbereiches der Gesellschaft und damit der Soziologie, sondern selbst Produkt historischer Entwicklung. Wo immer in Gesellschaften Formen der Wirtschaft, der Familie oder der Politik anzutreffen sind, können Wirtschafts-, Familien- und politische Soziologie als eigene spezielle Soziologien bezeichnet werden. Industrie und Industriebetriebe dagegen gibt es erst seit höchstens zwei Jahrhunderten, und auch heute noch nicht in allen Teilen der Welt; wenn sie auch dort, wo sie anzutreffen sind, von elementarer Bedeutung für ihre Gesellschaft sind. So ist die Industrie- und Betriebssoziologie auf eine bestimmte Periode der Sozialgeschichte bezogen und genau genommen nicht eine „spezielle Soziologie“, sondern eine „spezielle Soziologie der industriellen Gesellschaft“ und weithin auch ein typisches Merkmal einer solchen Gesellschaft. Jede neue Entwicklung dieser „speziellen Soziologie der industriellen Gesellschaft“ ist also nur im Zuge einer Neuordnung der Sozialstruktur zu verstehen. „Fortgesetzter, durch fortschreitende Technisierung bedingter wirtschaftlicher Wandel, der so intensiv ist, daß er sogar als ‚Revolution‘ bezeichnet wird, muß sich ... zwangsläufig in der Sozialstruktur auswirken.“ [135, S. 10] Diese Auswirkungen sind der Gegenstand der Industriesoziologie. In der Bedeutung der Industrie für die moderne Gesellschaft erweist sich also die Relevanz einer Soziologie der Industrie. „Heute ist der Zustand erreicht, in dem man die Naturwissen-

[2] Ähnlich *H. Maus:* Soziologie, in: W. *Schuder* (Hg.): Universitas Literarum (Berlin 1955); S. 312 f.

schaft, die Technik und das Industriesystem funktionell im Zusammenhang sehen muß."[3]

Deshalb ist sogar gelegentlich davon gesprochen worden, daß die Betriebssoziologie als Grundlagenwissenschaft betrachtet werden kann [260]. Dennoch scheint es bei der Anomalie zu bleiben, die sich aus dem Widerspruch des Anspruches der Industrie- und Betriebssoziologie auf eine relativ selbständige Stellung neben anderen speziellen Soziologien und ihrer historischen Bezogenheit ergibt. Diese sollte beispielsweise bei *L. von Wiese* dadurch beseitigt werden, daß er sie der Wirtschaftssoziologie als der um die Erforschung des „zwischenmenschlichen Lebens auf dem Gebiete planmäßiger Unterhaltungsfürsorge" bemühten Disziplin unterordnen wollte[4]. Andere Betriebssoziologen sind in ganz ähnlicher Absicht von so formalen Definitionen des Betriebes ausgegangen, daß landwirtschaftliche und handwerkliche Betriebe, ja, jede „Sachen- und Menschenordnung für den Vollzug von Arbeitsgängen" [17, S. 57] *(L. H. A. Geck)* in dieser Disziplin Platz finden. Solche Versuche sind systematisch dann sinnvoll, wenn man wie *F. Fürstenberg* den Industriebetrieb als soziales Gebilde der Gegenwart definiert, das wie kein anderes die Bedingung erfüllt, die Eigenart dieser industriellen Gesellschaft zum Ausdruck zu bringen [101, S. 170]. Zwar sind die beiden Spezialsoziologien der „Wirtschaftssoziologie" und der „Organisationssoziologie" in den letzten Jahren ganz erheblich entwickelt worden [330; 30; 322; 319], so daß es scheinen könnte, als sei der Eigenständigkeit einer Industrie- und Betriebssoziologie eigentlich der Boden entzogen. Abgesehen davon jedoch, daß die Entwicklung der Wissenschaftszweige nicht unbedingt in allem systematischen Prinzipien folgt, gibt es gute Gründe, eine spezielle Soziologie der Industrie und des Betriebes weiter zu verfolgen, zumal kaum ein anderer Gegenstand der Sozialwissenschaft sich so

[3] *A. Gehlen:* Die Seele im technischen Zeitalter (Hamburg 1957); S. 13.

[4] System der allgemeinen Soziologie (2. Aufl. München – Leipzig 1938); S. 627, 628, 630 f. Hier auch zuerst der dann von anderen aufgenommene Begriff von „speziellen Soziologien". Vgl. *H. Maus,* a. a. O.

relativ geschlossen und repräsentativ für die Gesellschaft anbietet wie der Industriebetrieb. Die Aktualität einer Disziplin zeigt also gleichsam deren Notwendigkeit an; und es gibt tatsächlich eine ausgebildete Industrie- und Betriebssoziologie. Unter Berücksichtigung allgemeiner wirtschaftlicher Zusammenhänge wie der Gesetzlichkeiten aller sozialen Organisationsformen und doch in bewußter Absonderung aus diesem Kontext hat sich die Erforschung der Sozialstruktur der modernen Fabrikindustrie zu einer eigenen Disziplin entwickelt, deren Definition allerdings alles andere als eindeutig ist.

Indes wird auch der Begriff der Industrie noch vielfach verschieden gedeutet. „Im allgemeinsten Sinn mag man von der Industrie als gleichbedeutend mit der Produktion von Gütern und Dienstleistungen sprechen – praktisch synonym mit ‚wirtschaftlicher Organisation'. Spezifischer wird der Begriff der Industrie gebraucht, um die geordnete Güterproduktion zu bezeichnen, zum Unterschied von finanziellen und kommerziellen Tätigkeiten. In einem noch begrenzteren Sinn bezieht der Begriff der Industrie sich auf rohstoffgewinnende und -weiterverarbeitende Tätigkeiten, die gewöhnlich die Anwendung mechanischer Kraft verlangen." [3, S. 5] Industrie in diesem letzteren Sinne bildet herkömmlicherweise den Gegenstand der Betriebssoziologie. Sie ist die spezielle Soziologie noch zu bestimmender Probleme innerhalb der mechanisierten Güterproduktion in Bergwerken, Hütten und Fabriken, wie diese sich seit der industriellen Revolution im späten 18. Jahrhundert in vielen Ländern der Welt entwickelt hat. Mit der sogenannten „zweiten industriellen Revolution" in diesem Jahrhundert entwickelte sich der Gegenstand insofern in eine weitere Dimension, indem nicht mehr unbedingt die Anwendung mechanischer Kraft das alleinige Spezifikum der Güterproduktion geblieben ist, sondern andere, vor allem elektronische Verfahren, hinzugetreten sind.

In der Regel macht sich die Industrie- und Betriebssoziologie nicht anheischig, Universalwissenschaft von der Industrie zu sein. Die Wirtschaftswissenschaften, die technologischen Disziplinen, Teile der Physik, der Biologie und Chemie, in zunehmendem Maße gerade aber auch die Organisationslehre und die Kybernetik haben ihr eigenes Interesse an der Industrie. Auch in der Begrenzung auf Probleme des Menschen im Industriebetrieb hat die Betriebssoziologie eine Reihe benachbarter Disziplinen: die sogenannten Arbeitswissenschaften wie Arbeitsmedizin, Arbeitsphysiologie, Arbeitspädagogik, sowie die Industrie- und Arbeitspsychologie. Durch ihre Problemstellung, durch ihre Forschungstechniken, wie durch die Ausweitung ihrer Perspektive auf gesamtgesellschaftliche Vorgänge, ist die Industriesoziologie darum bemüht, sich von diesen Disziplinen abzugrenzen, wiewohl die Übergänge meistens recht fließend sind. Unter dem Gesichtspunkt einer möglichen Abgrenzung jedoch soll im folgenden die nähere Bestimmung von „Gegenstand" und „Methoden" der Industrie- und Betriebssoziologie angestrebt werden.

Die Thematik einer Wissenschaft ist in der Regel nicht so systematisch, wie sie durch die Aufzählung ihrer Bereiche erscheinen könnte; doch läßt die große Mehrzahl der industriesoziologischen Forschungen sich unter den folgenden Stichworten fassen:

1. Sozialgeschichte der Industrie (Kap. III).
2. Das Sozialsystem des Industriebetriebes (Kap. IV).
3. Das industrielle System (Kap. V).
4. Betriebliche und industrielle Konflikte (Kap. VI).
5. Industrie und Gesellschaft (Kap. VII).

Der erste und der letzte Themenkreis sind methodisch von der Industrie- und Betriebssoziologie insoweit unterschieden, als sie die in ihrem Gegenstand eher begrenzte Betriebssoziologie mit den weiteren Fragen der Geschichte sowie der allgemeinen Gesellschaftstheorie verknüpfen. Doch sind beide Richtungen der Ausweitung – die übrigens in der älteren Soziologie, als man industriesoziologische Fragen noch unter Titeln wie

„Sozialgeschichte der industriellen Arbeitswelt" oder „Wirtschaft und Gesellschaft" behandelte, selbstverständlich waren – notwendig, wenn die Industrie- und Betriebssoziologie nicht in der empirisch willkürlichen Beschränkung auf bloß gegenwärtige und bloß innerbetriebliche Fragen verkümmern, sondern sich des Rückbezugs zu einer allgemeinen Gesellschaftstheorie bewußt sein soll.

Unter der Sozialgeschichte der Industrie ist hier nicht so sehr die beschreibende Darstellung wirtschaftlicher Entwicklungen seit der „industriellen Revolution" als vielmehr die Anwendung soziologischer Kategorien und Theorien auf industrielle Entwicklungsprozesse zu verstehen – eine Anwendung, die von der Absicht geleitet ist, historische Tendenzen und typische Entwicklungen herauszuarbeiten. Eine solche verallgemeinernde Geschichtsbeschreibung ist notwendiger Hintergrund jeder sonst eher querschnitthaften Analyse der Betriebsstruktur, die als solche zum Zeitpunkt ihrer Durchführung schon immer veraltet sein muß: Gesellschaft ist stets geschichtliche Gesellschaft.

Die Kernproblematik der betriebssoziologischen Analyse ist in Analogie zur allgemeinen Soziologie unter zwei Aspekten begreifbar: dem der Einheit und Integration industrieller Betriebe und dem ihrer inneren Spannungen und Konflikte. Im Integrationsaspekt ergänzt die Industrie- und Betriebssoziologie die betriebswirtschaftliche Organisationslehre, die sich einer allgemeinen Theorie sozialer Systeme einordnet. Gleich dieser geht auch die Betriebssoziologie von einem Gefüge sozialer Positionen aus, das industrielle Betriebe strukturiert. Doch greift sie an entscheidenden Stellen über diese formal-schematische Betrachtung hinaus: zu den sozialen Rollen, d. h. den verfestigten Erwartungen, die sich an soziale Positionen knüpfen; zu den oft ungeplanten („informellen") Gruppenbildungen, die nicht selten dem Organisationskonzept zuwiderlaufen; zum Verhalten von Menschen zu ihren Rollen, das zum Anlaß des Wandels betrieblicher Strukturen werden kann; zu sozialen

Strukturen, die jenseits und unabhängig von den wirtschaftlichen Zwecken der Betriebsorganisation bestehen. Solche Elemente lassen sich als Aspekte des Funktionierens der Betriebsorganisation, also unter dem Gesichtspunkt des organisatorischen Gleichgewichts, betrachten. Hier erscheint der Betrieb dann als soziales System, das sich als Zwangsverband gibt, wie es zugleich die Gesellschaft überhaupt repräsentieren mag.

Einen wesentlichen Beitrag zur Kenntnis von Industrie und Industriebetrieb hat die Soziologie indes dort geleistet, wo keine andere Disziplin in der Form mit ihr konkurrieren kann, nämlich auf dem Gebiet der Erforschung betrieblicher und industrieller Konflikte. Lange Zeit hatte auch die Soziologie die Aufgabe vernachlässigt, die Ursachen, Entwicklungen, Gesetzlichkeiten und Möglichkeiten der Regelung betrieblicher und industrieller Konflikte zu erforschen. In den Jahren nach dem Zweiten Weltkrieg ist davon jedoch vieles aufgeholt worden, so daß die Problematik der „industriellen Beziehungen" im Mittelpunkt industriesoziologischer Forschung stand. In den letzten Jahren setzt sich allerdings wieder mehr die Tendenz durch, die Betriebsorganisation als gleichgewichtiges System zu betrachten und zu analysieren [Vgl. 21; 27; 334]. So läßt sich die Geschichte der Industriesoziologie nach ihrem jeweiligen zentralen Gegenstand in drei Perioden gliedern, und zwar in die Beschäftigung mit

1. der wissenschaftlichen Betriebsführung;
2. dem Faktor Mensch;
3. dem sozialen und technischen System.

Es zeigt sich, daß sich viele der industrie- und betriebssoziologischen Forschungen der letzten Jahrzehnte nicht ohne weiteres in die beiden Aspekte betrieblicher Strukturanalyse einordnen lassen. So erscheint es manchmal, als läge der traditionelle Gegenstand der Disziplin auf einem ganz anderen Gebiet: auf dem der Erforschung des Verhältnisses von „Technik und Industriearbeit", vom „Verhalten der Verbraucher und

Unternehmer", von „Mechanisierungsgrad und Entlohnungsform", von „Arbeitsfreude, Arbeitsinteresse und Arbeitszufriedenheit", von „Leistungsanreizen" und „Betriebsklima", von „funktionaler Autorität", „Handlungsorientierung im Industriebetrieb" und „innerbetrieblichem Funktionszusammenhang und Berufsqualifikation" (um die Themen durch Titel von Veröffentlichungen aus den letzten Jahren anzudeuten).[5] Besonders in den immer mehr zunehmenden Veröffentlichungen zur Position der Angestellten scheint von der Analyse betrieblicher Konflikte immer mehr abgelenkt zu werden. Tatsächlich aber ist das wirtschaftliche Verhalten in betrieblichen und industriellen Zusammenhängen, insbesondere das Gebiet der sogenannten „Arbeitssoziologie", einer der großen traditionellen Gegenstände insbesondere der kontinental-europäischen Industrie- und Betriebssoziologie, dem derzeit in zunehmendem Maße vor allem in sozialistischen Gesellschaften nachgegangen wird.

Am wenigsten scharf abgrenzen, aber auch am wenigsten ausschließen, läßt sich der letzte Themenkreis – der des Verhältnisses von Industrie und Gesellschaft. Schon vor Jahren forderte *H. Schelsky*, „daß die Industrie- und Betriebssoziologie ihre Neigung, den Betrieb als verhältnismäßig isoliertes soziales Gebilde anzusehen, in dessen Binnenzusammenhang man die sozialen Fragen autonom erfassen könne, bekämpft und die ihr eigentümliche und von keiner anderen Disziplin der Arbeitswissenschaften abzunehmende Aufgabe ergreift, die Betriebsprobleme gerade in ihrer Bezogenheit auf die jeweiligen Strukturen und Problematiken der Gesamtgesellschaft zu durchdenken" [16, S. 194]. In aller Deutlichkeit formulierte *L. von Friedeburg* später, daß erst „Reflexion auf den gesellschaftlichen Zweck einer sozialen Institution" den Weg zur soziologischen Analyse eröffnet [142, S. 10]. Arbeiter, Angestellte und Unter-

[5] Die Verfasser sind in der Reihenfolge der Titel: *Popitz, Bahrdt, Jüres, Kesting; Katona; Lutz, Willener und andere; von Ferber; Fürstenberg; von Friedeburg und andere; Hartmann; Knebel; Siebel, Hetzler.*

nehmer sind nicht bloß betriebliche Funktionen, sondern bezeichnen auch Positionen in der Gesamtgesellschaft. Die innerbetrieblichen Zwecke sind nicht von sich aus bestimmt, sondern gesellschaftlichen Bedürfnissen verhaftet. Betriebliche und außerbetriebliche Machtverhältnisse, soziale Situationen und Interessenlagen sind direkt oder vermittelt miteinander verknüpft. Die Wertsetzungen des Industriebetriebes wirken in die Gesellschaft hinein, die der Gesellschaft umgekehrt in den Betrieb. Wirtschaftlich, rechtlich, politisch und sozial, aber auch in der Verknüpfung von Öffentlichkeit und Privatsphäre sind Betrieb und Gesellschaft mannigfach miteinander verflochten. Die Formen und Gesetzmäßigkeiten dieser Verflechtung aufzuspüren ist sicher eine der zentralen Aufgaben der Industrie- und Betriebssoziologie. Es ist folglich nicht zu übersehen, daß in Erfüllung dieser Aufgabe die Soziologie der Industrie unmerklich oder offensichtlich in allgemeine Gesellschaftstheorie, Theorie der Sozialstruktur und des sozialen Wandels übergeht.

Der Name „Industrie- und Betriebssoziologie" für die so von ihren Forschungsthemen her bestimmte Disziplin ist ebensowenig unumstritten wie die hier zugrunde gelegte Abgrenzung des Gegenstandes der Forschungsdisziplin, die unterschiedlich als „Industriesoziologie", „Betriebssoziologie", „Wirtschaftssoziologie" usw. bezeichnet wird. In den angelsächsischen Ländern hat sich die Bezeichnung „industrial sociology" weitgehend durchgesetzt. In Deutschland dagegen ist die alte Benennung „Betriebssoziologie" noch immer lebendig, obwohl sie dem Umfang dieser Disziplin nicht voll Rechnung trägt. Zwar haben einige Forscher diese Bezeichnung bereits aufgegeben [16], andere festgestellt, daß auch thematisch „die Betriebssoziologie sich zur Industriesoziologie zu erweitern beginnt"[6], aber zuweilen wird sogar noch eine strenge Scheidung von „Betriebssoziologie" und „Industriesoziologie" verlangt. *L. H. A. Geck* z. B. zieht einen scharfen Trennungsstrich zwischen der Betriebssoziologie als der „soziologischen Wissenschaft von den durch Betrieb gegebenen sozialen Erscheinungen" und der Industriesoziologie als der „soziologischen Wissenschaft von der Industrie als Sozialgebilde und weit-

[6] *H. Maus,* a. a. O., S. 313.

gehend von den durch die Industrie gegebenen sozialen Erscheinungen" [17] und sagt: „Begrifflich ist schließlich noch festzuhalten, daß die in Deutschland gelegentlich vorkommende Gleichstellung von Industriesoziologie und Betriebssoziologie unrichtig ist. Die Allgemeine Betriebssoziologie geht weit über die Industriesoziologie, selbst über die Wirtschaftssoziologie hinaus, insofern sie auch den Verwaltungsbetrieb einbezieht. Als spezielle Betriebssoziologie in der Gestalt der Industriebetriebssoziologie macht sie nur einen Teil der Industriesoziologie aus" [17, S. 230]. Diese terminologische Klarstellung ist durchaus begründet. Der Begriff des Betriebes in Allgemeinheit ist zugleich enger (insofern der Industriebetrieb nicht das einzige industrielle Phänomen darstellt) und weiter (insofern es vor und neben der Industrie andere Betriebsformen gibt) als der der Industrie. Der Versuch dieser Einführung, die Industrie- und Betriebssoziologie auf durch Industriebetrieb und Industriearbeit gegebene Erscheinungen zu begrenzen, ist daher in gewissem Sinne willkürlich. Zu seiner Rechtfertigung sei immerhin bemerkt, daß er der Tendenz der internationalen Forschung entspricht und daß er dem wenig fruchtbaren Streit um Namen und Begriffe ein Ende zu setzen verspricht. In bezug auf die moderne Fabrikindustrie sind „industrial sociology" und „sociology of work" im Sinne der amerikanischen, „sociologie économique" und „sociologie du travail" im Sinne der französischen, „Industriesoziologie", „Betriebssoziologie" und „Arbeitssoziologie" im Sinne der deutschen Forschung nur durch sachlich wenig gewichtige Nuancen unterschieden. Gewiß mag man mit *B. Lutz*[7] der Meinung sein, daß der Versuch, diese Tatsache durch den Mischbegriff der „Industrie- und Betriebssoziologie" auszudrücken, zu einer Wortbildung führt, die den Puristen nicht befriedigen kann; doch kommt es im einzelnen vornehmlich darauf an, daß sich hinter dem Terminus nicht eine wie immer auch geartete Interessenposition unausgesprochen verbirgt.

2. Forschungsmethoden

Es schiene nur zu selbstverständlich, wenn sich die Industrie- und Betriebssoziologie in ihrem methodischen Ansatz und in ihren Forschungstechniken von der allgemeinen Soziologie

[7] Vgl. *B. Lutz:* Notes sur la sociologie industrielle en Allemagne; in: Sociologie du Travail II (1959).

nicht unterschiede. Bei der gegenwärtigen Lage der Soziologie muß eine solche Feststellung, wenn sie ohne Einschränkung erfolgt, jedoch auf Mißverständnisse stoßen. Die Soziologie ist – zumindest in Europa – noch immer durch eine große Vielfalt an Methoden gekennzeichnet. Ungeprüfte Philosophie steht neben mangelhaft reflektierter Empirie, verstehende Gesamtanalyse neben statistischem Raffinement. All diese Erscheinungen finden sich zwar auch in der Geschichte der Industrie- und Betriebssoziologie; doch kann heute behauptet werden, daß diese eindeutiger als die allgemeine soziologische Theorie eine empirische Wissenschaft ist. Es geht bei ihr auch um Verallgemeinerungen, um die Formulierung von Aussagen wie beispielsweise zur Prestigestruktur des Betriebes, zur Regelung industrieller Konflikte, zum Verhältnis zwischen Mensch und Maschine. Solche Allgemeinaussagen (Theorien, Hypothesen, Gesetze) müssen aber stets anhand von systematischen Untersuchungen bewährt oder widerlegt werden können; Aussagen, die sich nicht empirisch überprüfen lassen, sind in der Industriesoziologie kaum mehr anzutreffen. So gesehen ist die soziologische Forschung im Bereich der Güterproduktion methodisch strenger, aber auch weniger flexibel als in anderen Bereichen der Gesellschaft. Sie konzentriert sich auf Anregung und Überprüfung allgemeiner Aussagen, die sich systematischer Erfassung und Aufbereitung in erfahrbarem Material unterwerfen. Zu solch systematischer Tatsachenforschung bietet sich eine Reihe von Techniken an, deren wichtigste hier kurz skizziert werden sollen.

(1) Im *Dokumentenstudium* bzw. allgemeiner in der Auswertung in schriftlicher Form vorliegender Materialien steht die Industrie- und Betriebssoziologie (wie die Soziologie überhaupt) der historischen Forschung nahe. Dies ist eine erst wieder mit sozial-anthropologischen und phänomenologischen Ansätzen zunehmend erinnerte Forschungstechnik, so daß viele Materialien noch brachliegen: Beschäftigungskarteien, Organisations-

pläne, Personalakten, Protokolle von Sitzungen und Lohnverhandlungen usw.

(2) Eine ebenso alte wie problematische Technik der industrie- und betriebssoziologischen Forschung liegt in der *teilnehmenden Beobachtung* („participant observation"). Vor und nach *Marie Bernays* sind Soziologen immer wieder als Arbeiter in Betriebe gegangen, um diese „von innen her" zu studieren. Die Gefahr solcher teilnehmenden Beobachtung liegt darin, daß der Beobachter durch seine Teilnahme den Gegenstand seiner Untersuchung zu verändern (z. B. neue informelle Gruppen zu begründen) vermag; ihr Gewinn dürfte vor allem in der „atmosphärischen" Einsicht liegen, die der teilnehmende Beobachter sich erwirbt.

(3) Wissenschaftlich ergiebiger scheint demgegenüber die nicht-teilnehmende *systematische Beobachtung* bestimmter Vorgänge, wie sie sich in den Arbeitswissenschaften bewährt hat. Die „Arbeitsmonographie der Umwalzer" von *H. Popitz* ist das bemerkenswerteste Beispiel aus jüngerer Zeit für Grenzen und Möglichkeiten dieser Technik in der Soziologie [239, S. 251 ff.]. Auch im industrie- und betriebssoziologischen Bereich hat heute die Erhebung von allen Forschungstechniken die weiteste Verbreitung gefunden. Die Formen der Erhebung sind so vielfältig, daß hier weitere Unterscheidungen nötig sind.

(4) Gleichsam äußerlich, dennoch zu vielen Problemen überaus nützlich ist zunächst die *statistische Erhebung*. Wo statistisches Material verfügbar ist, hat es in der Regel den Vorteil, daß es alle Betroffenen erfaßt, also vollständig ist; andererseits ist der Bereich des durch verfügbare Statistiken Erfaßbaren auch im Betrieb in der Regel begrenzt. Möglichkeiten und Grenzen dieses Verfahrens werden an der Studie von *Th. Pirker* und Mitarbeitern eindringlich deutlich [173].

(5) Nicht zuletzt die Mängel der verfügbaren Sozialstatistik haben wohl in den letzten Jahrzehnten dazu geführt, in zunehmendem Maße *Umfragen* zur Grundlage der empirischen Sozialforschung zu machen. Diese reichen von schriftlichen

Gesamtbefragungen einer Bevölkerung über die Befragung einer repräsentativen Stichprobe nach einem festen Fragebogen bis zum offenen Einzelgespräch. Man kann fast sagen, daß noch heute nahezu jede Monographie neue Möglichkeiten der Befragungstechnik eröffnet[8]. Die Vorteile der Umfrage bei der Ermittlung sonst unzugänglichen Materials liegen auf der Hand; doch ist angesichts der Kosten und anderer Einwände vor der Übertreibung der Umfrageforschung zu warnen. Wo andere Techniken zum selben Ergebnis führen können, sollten diese vorgezogen werden.

(6) Eine der in der Nachkriegszeit entwickelten neuen Methoden der Umfrage liegt in der *Gruppendiskussion*, bei der Meinungen und Einstellungen nicht anhand von Einzelinterviews, sondern in der lebendigen Diskussion zwischen 12 bis 15 Menschen ermittelt werden. Gerade im industriellen Bereich ist diese Technik von mehreren Forschern angewendet worden; doch muß ihre Brauchbarkeit noch als ungeklärt gelten[9].

(7) Älter und gesicherter, aber ebenfalls nur für bestimmte Probleme verwendbar, ist die auf *J. L. Moreno* zurückgehende Methode der *Soziometrie*, d. h. der systematischen Ermittlung und Darstellung menschlicher Beziehungen innerhalb gegebener Sozialzusammenhänge unter Berücksichtigung der Intensität, der Gegenseitigkeit, des Zweckbezuges usw. der Beziehungen[10]. Vor allem bei der Ermittlung informeller Gruppen kann diese Methode in der Industriesoziologie Verwendung finden.

(8) Schließlich ist die Industrie- und Betriebssoziologie einer der wenigen Bereiche der Soziologie, in dem gewisse Formen des Experiments Erfolg versprechen. Der ständige und feste Zusammenhang der Angehörigen eines Betriebes erlaubt es gelegentlich, Gruppen zu isolieren und die Auswirkung eines variablen Faktors (bei Konstanthaltung aller anderen) auf diese

[8] Vgl. allgemein zu den Techniken der Umfrage die von *R. König* herausgegebenen Bände: Praktische Sozialforschung (Frankfurt 1956).

[9] Vgl. dazu *W. Mangold:* Gegenstand und Methode des Gruppendiskussionsverfahrens (Frankfurt 1960).

[10] Vgl. dazu *J. L. Moreno:* Die Grundlagen der Soziometrie (Köln 1954).

zu studieren. Von einem solchen Experiment, der großen Studie von *E. Mayo* und Mitarbeitern, wird unten noch die Rede sein.

Wie der Soziologie allgemein, so haftet auch den Techniken in der Industrie- und Betriebssoziologie immer eine gewisse Fragwürdigkeit an. In welcher Weise man einen Sachverhalt zu erforschen, eine Theorie zu überprüfen, neue Erfahrungen zu gewinnen versucht, hängt ganz von der jeweiligen Fragestellung ab. Damit ist mit der Problemstellung immer die Gefahr der Willkür oder Beschränktheit gegeben; um ihr zu begegnen, wird es jeweils darauf ankommen, die Entsprechung von Forschungsgegenstand, Methode und eingebrachtem Interesse zu überdenken. „Oder, um es negativ auszudrücken: sollte es nicht gelingen, logisch zwingende, allgemein verbindliche Zusammenhänge zwischen der innerbetrieblichen Sozialordnung und dem gesamtindustriellen Milieu des Betriebs zu entdecken, so wird die wissenschaftliche Geltung der eklektischen Einzelforschung, und damit auch ihre praktische Bedeutung, ernsthaft bezweifelt werden müssen." [126, S. 13 f.]

3. Betriebssoziologie und Praxis

Gerade aufgrund ihrer Nähe zur industriellen Praxis ist die Betriebssoziologie in besonderem Maße der Gefahr ausgesetzt, spezifischen Interessen untergeordnet zu werden; umgekehrt deutet sich an ihrem Beispiel die Gefahr, der die Soziologie überhaupt ausgeliefert ist: der Gesellschaft ein starres Selbstverständigungsmuster zu bieten. *F. Fürstenberg* weist darauf hin, daß sich eine Ideologisierung der Beziehungen zwischen Wirtschaft und Gesellschaft anbietet, wo die soziale Wirklichkeit gekennzeichnet ist durch ständigen Wechsel von Verhaltensstabilisierung und Institutionenverfall, Interessenpolarisierung und Interessenausgleich, und wo die Transformation dieser Änderungsimpulse nur unvollkommen ist [30].

Es kann nicht ausbleiben, daß in industriellen Institutionen zunehmend die Überzeugung sich ausbreitet, die Industrie- und

Betriebssoziologie könne Rezepte liefern, was in bestimmten Situationen zu tun sei – oder sollte zumindest solche Rezepte liefern können, wenn sie bislang dazu noch nicht in der Lage war. An dieser Stelle aber spätestens müßte deutlich werden, wie sehr die Soziologie nicht nur in ihren Anleitungen zur Praxis, sondern auch in ihrer Methode und ihrem eigenen Selbstverständnis dem Zwang zur Darstellung der in sie eingegangenen Interessen unterworfen werden sollte[11]. „Die Soziologen fordern deshalb nicht hypothetisch ein System, das vorschreiben soll, wie eine Organisation arbeiten sollte, sondern untersuchen und belegen sorgfältig, wie die bestehenden betrieblichen Sozialorganisationen tatsächlich geartet sind." [260, S. 48] Ihre Kritik an den tatsächlichen Organisationen sollte der Methode selbst immanent sein.

Soviel daran auch überspitzt sein mag, kann sich die Industrie- und Betriebssoziologie längst nicht immer dem Vorwurf entziehen, sie gliedere sich den Interessen des Unternehmertums an, wie er ihr von einer betont antibürgerlich sich verstehenden Soziologie gemacht wird: „Wir müssen uns ... immer vergegenwärtigen, daß die bürgerliche betriebliche Sozialforschung – gemäß ihrer sozialen Stellung – insgesamt die Aufgabe hat, die gegenwärtigen kapitalistischen Verhältnisse im Industriebetrieb apologetisch zu erklären und der kapitalistischen Betriebsleitung, ihren Stabs- und Subalternoffizieren, genehme Anweisungen zu erteilen."[12] Gerade die industrielle Forschung verdankt diesen Ruf ihrer eigenen Geschichte, in der sie mancherorts dazu angetan war, die Interessen einer besitzenden Klasse gegen die der Handarbeiter durchzusetzen oder zu erhärten. Auf Beispiele aus dieser Geschichte, die aus bewußter Abwendung von sozialistischen Theorien der Industrialisierung zu verstehen ist, wird noch zurückzukommen sein. Umgekehrt

[11] Vgl. *J. Habermas,* Analytische Wissenschaftstheorie und Dialektik in: Zeugnisse, *Th. W. Adorno* zum 60. Geburtstag (Frankfurt/Main 1963).

[12] *M. Puschmann:* Zur Kritik der bürgerlichen Industrie- und Betriebssoziologie Westdeutschlands, in: *Kurt Braunreuther* (Hg.), Zur Kritik der bürgerlichen Soziologie in Westdeutschland (Berlin 1962); S. 136.

besagt das nicht, daß die Industriesoziologie unbedingt den Interessen der herrschenden Schicht verhaftet sein muß. So wird zunehmend gerade in Gesellschaften, die bislang meinten, in ihrem ideologischen Selbstverständnis genügend erkennbar geworden zu sein, die Notwendigkeit einer mehr „sachorientierten" Soziologie durchgesetzt [373, S. 51]. Ob solche Sachorientierung tatsächlich mit Objektivität gleichzusetzen ist, bleibt freilich fragwürdig. *H. Hartmann* sieht den entscheidenden Einwand gegen Sachgesetzlichkeitstheorien in der möglichen Konkurrenz von Sachzwängen [38, S. 125]. Doch ist mit einem Überdenken des Forschungsansatzes in wachsendem Maße die Möglichkeit gewährleistet, Ergebnisse zu erzielen, die zumindest dem Verdacht der Ideologiehaftigkeit weitgehend entzogen sind[13].

So scheint vorab der sicherste Weg, sich einer ungewünschten Ideologisierung der Wissenschaft zu entziehen, im Bekenntnis zur strikten wissenschaftlichen Neutralität zu liegen. Die Industrie- und Betriebssoziologie ist eine Wissenschaft im Sinne des Versuches einer Rationalisierung der Welt unserer Erfahrung. Sie ist so verstanden – im Gegensatz zur Theologie, zur Rechtswissenschaft, aber auch zur Betriebswirtschaftslehre – von sich aus keine normative Disziplin. Der Industrie- und Betriebssoziologe hat dann weder zu entscheiden, welche Form etwa der Betriebsverfassung wünschenswert ist, noch liegt seinen Untersuchungen sämtlich eine Wertentscheidung dieser Art zugrunde. Im Anschluß an die extreme These der „Wertfreiheit der soziologischen und ökonomischen Wissenschaften", wie sie von *M. Weber* geprägt wurde, ist die Industriesoziologie weitgehend verstanden und interpretiert worden. *P. Atteslander* spricht ausdrücklich davon, daß die Grundlagenwissenschaft jegliche Anwendung dem Praktiker überläßt [260, S. 14]. Doch muß sie sich dann durchaus eine Warnung gefallen lassen, wie die von *Th. W. Adorno* formulierte: „Wer die Psychologie eines

[13] Vgl. *H. Marcuse:* Der eindimensionale Mensch (Neuwied und Berlin 1967); S. 19.

Konzernherren für die Betriebssoziologie fruchtbar machen wollte, geriete offensichtlich in Unsinn."[14] Extrem trifft solcher Vorwurf etwa *E. Gerwig,* der mit seiner Betriebsforschung die Wirtschaft und die Wirtschaftenden „wieder in die Kultur zurückführen" will, um sie vor der „fortschreitenden Kommerzialisierung und Materialisierung" zu bewahren, die zuletzt in der „Bolschewisierung" endet[15]. Oder *K. V. Müller,* dem es gar darum geht, den „Ausfall von bewährungstüchtigem Erbgut, an sozial besonders wertvoller Erbsubstanz" abzuwehren[16]. Die in beispielsweise solche Wertgebung eingegangene antidemokratische Haltung ist evident. Anderswo kann sich die Wertgebung aber beinahe zur Unkenntlichkeit verbergen[17].

In diesem Falle ist damit angezeigt, daß die Industrie- und Betriebssoziologie immer, auch wo sie sich dessen nicht bewußt ist, von Werturteilen abhängig ist. Die an sie ergehende Mindestforderung müßte es dann sein, daß diese Werturteile ausformuliert werden. Tatsächlich aber geschieht das dort nur allzu selten, wo der Vorstellung gefolgt wird, es gäbe objektive Kriterien zur Anleitung einer industriellen Praxis.

Jedoch auch das sogenannte „optimale Funktionieren" des Betriebes ist keine Voraussetzung industriesoziologischer Forschung. Gerade diesem aber soll in vielen Fällen gefolgt werden. Als Beispiel dafür wäre bereits die Betriebssoziologie von *L. H. A. Geck* zu nennen, der „den gesunden Betrieb im gesunden Sozialgesamt" anzielt [104, S. 8]. Nicht minder einseitig ist die Vorstellung von *F. J. Roethlisberger,* der „den Industriebetrieb als System gefühlsmäßiger Wertungen" versteht, in dem jeder „verdreht" ist, der nicht mit den Werten der Umgebung konform geht; weshalb jedem Unternehmen eine Gruppe von

[14] *Th. W. Adorno,* Postskriptum. In: Kölner Zeitschrift für Soziologie und Sozialpsychologie, 18/1961-1; S. 39.

[15] *E. Gerwig:* Moderne Wirtschaftsführung und Betriebsstruktur (2. Auflage, Stuttgart 1963); S. 9.

[16] *K. V. Müller:* Die Angestellten in der hochindustrialisierten Gesellschaft (Köln – Opladen 1957); S. 123.

[17] *W. Baldamus* ist allerdings der Meinung, daß „das Werturteil, das sich in der Grundeinstellung der Betriebssoziologen verbirgt, . . . nicht schwer zu ermitteln (ist)" (126, S. 11). Er meint, daß es in der Regel den Arbeitgebern geneigt ist.

Experten eingegliedert sein soll, die für die Anpassung des einzelnen an die systemimmanenten Werte sorgt [119, S. 68 ff.].

Angesichts solcher Vorstellungen von den Aufgaben der Industrie- und Betriebssoziologie kann es nicht verwundern, wenn schließlich vom „ästhetischen“ und „moralischen“ als dem wichtigsten Aspekt des generellen exekutiven Prozesses [92, S. 257] und der Vereinheitlichung der manageriellen Methoden und der Sprache der Manager [128, S. 427][18] im bejahenden Sinne gesprochen wird. Die Wissenschaft wird damit den Praktiken des Managements eingegliedert. Das soll nun keineswegs heißen, daß alle Industrie- und Betriebssoziologie nur der Stützung des Unternehmertums oder Managements diente. Auf der Gegenseite stehen etwa Bemühungen wie die von *F. Rudolph* bezeichnete, eine Umwandlung „von der herrschaftlichen Struktur des Betriebes zur sachnotwendigen“ anzuzielen. Damit soll eine Demokratisierung des Betriebes erwirkt werden, die darin besteht, den Betrieb auf seine Funktionsgesetzlichkeit als objektive Bedingung zu beschränken, und die Einsicht des Arbeitnehmers in die Notwendigkeit der betrieblichen Ansprüche und Normen als subjektive Bedingung zu erlangen [299, S. 164]. Diese Gegenhaltung verdeutlicht zumindest, von welcher Wichtigkeit die in die betriebliche Forschung eingeführte Interessenlage ist. So wird beispielsweise die Bewertung des Erfolgs oder Mißerfolgs der betrieblichen Mitbestimmung von der Ausgangslage des Forschers abhängen. Spezifischer kommt noch hinzu, daß die Mehrzahl der industrie- und betriebssoziologischen Probleme für die wirtschaftlichen Aspekte industrieller Unternehmen nur unmittelbar von Interesse ist. Die strukturellen Ursachen betrieblicher Konflikte, die Funktionen informeller Gruppen und die technischen Grundlagen bestimmter Kooperationsformen liegen dem Management oft schon darum fern, weil sie sich bewußter Steuerung entziehen. Forschungen werden deshalb häufig nur dann ernst

[18] *W. F. Whyte,* Semantics and Industrial Relations, in: Human Organization 1949-2.

genommen, wenn sich mit ihrer Hilfe die Chance solcher Steuerung zu bieten scheint, oder wenn eben das managerielle Vorgehen kritisiert werden soll.

An dieser Schwierigkeit wird allerdings zugleich auch der mögliche Gewinn der soziologischen Erforschung industrieller Betriebe für die Praxis deutlich: Für den Praktiker kann hier vor allem ein Gewinn an Einsicht in die wandelbaren wie die unveränderlichen Aspekte der Struktur wirtschaftlicher Gebilde liegen. Soziologische Information bildet gewissermaßen den Horizont, vor dem alle einzelnen betriebswirtschaftlichen und betriebspsychologischen Entscheidungen getroffen werden. Mag das, was die Soziologie bietet, für den Praktiker nur Datum, d. h. Konstante sein, so ist jede überlegte Entscheidung doch dadurch gekennzeichnet, daß sie alle Daten in Rechnung stellt und darüber hinaus vor allem das Verhältnis von Mittel und Zweck überdenkt.

Doch so sehr auch industrielle und betriebliche Forschung manipulativem Mißbrauch anheimfallen kann, darf das nicht zur Forderung führen, die Industrie- und Betriebssoziologie sollte sich der Praxis überhaupt entziehen. Konkret läßt sich für das Verhältnis von Betriebssoziologie und Praxis folgern: Es wäre wünschenswert, daß jeder, der in einem Betrieb oder Wirtschaftsverband eine verantwortliche Stellung einnimmt, sich mit der Problematik der Industrie- und Betriebssoziologie mindestens gelegentlich beschäftigt. Insoweit sich im praktischen Leben des Betriebes bestimmte Aufgaben für betriebssoziologische Forschung stellen, empfiehlt es sich durchweg, wissenschaftliche Institute in Anspruch zu nehmen, die genügend kritische Distanz zum Auftraggeber einbringen. Im Hinblick auf die ständige Betriebsführung aber kommt es gerade darauf an, die Industrie- und Betriebssoziologie nicht als eine Abteilung des Managements neben vielen anderen abzuschieben, sondern ihre Erkenntnisse in alle Entscheidungen einfließen zu lassen. Es widerstritte den Möglichkeiten der Disziplin, wenn das nur für Entscheidungen im Dienste etwa der Unternehmerinteressen gälte. Als Wissenschaft vermittelt die Soziologie der Praxis nicht unmittelbar Rezepte, sondern Kenntnisse, die freilich selbst schon in ihrer Anlage auf Praxis ausgerichtet sein mögen. Es kann praktischen Entscheidungen sicher nicht abträglich sein, wenn sie durch solche Kenntnisse bereichert worden sind. Doch kann schwerlich übersehen werden, daß bewußte Ideologisierung oft weniger dogmatisch ist als die vorgeblich neutrale Fetischisierung von Sachzwängen. In jedem Fall müssen die Einsichten immer in die Gesamtstruktur der Gesellschaft einbezogen werden [15, S. 217]. Nur so erschließt sich ein Weg, manipulativen Mißbrauch der Wissenschaft zu verhindern. Die Verantwortung dafür wird letztlich immer der Soziologe selbst mitzutragen haben.

II. Die Entwicklung der Industrie- und Betriebssoziologie

1. Die Ausgangspunkte industrieller Sozialforschung

In den zwanziger und dreißiger Jahren des vorigen Jahrhunderts fanden die ersten Anzeichen einer gewissen Skepsis hinsichtlich der sozialen Auswirkungen der industriellen Produktionsweise in der nationalökonomischen und sozialpolitischen Literatur ihren Ausdruck. Die Industrialisierung hatte zu dieser Zeit nur erst in England ein beachtenswertes Ausmaß erreicht. Dort aber stand ihre Beurteilung zunächst ganz im Zeichen des zukunftsfrohen Glaubens von *Adam Smith* (1723–1790) an die „Vorteile" der durch Maschinen und Fabriken ungemein gesteigerten Produktivität, die „in einer gut regierten Gesellschaft jene allgemeine Wohlhabenheit (bewirkt), die sich bis zu den untersten Klassen des Volkes erstreckt"[1]. Ein anderer Ton klang zum ersten Male an, als der nüchterne *David Ricardo*

[1] Eine Untersuchung über Natur und Wesen des Volkswohlstandes (übers. v. *E. Grünfeld;* 3. Aufl., Jena 1923); Bd. 1, S. 14.

(1772–1823) der zweiten Auflage seines Werkes „Principles of Political Economy" (1821) die nachdenkliche Bemerkung hinzufügte, er sei nunmehr zu der Überzeugung gekommen, „daß die Ersetzung der menschlichen Arbeit durch Maschinen den Interessen der Klasse der Arbeiter häufig sehr abträglich ist"[2].

Zehn und gar zwanzig Jahre später formulierten die Nationalökonomen und sozialkritischen Schriftsteller diesen Eindruck sehr viel schärfer. *Andrew Ure* (1778–1875) untersuchte in seiner „Philosophy of Manufactures" im einzelnen die Auflösung des alten Rangsystems der Gesellschaft durch die industrielle Produktionsform. Die sogenannten „utopischen Sozialisten", vor allem *Henri de Saint-Simon* (1760–1825), *Charles Fourier* (1772–1837) und *Robert Owen* (1771–1858), versuchten, die gröbsten Folgen der Industrialisierung durch isolierte Reformversuche zu beheben. „Nach dem Elend die Entwürdigung: solcherart sind die Übel, die die Maschinen den Arbeitern aufzwingen", schrieb *P.-J. Proudhon* (1809–1865) im Jahre 1846 [44, Bd. I S. 162]. Die Arbeiter selbst blieben indessen nicht müßig. An vielen Stellen zugleich leiteten sie die Bewegung ein, die dann später im „Kommunistischen Manifest" und den Schriften von *Karl Marx* (1818–1883) ihren historisch gewordenen Ausdruck fand. Der angedeutete Umschwung in der Beurteilung der noch jungen Welt der Industrie, die Entdeckung der „sozialen Frage", steht offenkundig nur in einem recht mittelbaren Bezug zu den Forschungsgegenständen, -methoden und -absichten der Industrie- und Betriebssoziologie. Doch kann der Wandel der Einstellung, der sich in der Literatur der Jahre zwischen 1820 und 1850 in England, Frankreich und Deutschland vollzog, sinnvoll als entferntester Ausgangspunkt auch eines im engeren Sinn soziologischen Interesses an Industrie und Industriebetrieb bezeichnet werden. Über das Problem des Menschen in der industriellen Welt, die „soziale Frage", rückten allmählich die nichtökonomischen Aspekte der Fabrik- und Maschinenwelt in den Gesichtskreis wissenschaftlicher

[2] Principles of Political Economy (2. Aufl., London 1821); S. 468.

Forschung. Dabei bildeten im 19. Jahrhundert vor allem drei Fragen die wiederkehrenden Themen industrieller Sozialforschung: die der Arbeitsteilung und ihrer sozialen Folgen, der Entfremdung des Menschen durch die Industriearbeit und der Klassengesellschaft als Folge der Sozialorganisation der Industrie.

Seit *A. Smith* im ersten Kapitel seines „Inquiry into the Nature and Causes of the Wealth of Nations" die neue Form der Arbeitsteilung an dem Beispiel der Stecknadelfabrikation erläutert hatte, erschien kaum ein Werk über politische Ökonomie, das die Teilung der Arbeit nicht ausführlich besprach. *A. Smith* bewegte noch vorwiegend der ökonomische Nutzen der Mechanisierung und fabrikmäßigen Zusammenfassung der Arbeit bei gleichzeitiger Aufsplitterung der Arbeitsprozesse; hatten zuvor zehn einzeln und unabhängig arbeitende Handwerker allenfalls jeder 20 Stecknadeln täglich herstellen können, so produzierten die zehn zusammen jetzt 48 000 in der gleichen Zeit. *A. Ure,* später *P.-J. Proudhon* und *K. Marx* blieben bei dieser Feststellung nicht stehen. Sie zeigten, wie die Aufsplitterung der Arbeitsprozesse in zahlreiche gleich einfache Maschinentätigkeiten die Hierarchie Meister – Geselle – Lehrling auflöst und allmählich alle Arbeiter in Ungelernte verwandelt. Mit der mechanisierten Fabrikproduktion, so sagt *Marx,* „ist die technische Grundlage aufgehoben, worauf die Teilung der Arbeit in der Manufaktur beruht. An die Stelle der sie charakterisierenden Hierarchie der spezialisierten Arbeiter tritt daher in der automatischen Fabrik die Tendenz der Gleichmachung oder Nivellierung der Arbeiten, welche die Gehilfen der Maschinerie zu verrichten haben" [45, Bd. I, S. 443]. Die industrielle Entwicklung hat, wie in den folgenden Kapiteln zu zeigen sein wird, diesen Schluß nicht ausschließlich bestätigt. Doch liegt in der Analyse der strukturellen Folgen der arbeitsgeteilten Fabrikproduktion ein Ansatz, der die heutige Industrie- und Betriebssoziologie mit der Nationalökonomie des 19. Jahrhunderts verbindet.

Weniger von nationalökonomischer als von philosophischer Seite trat neben die kritische Analyse der industriellen Arbeitsteilung um die Mitte des vorigen Jahrhunderts die These, daß der Mensch in der kapitalistischen Produktion sich selbst entfremdet sei. Der Begriff der Entfremdung, von *G. W. F. Hegel* zur Bestimmung des ontologischen Verhältnisses von Natur und Geist in die Philosophie eingeführt, von den Denkern der Hegelschen Linken dann zur Kritik der Religion benutzt (*B. Bauer:* „Gott ist ja nur der den Menschen entfremdete Mensch!"), ist dann vor allem von *K. Marx* auf die Situation des Menschen in der industriellen Arbeitswelt übertragen worden. Entfremdung besagt zunächst, daß ein Subjekt ein Objekt schafft, welches dann dem Subjekt als Fremdes, oft Übermächtiges gegenübertritt. In der Anwendung auf die industrielle Arbeitswelt sind hier (von *K. Marx, F. Engels, P.-J. Proudhon* und anderen[3]) vor allem drei Phänomene betont worden: (1) daß der Arbeiter zum Werkzeug der Maschine wird, die doch selbst Menschenwerk ist, (2) daß der Arbeiter zum Sklaven der Produkte seiner Arbeit wird, die ihm als Kapital gegenübertreten, (3) daß der Arbeiter die industrielle Produktion zwar trägt, aber eigentumslos bleibt. Mit dem Stichwort „Entfremdung" oder „Verfremdung des vom kapitalistischen Industriebetrieb ergriffenen Menschen" sind dann später auch allgemeinere Folgen der Industrie wie „die Entziehung einer bis ins beginnende 19. Jahrhundert noch wirksamen Rückverbundenheit mit den alten Lebensordnungen des dörflichen und zünftlerischen Verbandes" oder „die Schwierigkeit, auf geldwirtschaftlicher Basis ein ... geordnetes häuslich-familiäres Dasein zu gestalten" *(C. Jantke*[4]*)* bezeichnet worden. Auch an diesem Punkt haben die Thesen der frühen Industrieforschung späteren Untersuchungen nicht

[3] Vgl. vor allem *K. Marx:* Nationalökonomie und Philosophie (Köln – Berlin 1950), Abschnitt „Die entfremdete Arbeit"; *F. Engels:* Die Lage der arbeitenden Klasse in England (Berlin 1952), Einleitung; *P.-J. Proudhon:* Qu'est-ce que la Propriété? (Oeuvres Compl., Bd. IV, Paris 1926) und: Systéme des contradictions économiques (a. a. O.).

[4] *C. Jantke:* Industriebetriebsforschung als soziologische Aufgabe; in: Soziale Welt 2/1 (Oktober 1950); S. 17.

überall standgehalten. Doch gehört der Gedanke der Entfremdung des Menschen in der industriellen Arbeitssituation auch heute noch zu den zentralen Fragestellungen der Industrie- und Betriebssoziologie.

Das vordringliche Motiv des Interesses der Sozialschriftsteller im 19. Jahrhundert an Industrie und Industriebetrieb lag indes nicht so sehr in der Erforschung der speziellen Gegebenheiten der Betriebsstruktur und der Industriearbeit als in den weiteren sozialen Auswirkungen der neuen Form der Produktion. Früh schon führt *Lorenz von Stein* (1815–1890) die Kategorie der „industriellen Gesellschaft" ein[5]. Diese wurde vorwiegend gesehen unter dem Gesichtspunkt der sie beherrschenden Spannungen zwischen Klassen. Der Hegelsche Gegensatz von „Reichtum und Armut" verdichtete sich zu dem von „Lohnarbeit und Kapital", „Bourgeoisie und Proletariat", „Unternehmer und Arbeiter" und beherrschte die politische Literatur von *H. de Saint-Simon* und *Marx* zu den Autoren der *„Fabian Essays"* (1889) in England und den deutschen Sozialpolitikern des ausgehenden 19. Jahrhunderts. Die diesen Analysen zugrundeliegende These war stets die, daß die industrielle Produktion die Wurzel eines Interessenkonfliktes in sich trägt zwischen denen, die die Mittel der Produktion, die Fabriken und Maschinen besitzen oder kontrollieren und denen, die ihre Arbeitskraft zu Markte tragen und in nur scheinbar freien Verträgen verkaufen müssen. Auch hier ist die industrielle Sozialforschung der letzten Jahrzehnte zu sehr viel differenzierteren Ergebnissen gekommen, doch hat sie den thematischen Ansatz, das Studium des industriellen Konfliktes und des Herrschaftsantagonismus in seinen sozialen Auswirkungen, zuweilen allzu leichtfertig mißachtet und vergessen.

Das gemeinsame Kennzeichen der drei erwähnten Ausgangspunkte der späteren Industrie- und Betriebssoziologie ist das Fehlen systematischer empirischer Untersuchungen. In allen

[5] *L. v. Stein:* Geschichte der sozialen Bewegung in Frankreich von 1789 bis auf unsere Tage (letzte Aufl., München 1921); Bd. II.

drei Fällen hat die Analyse den Vorrang vor der Tatsachenforschung, – ein Mangel, der den analytischen Resultaten nur zu sichtbar anhaftet. Der Versuch, diesen Mangel zu beheben, ist erst gegen Ende des vorigen Jahrhunderts vor allem in England und Deutschland unternommen worden. In beiden Ländern waren es Sozialpolitiker und Sozialreformer, die zur Stützung ihrer Reformvorschläge empirisches Material systematisch sammelten und vorlegten. Der früheste Versuch dieser Art war der des Franzosen *Frédéric Le Play* (1806–1882). Historisch bedeutsamer sind dann die umfangreichen Surveys von *Charles Booth* (1840–1916) in London[6] und *B. Seebohm Rowntree* (1871–1953) in York[7] sowie die ersten Enquêten des 1872 gegründeten Vereins für Socialpolitik in Deutschland[8] geworden.

Diese Untersuchungen erbrachten manches Material über die sozialen Verhältnisse der Industriearbeiter, ihre rechtliche Stellung, ihre Wünsche und Interessen. Für die Industrie- und Betriebssoziologie indes blieben sie ebenso vorläufig wie die philosophischen, nationalökonomischen und politischen Ansätze des 19. Jahrhunderts. All diese Studien stellten Fragen, eröffneten Problembereiche, blieben aber in allgemeinen Überlegungen befangen. So ist es unleugbar, „daß die Sozialforschung des 19. Jahrhunderts uns insofern ein unbefriedigendes Ergebnis hinterlassen hat, als sie die soziale Frage zwar unter allgemeinen gesellschaftspolitischen und -reformerischen Gesichtspunkten bis in metaphysische Tiefen hinein verfolgt hat, andererseits aber einer eindringenden Untersuchung spezifischer und repräsentativer menschlich-sozialer Spannungsverhältnisse an ihrem konkreten Ursprungsort ausgewichen ist“ (*C. Jantke*[9]).

[6] *Ch. Booth:* Life and Labour of the People in London (17 Bde., London 1892–1903).

[7] *B. S. Rowntree:* Poverty, A Study of Town Life (London 1901).

[8] Wesentlich in diesem Zusammenhang vor allem (von den vor 1900 erfolgten Veröffentlichungen des Vereins) die Arbeiten über industrielle Beziehungen (Schriften des Vereins für Sozialpolitik, Bde. 2, 6, 17, 18, 46), Sozialgesetzgebung (Bde. 5, 7, 26, 45), über die soziale Lage einzelner Schichten (Bde. 30, 31, 53–55), über die Hausindustrien (Bde. 30–42), 48, 84–87), sowie der Band 13 über „Das Verfahren bei Enquêten über soziale Verhältnisse.

[9] A. a. O., S. 15.

Das heißt freilich nicht, daß die gesellschaftspolitischen und reformerischen Gesichtspunkte nicht mehr von Bedeutung für heutige Überlegungen sein dürften. Und vor allem läßt es nicht übersehen, daß davon in heutigen industrie- und betriebssoziologischen Arbeiten häufig zuwenig übriggeblieben ist.

2. Die Entstehungsgeschichte der Industrie- und Betriebssoziologie

L. H. A. Geck unterscheidet sinnvoll zwischen der „Vorgeschichte" der Betriebssoziologie bis etwa 1900 und ihrer „Entstehungsgeschichte" in den ersten drei Jahrzehnten unseres Jahrhunderts [10]. „Der Übergang von der Vorgeschichte zur Entstehungsgeschichte der Betriebssoziologie ... ist vor allem bestimmt durch die Entdeckung des Betriebs als einer zu erforschenden Einrichtung seitens der Wirtschafts- und Sozialwissenschaftler um 1900." [10] Neben dieser „Entdeckung" – *Geck* weist hier zu Recht auf *G. Schmollers* „Grundriß der allgemeinen Volkswirtschaftslehre" (1900) und *R. Ehrenbergs* „Archiv für exakte Wirtschaftsforschung" (seit 1905) hin – sind wohl insbesondere drei Faktoren ausschlaggebend für die Entstehung einer systematischen Industrie- und Betriebssoziologie geworden: (1) die stärkere Beschäftigung der allgemeinen Soziologie mit den Problemen der Industrie und des Industriebetriebes; (2) die Hinwendung zur empirischen Sozialforschung und Verfeinerung ihrer Methoden und (3) die allmähliche Entdeckung des „menschlichen Faktors", d. h. der Realität nichtökonomischer Strukturen und Phänomene in der Industrie.

Die vor 1900 von der Philosophie noch kaum geschiedene allgemeine Soziologie begann im Anfang unseres Jahrhunderts, sich mit einem neuen methodischen Selbstbewußtsein den Problemen der damals gegenwärtigen Gesellschaft und damit auch ihrer wirtschaftlichen Basis zuzuwenden. In Amerika untersuchte *Thorstein Veblen* (1857–1929) vor allem die sozialen Eigenheiten der neuen Unternehmerschicht, ihre wirtschaftlichen Funktionen, Interessen und Wertsetzungen[10]. In England lieferten *Sidney* (1859–1947) und *Beatrice Webb* (1858–1943)[11] [49] und *Richard Henry Tawney* (geb. 1880)[12] umfassende Analysen vor allem der Position und Funktion des Industriearbeiters. In Frankreich erschien *Emile Durkheims* (1858–1917) große Werk „De la division du travail social". In Deutschland schließlich befruchteten die Arbeiten von *Gustav Schmoller* (1838–1917), *Werner Sombart* (1863–1941)[13], dann vor allem *Max Weber* (1864–1920)[14] und späterhin *Leopold von Wiese* (geb. 1876)[15] die Entwicklung der Betriebssoziologie.

Zur Verfeinerung der Methoden der empirischen Sozialforschung in der Industrie trugen insbesondere die Untersuchungen des Industrial Health Research Board in England (seit 1917), des Havard Fatique Laboratory in Amerika (seit 1920) und des Vereins für Socialpolitik in Deutschland bei. Angeregt durch die Experimente und Enquêten dieser Organisationen setzte sich dann, zumal in den zwanziger Jahren unseres Jahrhunderts, immer mehr auch bei Einzelforschern der Ansatz am empirischen Studium industriesoziologischer Probleme durch.

Das eigentliche wissenschaftliche Ereignis indes, das die Industrie- und Betriebssoziologie begründete und sich in den ersten Jahrzehnten unseres Jahrhunderts vollzog, war die Entdeckung des „human factor in business" *(B. S. Rowntree)*, des „Menschen in der Wirtschaft" *(L. von Wiese)*. Dieser Aspekt ist heute zur Selbstverständlichkeit geworden – wenn auch in ver-

[10] Hauptwerke: The Theory of the Leisure Class (1899); The Theory of Business Enterprise (1904); The Instinct of Workmanship (1914); Absentee Ownership (1921).

[11] Hier vor allem: A History of Trade Unionism (1894); Industrial Democracy (1897).

[12] Hauptwerke: The Acquisitive Society (1920); Equality (1921); Religion and the Rise of Capitalism (1922).

[13] In erster Linie dessen großes Werk „Der moderne Kapitalismus" (München – Leipzig 1921), das noch heute eine Fundgrube für den Industriesoziologen darstellt.

[14] Neben den unter dem Titel „Gesammelte Aufsätze zur Soziologie und Sozialpolitik" Tübingen 1924) veröffentlichten Arbeiten muß vor allem das systematische Werk „Wirtschaft und Gesellschaft" (1921) hier erwähnt werden.

[15] Neben vielen Aufsätzen vor allem das „System der allgemeinen Soziologie" (2. Aufl., München – Leipzig 1933).

schiedener Weise: Einmal bedeutet die Erkenntnis, daß der Industriebetrieb neben der ökonomisch-technischen eine autonome soziale Realität hat, und daß die Motivationen seiner Träger längst nicht mit rationalisierenden Annahmen allein erfaßbar sind, einen Umbruch im Denken von Unternehmern, Sozialpolitikern und Soziologen. Auf die Tatsache einer eigenständigen sozialen Organisation im Industriebetrieb gegenüber der ökonomisch-technischen kann nicht deutlich genug hingewiesen werden [142, S. 11]. Umgekehrt wird diese Erkenntnis allzu leicht dazu ausgenutzt, ein eigenes „human engineering" zu etablieren, das tendenziell der Manipulation der sozialen Organisation und der individuellen Motivationen im Dienste spezifischer Interessen zur Verfügung steht. Hier liegt die Gefahr der Entdeckung des „human factor". Doch hat sich die Erkenntnis einer autonomen sozialen Realität im Betrieb längst nicht überall durchgesetzt.

Das Bild des Industriebetriebes und seiner Glieder, mit dem die junge Soziologie und Psychologie der Industrie um 1910 zu kämpfen hatte, fand wohl seinen klarsten Ausdruck in den Schriften des amerikanischen Ingenieurs *Frederick Winslow Taylor* (1856–1915) über „wissenschaftliche Betriebsführung" (scientific management). *Taylor* bestritt die Existenz eines Gegensatzes von Unternehmern und Arbeitern. „Wissenschaftliche Betriebsführung hat als eigentliche Grundlage die feste Überzeugung, daß die wahren Interessen der beiden ein und dieselben sind; daß die Wohlfahrt des Unternehmers auf lange Sicht nicht bestehen kann, wenn sie nicht von der Wohlfahrt des Arbeiters begleitet wird, und umgekehrt; und daß es möglich ist, dem Arbeiter zu geben, was er vor allem wünscht – hohe Löhne – und dem Unternehmer, was er wünscht – niedrige Gestehungskosten – für seine Produkte." [53, S. 10] *Taylor* erfand zu diesem Zweck die „wahre Wissenschaft der Betriebsführung": durch äußerste Rationalisierung der Arbeitsprozesse und -vollzüge bei Akkordentlohnung zugleich die Produktion und die Löhne zu steigern. Die Grundannahmen seiner „Wissenschaft“ – daß der Industriebetrieb ein ausschließlich ökonomisch-technisches Gebilde darstellt, daß der Arbeiter nur durch den Wunsch nach höherem Lohn bewegt ist, daß alle Spannungen innerhalb der Industrie durch ein Maximum an Produktivität behoben werden können – bezeichnen gewissermaßen die Ausgangsposition der modernen Industrie- und Betriebssoziologie. An der Widerlegung der falschen Voraussetzungen *Taylors* hat diese Disziplin sich entwickelt.

Die Behauptung ist aufgestellt worden, „daß es nur in Deutschland förmlich zu einer Betriebssoziologie gekommen ist“ [10, S. 108]. Gegen diese Behauptung läßt sich, zumal wenn man von dem weiteren Begriff einer Industrie- und Betriebssoziologie ausgeht, manches einwenden. Die amerikanische Entwicklung vom Harvard Fatique Laboratory zu *Elton Mayo* und seinen Untersuchungen, die Entwicklung in England vom Industrial Health Research Board zu *P. Sargant Florence* und seiner Schule[16] muß durchaus als Teil der Entstehungsgeschichte der Industrie- und Betriebssoziologie angesehen werden. Insofern indes in Deutschland stärker als in England und Amerika, wo der psychologische und arbeitsmedizinische Ansatz im Vordergrund stand, spezifisch soziologische Fragestellungen an den Industriebetrieb herangetragen wurden, und insofern der Name der „Betriebssoziologie“ in Deutschland seinen Ursprung hat, mag es sinnvoll sein, von einem gewissen Vorrang des deutschen Beitrages zur Entstehungsgeschichte der Betriebssoziologie in den Jahren von 1900 bis 1930 zu sprechen. Es lohnt sich daher, die Entstehungsgeschichte der Betriebssoziologie in Deutschland ein wenig näher zu verfolgen, wobei der Anfangs- und der vorläufige Endpunkt dieser Entwicklung, die von *Max* und *Alfred Weber* 1907 angeregte Enquête des Vereins für Sozialpolitik über „Auslese und Anpassung der Arbeiterschaft der geschlossenen Großindustrie“ und der 1931

[16] Wozu vgl. z. B. die ausgezeichnete Darstellung von *E. Mayo* in den ersten zwei Kapiteln seines Buches „The Human Problems of an Industrial Civilization“ (2. Aufl., Boston 1946). Siehe auch *G. B. Mitchell* und andere: Betriebssoziologische Forschung in Großbritannien; in: Soziale Welt, Jg. 3 (1951/2); S. 1964 ff.

erschienene Artikel „Betriebssoziologie" von *Götz Briefs* [1] in den Mittelpunkt gestellt werden sollen.

Es ist zuweilen behauptet worden, daß die oben angedeutete Position des „Taylorismus" zwar den polemischen Ausgangspunkt der englischen und amerikanischen, nicht aber der deutschen Industrie- und Betriebssoziologie darstellte[17]. Der Sache nach läßt sich diese Behauptung anfechten: Auch die deutsche Betriebssoziologie entfaltete sich im Widerspruch zu den sozialmechanistischen Annahmen, die in Taylors Werk (bzw. den in Deutschland zunächst sehr viel weiter verbreiteten Arbeiten von *H. Fayol*) ihren klarsten Ausdruck fanden. Historisch sind indes in Deutschland vor allem zwei Disziplinen für die Entstehung der Betriebssoziologie fruchtbar geworden: die Nationalökonomie und die Sozialpolitik. Von der Nationalökonomie her war um 1900 „das Gesellschaftliche Problem des Großbetriebes" *(G. Schmoller)* vor allem unter dem Gesichtspunkt des Charakters seiner Autoritätsstruktur und sozialen Binnenorganisation angeschnitten worden. Die Sozialpolitik auf der anderen Seite richtete ihre praktisch-reformerischen Intentionen vor allem auf die Lage des Arbeiters im Betrieb, die „soziale Frage". Vereinfachend mag man sagen, daß die Sozialpolitik thematisch, in der Konzentration auf die nichtökonomischen Aspekte der Wirtschaft, die Nationalökonomie dagegen methodisch, in der theoretischen, nicht politischen Intention, für die Industrie- und Betriebssoziologie bahnbrechend wurde.

Die Konzeption einer dem Gegenstand nach sozialen, dem methodischen Ansatz nach wissenschaftlichen Erforschung der Industrie ist das Verdienst *M. Webers,* der damit die Industrie- und Betriebssoziologie eigentlich begründete. In seiner „Methodischen Einleitung für die Erhebungen des Vereins für Socialpolitik über Auslese und Anpassung (Berufswahlen und Berufsschicksal) der Arbeiterschaft der geschlossenen Großindustrie" [51] betonte er 1908 die „sozialwissenschaftliche",

[17] So von *W. Baldamus:* Der Mensch in der industriellen Arbeitswelt; in: Bundesarbeitsblatt, Jg. 1950, Nr. 1; S. 18. Vgl. auch *G. Briefs:* a. a. O., S. 47.

nicht die „sozial*politische*" Tendenz der geplanten Erhebung: „Nicht darum handelt es sich, wie die sozialen Verhältnisse in der Großindustrie zu ‚beurteilen' seien, . . . sondern es handelt sich ausschließlich um die sachliche und objektive Feststellung von Tatsachen und um die Ermittlung ihrer, in den Existenzbedingungen der Großindustrie und der Eigenart ihrer Arbeiter gelegenen, Gründe."[18]

Das dem Verein für Socialpolitik zuerst 1907 unterbreitete Untersuchungsprogramm, das *M. Weber* dann mit diesen Sätzen einleitete, stand unter der Frage: „Was für Menschen prägt die moderne Großindustrie kraft der ihr immanenten Eigenart, und welches berufliche (und damit indirekt auch: außerberufliche) Schicksal bereitet sie ihnen?" [51] Dem unter Leitung von *H. Herkner, G. Schmoller* und *A. Weber* ausgearbeiteten „Arbeitsplan" zufolge sollten in einzelnen Betrieben der verschiedensten Industrien vor allem folgende Fragen statistisch und durch Fragebogen-Erhebung geprüft werden: sozialer und geographischer Ursprung der Arbeiter, Prinzipien ihrer Auslese, physische und psychische Bedingungen einzelner Arbeitsprozesse, Arbeitsleistung und ihre Bedingungen, Aufstiegschancen und -voraussetzungen, soziale Struktur der Arbeiterschaft, Art und Grad der Anpassung an die betriebliche Arbeitswelt. Insgesamt sieben Monographien zu diesem Thema sind dann von 1910 bis 1915 erschienen[19], zu denen noch der Verhandlungsverband des Vereins für Sozialpolitik vom Jahre 1912 zum gleichen Thema[20] und *M. Webers* Arbeit „Zur Psychophysik der industriellen Arbeit" [51] gerechnet werden müssen.

Die methodisch gründlichste und thematisch umfassendste Einzeluntersuchung innerhalb dieses Programms hat wohl

[18] *M. Weber:* a. a. O.; S. 2. Daß diese Formulierung auch einen betont polemischen Beitrag zur damals im Verein für Socialpolitik schon schwelenden „Werturteilsdiskussion" (wozu vgl. *F. Boese:* Geschichte des Vereines für Socialpolitik; Berlin 1939; S. 143 ff). darstellt, dürfte offenbar sein.

[19] Schriften des Vereins für Socialpolitik; Bde. 133, 134, 135 und 153.

[20] Schriften des Vereins für Socialpolitik; Bd. 138.

Marie Bernays geliefert, die über die Verhältnisse einer rheinischen Spinnerei und Weberei berichtete [52]. Durch teilnehmende Beobachtung, Auswertung aller verfügbaren statistischen Daten und direkte Befragung erschloß *M. Bernays* eine Fülle von Material über die Situation des Arbeiters im Großbetrieb. Zum Teil hielt sie sich dabei im Rahmen der Arbeitswissenschaften, wie in dem Abschnitt „Zur Psychophysik der Textilarbeit". Zum Teil waren ihre Schlüsse eher allgemein soziologisch als speziell betriebssoziologisch, etwa hinsichtlich der sozialen Mobilität. Untersuchungen indes wie die zur „Gruppenbildung innerhalb der Arbeiterschaft", ihren Bestimmungsfaktoren und ihrer Bedeutung, stoßen bereits in den Kernbereich der Betriebssoziologie vor.

Gegen die Untersuchung von *M. Bernays* (wie die anderen Studien der Enquête des Vereins für Socialpolitik) sind berechtigte methodische und sachliche Einwände geltend gemacht worden. Wenn *M. Bernays* mit der Taylorschen Position in Verbindung gebracht wird, muß allerdings bedacht bleiben, daß beide eine offenbar ähnliche Situation beschreiben. *M. Bernays* gibt an, für die Arbeiter in dem von ihr untersuchten Betrieb sei „das Geld das einzige Band, das sie mit ihrer Tätigkeit verknüpfte" [52, S. 189]. Eines ihrer Hauptresultate lautet: „Die ‚nicht ermüdeten', die ‚nicht angestrengten' und die ‚zufriedenen' Arbeiter sind die in jeder Hinsicht untüchtigsten, die ‚müdesten', ‚angestrengten' und ‚unzufriedenen' Arbeiter die brauchbarsten." (a. a. O., S. 349) Demnach scheint dann „‚Zufriedenheit' ... keine die Leistungsfähigkeit der männlichen Arbeiter günstig beeinflussende Grundstimmung" zu sein [52, S. 345]. Andere Faktoren als die des bloßen Lohnabhängigkeitsverhältnisses konnte sie nicht als relevante feststellen. Das mag anzeigen, daß die Enquête des Vereins für Socialpolitik noch vorläufig und nicht im formalen Sinne soziologisch geblieben ist. Der weiterführende Ansatz der Enquête lag neben der bewußten Hinwendung zur betrieblichen Wirklichkeit vor allem in dem „Gedanken, die industrielle Arbeit aus ihrem eigenen, ‚neuen' Wesen zu begreifen", „die industrielle Arbeitswelt in ihren spezifischen Begriffen zu verstehen" *(Ch. v. Ferber*[21]*)*. In der *M. Weberschen* Formulierung ihres Programms zumal stellt sie die erste bewußt betriebssoziologische Untersuchung dar. Daß ein so früher Versuch in seiner inhaltlichen Ausführung ungenügend geblieben ist, kann ihm zwar nicht vorgeworfen werden, macht ihn aber heute zum eher historisch als sachlich bedeutsamen Unternehmen.

Während vor allem in England der erste Weltkrieg mit seinen gesteigerten Anforderungen an die industrielle Produktion die arbeitswissenschaftliche und betriebssoziologische Forschung erheblich vorantrieb, wurde die Entwicklung der Industrie- und Betriebssoziologie in Deutschland zunächst unterbrochen. Bald nach dem Weltkrieg erlebte diese Disziplin indes neuen Aufschwung durch eine Reihe von zum Teil noch heute bedeutsamen Veröffentlichungen einzelner Forscher. 1922 erschienen *W. Hellpachs* und *R. Langs* „Gruppenfabrikation" und *E. Rosenstocks* „Werkstattaussiedlung", 1923 *J. Winschuhs* „Praktische Werkpolitik", – alles Werke mit zwar sozialpolitischer Intention, aber doch betriebssoziologischer Bedeutung. Die Beiträge von *M. Weber* („Wirtschaft und Gesellschaft"), *F. von Gottl-Ottlilienfeld* („Wirtschaft und Technik") und anderen zum Grundriß der Sozialökonomik (1922–27) trugen vor allem zur Analyse des Verhältnisses von Industrie und Gesellschaft bei. Gegen Ende der zwanziger Jahre fanden alle früheren Versuche eine erste Zusammenfassung in den durch *L. von Wieses* „Beziehungslehre" und „Gebildelehre" nicht unerheblich angeregten Arbeiten von *G. Briefs* und seinen Mitarbeitern *L. H. A. Geck* („Die sozialen Arbeitsverhältnisse im Wandel der Zeit", 1931) *W. Jost* („Das Sozialleben des industriellen Betriebes", 1923) und anderen.

[21] In einer ungedruckten Göttinger Volkswirtschaftlichen Diplomarbeit (1952) über das Thema: „Lassen sich Wurzeln der modernen Betriebssoziologie bereits in den Schriften des Vereins für Sozialpolitik vor dem Ersten Weltkrieg nachweisen?"

G. Briefs, der – nach *L. H. A. Geck* – 1927 zuerst den Begriff der Betriebssoziologie aufbrachte [10, S. 112], gründete 1928 ein Institut für „Betriebssoziologie und Soziale Betriebslehre" an der Technischen Hochschule zu Berlin. Sein von vielen als „immer noch grundlegend" *(H. Schelsky)* angesehener Beitrag zu *A. Vierkandts* „Handwörterbuch der Soziologie" (1931, unveränd. Neudruck 1959) kann als hervorragendes Beispiel des Entwicklungsstandes der deutschen Betriebssoziologie und zugleich als Zeugnis ihrer Grenzen verstanden werden.

G. Briefs versucht in seinem vielzitierten Handbuchartikel „Betriebssoziologie" eine, zumindest der Darstellung nach, systematische Bestandsaufnahme des betriebssoziologischen Wissens seiner Zeit. Ausgehend von Formaldefinitionen der Wirtschaft und des Betriebes kategorisiert er die Aspekte des soziologischen Interesses am Industriebetrieb unter den Stichworten Betrieb als räumliche Gegebenheit, Betrieb als zeitliche Gegebenheit, Betrieb als Zweckmittelsystem, Betriebsorganisation. Hieraus folgert für ihn die „Definition" des „Betriebes im soziologischen Sinn": „Er ist räumlich gebundene, zeitlich normierte, mit technischer Apparatur ausgestattete derartige Kooperation von Menschen, daß spezifische soziale Beziehungen, soziale Prozesse und Beziehungsgebilde aus ihr entstehen." [1, S. 34] Trotz dieser überzeitlichen, nicht bloß auf den modernen Industriebetrieb bezogenen Definition beschränkt sich *Briefs* in der inhaltlichen Übersicht über die Themenkreise der Betriebssoziologie im wesentlichen auf den Industriebetrieb seiner Zeit. Er spricht von dem Einfluß der „sozialen Umwelt" des Betriebes (Sozialschichtung, Sozialethos), vom „Betrieb als sozialem Phänomen" (Betrieb als Werkraum, Formen der menschlichen Beziehungen, Über- und Unterordnung), von der „Betriebsverfassung" (Gruppenbildungen, Hierarchie und Disziplin, Anpassung) und von dem „sozialen Betriebsproblem" (Fremdbestimmung, Formen der Betriebsführung, Konflikt und Schlichtung). Ein letzter Abschnitt gilt den Rückwirkungen des Betriebes auf die Gesellschaft.

Wenn auch der Aufsatz von *Briefs* noch heute mit Gewinn gelesen werden kann, darf doch nicht übersehen werden, daß sowohl einzelne seiner Thesen inzwischen von der empirischen Industrieforschung widerlegt worden sind als auch sein Grundansatz in vielem noch einen vorläufigen Standpunkt der Industrie- und Betriebssoziologie dokumentiert. Damit ist nicht so sehr die zwar unanfechtbare, aber doch wenig ergiebige universelle Definition des Betriebes ohne spezifischen historischen Bezug gemeint. Der Einwand bezieht sich auch nicht auf den Formalismus, das Stehenbleiben bei sehr allgemeinen Annahmen, die bei *Briefs* immer wieder spürbar werden und wohl *L. H. A. Geck* veranlaßt haben, von ihm als „mehr Sozialphilosophen als Soziologen" zu sprechen. Gemeint sind vielmehr vor allem zwei Mängel des Briefsschen Ansatzes, die erst die empirische Industrie- und Betriebssoziologie der letzten zwanzig Jahre beheben konnte: die Tendenz zu Rationalisierungen hinsichtlich der Situation des Arbeiters und die Unterschätzung der Bedeutung sozialer Beziehungen im modernen Industriebetrieb; darüber hinaus aber auch seine kulturpessimistische Haltung[21a].

M. Bernays hatte 1910 am Schluß ihrer Untersuchung der Hoffnung Ausdruck gegeben, daß ihre Ergebnisse „einen Einblick gewähren in die Psyche der von uns durch Klassenunterschiede getrennten Proletarier" [52, S. 417]. Trotz des Bewußtseins dieses „Klassenunterschiedes" ist sie indes der Gefahr nicht entgangen, ihre, der Wissenschaftlerin, Vorstellungen von „sinnvoller", „erfüllter" Tätigkeit in die Bewertung der Industriearbeit hineinzutragen und damit zu Fehlschlüssen zu gelangen. Dasselbe gilt auch noch für *G. Briefs*. Eines der durchgängigen Motive seiner Arbeit ist die Betonung der „Fremdheit", „Fremdbestimmung", „Verfremdung" des Arbeiters im Industriebetrieb. „Sie beginnt mit der Fremdheit des Arbeit-

[21a] Die Fragwürdigkeit der „behavioral sciences" und die Notwendigkeit utopisch orientierter Figurationsbegriffe wird verdeutlicht von *N. Elias:* Was ist Soziologie (München 1970; S. 141 ff.).

gebers, des Raumes, der Werkmittel; sie erweitert sich zur Fremdheit der Anordnungsmacht im Betrieb, der Arbeit, der Betriebszeiten und der Mitarbeiter im Betrieb." [1, S. 45] Zwar versucht *Briefs* im weiteren auf sozialpolitische Versuche hinzuweisen, diese Fremdheit zu beseitigen, meint aber dann – gleichsam in einem Handstreich – das Problem der industriellen Arbeit, wie es sich im 19. Jahrhundert darstellte, beseitigen zu können: „Findet ... keine Ausbeutung statt, so fehlt auch das ökonomische Fundament des Klassenkampfes, der dann vielmehr als eine der vielen Ideologien, die der Marxismus bei anderen zu enthüllen nicht müde wurde, in der Luft schwebt; mit der Beseitigung dieser Ideologie – gleichviel, mit welchen Mitteln sie erfolgt, ist es nicht immer nötig noch auch möglich, daß Ungeist durch Geist überwunden wird – sind aber dann nicht nur Symptome, sondern Ursachen ausgeräumt." [94, S. 133] Später dann meint *Briefs*, die eigentliche Ursache der Unzufriedenheit der Arbeitenden gefunden zu haben: „In jedem Falle ist der arbeitende Mensch dem Absolutismus einer Gesellschaftsform unterworfen, in der es ‚keinen Punkt außerhalb' mehr gibt, keine göttliche oder natürliche Bestimmung des Menschen, noch ein dynamisches Gleichgewicht pluralistischer Kräfte." [264, S. 105] Seit den empirischen Untersuchungegen von *Mayo* hat sich die Industrie- und Betriebssoziologie allerdings solchen metaphysischen Orientierungen abgewandt, wiewohl sie dabei manchmal auch die Bedürfnisse der arbeitenden Menschen zu vergessen gelernt hat. Ihr Interesse richtete sich mehr auf die mannigfachen Phänomene der Anpassung und der Entwicklung neuer Lebensformen bei Industriearbeitern als auf die Beseitigung der Ursachen sozialer Konflikte.

Der Einwand, daß der Betriebssoziologe *Briefs* die Realität sozialer Beziehungen im Industriebetrieb unterschätzt habe, klingt nicht unmittelbar einleuchtend. Doch hat dieser Einwand angesichts der Ergebnisse wiederum der Forschungen *Mayos* seine Berechtigung. *Briefs* weist zwar auf viele Formen sozialer

Beziehungen im Industriebetrieb hin, erklärt aber zugleich: „Der moderne Betrieb entleert sich zusehends von den herkömmlichen soziologisch wichtigen Gehalten." [1, S. 40] Hinter dieser Behauptung läßt sich eine leicht romantische Verklärung der sozialen Gehalte vorindustrieller Produktion vermuten. Daß gerade die formellen und informellen Beziehungen im Großbetrieb sich zu zunehmender Komplexität auswachsen, wird hier noch nicht gesehen. Zweifellos hat die heutige Industrie- und Betriebssoziologie im entfalteten Industriebetrieb eine Unzahl möglicher sozialer Beziehungen und Verhaltensweisen gegenüber dem traditionellen engeren Betrieb nachgewiesen. Häufig wird sogar den menschlichen Interaktionen in der Industrie die Priorität als Gegenstand der Forschung zugeschrieben [260]. Offenbar liegt in dieser Entwicklung eine Chance wie eine Gefahr zugleich: die Chance nämlich, im nicht lückenlosen Gefüge von Interaktionen und Kommunikationen einen Bereich eigener Entfaltung wahrzunehmen; die Gefahr, unter dem Zwang umfassender Kontrollen aufgesogen zu werden.

Die Einwände gegen die frühere deutsche Betriebssoziologie sind zweifach begründet: zum einen in dem Fehlen umfassender, methodisch sicherer und gründlicher empirischer Untersuchungen. Zum anderen in der Verhaftung an traditionelle gesellschaftskritische Positionen. Unzweifelhaft hatte die Industrie- und Betriebssoziologie um 1930 schon einen beachtlichen Stand erreicht. Ihr Gegenstand war mit einiger Schärfe konzipiert, viele ihrer Methoden zumindest versuchsweise entwickelt, manche Einsicht gültig formuliert. Vieles sicher beruhte noch auf bloßen Vermutungen und Deduktionen. Vieles auch auf *Marx'* grundsätzlicher Kritik der kapitalistischen Produktion, *Taylors* irreführenden Voraussetzungen hinsichtlich der Motivation des Arbeiters, sowie einer generellen Unkenntnis der informellen Sozialbeziehungen im Betrieb und ihrer Bedeutung. Die Industrie- und Betriebssoziologie nach der Entstehungsgeschichte dagegen bekennt sich zu jener „sozialwissenschaftlichen Tatbestandsaufnahme des sozialen Gebildes Betrieb in voller theoretischer Breite“ [15, S. 7], in der die Analyse der differenzierten Beziehungsverhältnisse in der Industrie hervorgehoben, die Kritik an der zuständlichen Güterproduktion zurückgesetzt wird.

3. Elton Mayo und das Hawthorne-Experiment

Als *Briefs* und seine Mitarbeiter zu Beginn der dreißiger Jahre einen ersten Versuch der Systematisierung betriebssoziologischen Wissens unternahmen, war die bedeutsamste Etappe der langjährigen Untersuchung, die in den Hawthorne-Werken der Western Electric Company in Chicago durchgeführt wurde und viele Annahmen nicht nur der deutschen Betriebssoziologen falsifizieren sollte, bereits abgeschlossen. Die Untersuchungsreihe begann, als ein Ingenieur der Western Electric Company, *A. Pennock,* im Jahre 1924 ein Experiment zum Studium der Einwirkung von Beleuchtungsart und -stärke auf die Arbeitsleistung der Arbeiter einleitete. Das Experiment dauerte drei Jahre. Seine Ergebnisse waren so überraschend und – damals – unverständlich, daß die Gesellschaft nach dessen Abschluß den Psychologen und Nationalökonomen *Mayo* und einige seiner Kollegen von der Harvard-Universität beauftragte, in umfassenden Studien den Einfluß physischer Bedingungen auf die Arbeitsleistung zu erforschen. Damit hatte das eigentliche Hawthorne-Experiment begonnen. Nach mannigfachen Veränderungen seines Gegenstandes und einer Reihe von aufregenden Einzelstudien gelangte dieses Experiment 1932 zu einem durch die Wirtschaftskrise erzwungenen vorläufigen Abschluß.

Das dem eigentlichen Hawthorne-Experiment vorangehende Beleuchtungs-Experiment war an zwei Gruppen von Arbeitern, einer Testgruppe und einer Kontrollgruppe, durchgeführt worden. In seinem entscheidenden Abschnitt hatte man die Kontrollgruppe unter den gewohnten Beleuchtungsverhältnissen arbeiten lassen, während die Testgruppe bei wechselnden Lichtstärken arbeitete. Zunächst wurde die Lichtstärke in regelmäßigen Abständen erhöht. Der Erfolg war wie erwartet: die Arbeitsleistung stieg. Unerwartet war aber, daß zugleich die Arbeitsleistung der Kontrollgruppe trotz unveränderter Bedingungen anstieg. Vollends ratlos wurden die Veranstalter des Experiments, als sie dann die Beleuchtung im Testraum bis auf die Stärke einer Meterkerze abschwächten und dennoch die Arbeitsleistung bei der Testgruppe, wie auch bei der noch immer unter gleichen Bedingungen arbeitenden Kontrollgruppe, weiter anstieg. Alle Theorien über den Zusammenhang zwischen Beleuchtung und Arbeitsleistung schienen hinfällig. Aber wie ließ das erstaunliche Ergebnis sich erklären?

Mayo, der zu diesem Zeitpunkt mit den Mitarbeitern des Department of Industrial Research an der Harvard-Universität die Untersuchung übernahm, führte zunächst ein der Intention wie den Ergebnissen nach ähnliches Experiment durch. Er isolierte eine Gruppe von Arbeiterinnen, die mit der Montage von Telephonrelais beschäftigt waren. In einem Testraum, in dem die physischen Arbeitsbedingungen (Licht, Temperatur, Feuchtigkeit usw.) genau kontrolliert werden konnten, wurden diese Arbeiterinnen dann den verschiedensten sozialen Arbeitsbedingungen unterworfen: Veränderungen des Lohnsystems, Pausen mit und ohne Mahlzeit, früherer Arbeitsschluß, freie Sonnabende wurden jeweils in Perioden von bis 12 Wochen eingeführt und die Auswirkungen auf die „Arbeitsleistungen" studiert. Das Ergebnis war wiederum, daß die Arbeitsleistung, hier genau meßbar an der Zahl der montierten Relais, fast während der ganzen Untersuchungszeit anstieg. Der Höhepunkt des Experimentes aber war erreicht, als in einem Abschnitt (Periode XII) alle vorher eingeführten Vergünstigungen (Pausen, kürzere Arbeitszeit usw.) mit einem Schlage wieder rückgängig gemacht wurden und die Produktion der Arbeiterinnen ihren absoluten Höchststand erreichte und zwölf Wochen lang hielt.

An diesem Punkt erkannten *Mayo* und sein Team, daß die Annahmen, von denen sie ausgegangen waren, sich nicht halten ließen. Sie hatten das Experiment begonnen, um den Einfluß äußerlicher Arbeitsbedingungen (Lohn, Arbeitszeit usw.) quantitativ zu bestimmen. An seinem Ende stand die Entdeckung eines neuen Faktors, der psychischen und vor allem der sozialen Begleitphänomene der industriellen Arbeit. In den beiden folgenden Abschnitten der Hawthorne-Untersuchung konzentrierten sich die Forscher dann auch auf diese: zunächst in einem umfassenden Interview-Programm, von dem in den Jahren 1928 bis 1930 über 21 000 Arbeiter und Angestellte der Hawthorne-Werke erfaßt wurden, dann in der Einzelstudie einer Arbeitsgruppe, ihrer Struktur und Gesetzmäßigkeiten, in den Jahren 1931 und 1932.

Von den zum Teil erst viele Jahre später erschienenen Veröffentlichungen über das Hawthorne-Experiment sind soziologisch vor allem die beiden Bücher von *Mayo* bedeutsam: „The Human Problems of an Industrial Civilization" (1933) und „The Social Problems of an Industrial Civilization" (1945). Daneben verdienen aber auch die spezielleren Forschungsberichte von *F. J. Roethlisberger* und *W. J. Dickson* („Management and the Worker", 1939), und von *T. N. Whitehead* („The Industrial Worker", 1939) Beachtung. Eine Zusammenfassung der vielen kritischen Einwände gegen die Hawthorne-Untersuchungen liefert vor allem das Werk von *A. H. Landsberger* („Hawthorne Revisited", 1958).

Daß das Hawthorne-Experiment zum Wendepunkt der Industrie- und Betriebssoziologie geworden ist, daß seine „Schlußfolgerungen geradewegs in den Bereich der Soziologie geführt haben" [11, S. 9/10], war sein gleichsam unbeabsichtigtes Resultat. *Mayo* hat eindrucksvoll beschrieben [392, Kap. II], wie langwierig der Weg von der „rabble hypothesis", der „Hordenhypothese", für die der Arbeiter eine bloß materiell-egoistisch motivierte Kreatur ist, zur Anerkennung sozialer Motive und Gruppierungen in der Industrie auch für ihn war. Auch die reifen Schlußfolgerungen *Mayos* sind nicht durchweg soziologischer Natur. Doch ist der Einwand, daß diese Arbeiten nicht „als im eigentlichen Sinne betriebssoziologische anzusprechen sind, da ihnen die grundsätzlich soziologische

Betrachtung und Behandlung noch abgeht" [10, S. 117], nur im Hinblick auf die ursprünglichen Pläne und Absichten ihrer Urheber, nicht aber in dem auf die Bedeutung dieser Arbeiten haltbar. Zumindest folgende Ergebnisse des Hawthorne-Experiments dürfen als eindeutige Beiträge zur Industrie- und Betriebssoziologie festgehalten werden[22]:

1. „Die soziale Welt des Erwachsenen ist in erster Linie durch seine Arbeitstätigkeit geprägt." (*D. C. Miller* und *W. H. Form*). An vielen Stellen haben die Hawthorne-Untersuchungen gezeigt, daß der Beruf und die sozialen Arbeitsbeziehungen nicht ein Fremdes im Leben des Arbeiters sind, das seine menschliche Entfaltung in der Gesellschaft hemmt, sondern daß ein soziales Leben im Gegenteil von der Berufssphäre her Gestalt und Bedeutung gewinnt. Anspruchshorizont und sozialer Status, Verbrauchsgewohnheiten und Verhaltensformen, Arten und Bestimmungsgründe sozialer Beziehungen sind direkt von der sozialen Erlebniswelt im Industriebetrieb bestimmt.

2. „Industriearbeit ist stets Gruppentätigkeit" (*D. C. Miller* und *W. H. Form*). Die Annahme, daß der Arbeiter im modernen Industriebetrieb als einzelner seinen egoistischen Zielen nachgeht, ist falsch. Tatsächlich bilden sich allerorten im Industriebetrieb sogenannte „informelle Gruppen" auf Grund der verschiedensten Faktoren. Diese Gruppen bestimmen nicht nur den Arbeitsrhythmus ihrer Mitglieder („Bremsen"), sondern die gesamte Bewertung der Betriebsumwelt, das Sicherheitsgefühl, die sozialen Verhaltensformen und die Leistungsfähigkeit. In der Annahme der Bedeutung informeller Gruppenbildung für den Arbeiter liegt eine Erklärung der überraschenden Ergebnisse der frühen Hawthorne-Experimente.

3. Die andere Erklärung liegt in der Annahme der Bedeutung von sozialem Prestige und persönlichem Ansehen für den Arbeiter. Ohne Zweifel hat die besondere Beachtung, die die

[22] Die folgende Formulierung der Ergebnisse der Hawthorne-Untersuchungen ist zum Teil an der Darstellung von *D. C. Miller* und *W. H. Form* (a. a. O., S. 72/73) orientiert. – Zur Kritik vgl. vor allem *A. H. Landsberger*, Hawthorne Revisited, New York 1958.

untersuchten Gruppen über lange Zeiträume hin gefunden haben, das ihre zur Steigerung der Arbeitsleistung beigetragen. Die Position des einzelnen innerhalb des sozialen Gesamtgefüges Betrieb, insoweit sie sich ausdrückt im Verhalten gewordenen Ansehen oder Prestige, befriedigt das Sicherheitsbedürfnis der Arbeiter in mindestens so hohem Maße wie hohe Löhne und ist für ihr Sozialleben von eher noch größerer Bedeutung.

4. An der Grenze von Industriesoziologie und Industriepsychologie liegen die Ergebnisse der Hawthorne-Studien, die sich auf Phänomene der Monotonie, der Ermüdung, generell der „Psychophysik der industriellen Arbeit" beziehen. Bedeutsam ist hier vor allem die fast lächerlich trivial klingende Feststellung, daß „Beschwerden nicht ... als Tatsachen an sich, sondern als Symptome oder Anzeichen persönlicher oder sozialer Situationen" zu verstehen sind [175, S. 269]. In dieser Feststellung verbirgt sich manche neue Einsicht, wie z. B. daß Lohnforderungen oder Beschwerden über Monotonie häufig ihren Grund in ganz anderen Unzufriedenheiten haben, daß auch hier Fragen der sozialen Einordnung und Zugehörigkeit häufig zugrunde liegen.

Man mag sagen, daß diese Resultate eine jahrelange kostspielige Untersuchung eigentlich nicht rechtfertigen, daß sie weitgehend Gemeinplätze sind. In solchem Urteil zeigt sich indes nur, wie weit sich das allgemeine Bewußtsein und die wissenschaftliche Forschung von den ganz anderen „Gemeinplätzen" der 20er Jahre entfernt haben: Als *Mayo* und seine Mitarbeiter mit ihren Untersuchungen begannen, waren ihre späteren Resultate noch nicht einmal für sie selbst, geschweige denn für breitere Kreise selbstverständlich. So sehr dieses Verdienst der Arbeiten von *Mayo* der Betonung bedarf, so notwendig ist es jedoch andererseits, die Grenzen des *Mayoschen* Ansatzes zu betonen. Zuweilen hat man heute den Eindruck, daß auch *Mayo* – wie vor ihm, in ganz anderer Weise, *Taylor* – mehr durch Kritik, die sein Werk fand, als durch seine eigenen Thesen wirksam geworden ist. Jedenfalls hat diese Kritik eine Reihe von beachtlichen Argumenten hervorgebracht.

Mayo hatte bewußt gegen die falschen „Abstraktionen“ sozialwissenschaftlicher Theorien den „klinischen Ansatz“ an den „besonderen menschlichen Situationen“ gesetzt [392, S. 51]. Spätere Beurteiler sahen in diesem „klinischen Ansatz“ ein „klinisches Vorurteil“ [11, S. 97 ff.]. *Mayo* ist, so sagt *W. E. Moore,* der bedeutendste amerikanische Industriesoziologe der Gegenwart, „sich der Rolle der Theorie in sozialen Forschungen nicht bewußt“. Statt dessen ist er dafür, massenhaft und anscheinend ohne System Beobachtungen zu sammeln. Nirgends macht er klar, wie es kommt, daß man weiß, wo man anfangen soll, die unendlichen Phänomene des Alls zu beobachten[23]. Schlimmer noch ist vielleicht, daß *Mayo* vielfach und in beachtlicher Naivität an die Stelle der fehlenden Theorie Werturteile setzt, die in der Regel den Wert der „Organisation“, der „Kooperation“, des reibungslosen Funktionierens sozialer Systeme betonen.

Dies ist auch einer der Gründe dafür, daß *Mayo* sich den Vorwurf gefallen lassen mußte, ein Vorurteil zugunsten der Unternehmerinteressen zu zeigen. Die Rede von der „Management-Soziologie“ ist in den Vereinigten Staaten im Hinblick auf *Mayo* aufgekommen. Ihr liegt die Tatsache zugrunde, daß das Hawthorne-Experiment, aus der Suche nach Mitteln und Wegen zur Produktivitätssteigerung geboren, unter der Leitung von Unternehmervertretern durchgeführt worden und in seinen Resultaten einseitig mißbrauchbar ist. Es ist gesagt worden, daß *Mayo* und seine Kollegen „unkritisch die Auffassung der Industrie vom Arbeiter als einem Mittel, das gehandhabt und angepaßt werden kann zu unpersönlichen Zwecken“, akzeptieren [11, S. 78], also gewissermaßen den Arbeiter als soziales Wesen in ein System des „Taylorismus“ einbauen.

[23] In einer Rezension von *Mayos* Buch „The Social Problems of an Industrial Civilization“ in: American Sociological Review (Februar 1947); S. 123.

Der schwerwiegendste Einwand gegen das Werk von *Mayo* wie gegen das vieler amerikanischer und neuerdings auch deutscher Industrie- und Betriebssoziologen ist indes mehr sachlich-soziologischer Natur: *Mayo* weicht in typischer Weise Phänomenen des sozialen Konflikts durch die Psychologisierung des Arbeiterverhaltens aus. Es ist darauf hingewiesen worden, daß in allen Hawthorne-Studien von Gewerkschaften, Streiks, Lohnkämpfen fast nie die Rede ist[24]. Wo die Beschwerden der befragten Arbeiter sich nicht auf lösbare Probleme reduzieren lassen, werden sie als „Defekte" oder „Verfälschungen der Einstellung" abgetan [392, S. 68/9]. Damit wird die Möglichkeit echter sozialer Interessengegensätze innerhalb des Industriebetriebes und der Industrie von vornherein ausgeschaltet. Die Mängel dieser Auffassung hat der amerikanische Industriesoziologe *H. L. Sheppard* in einem Aufsatz über die „Behandlung des Konflikts in der amerikanischen Industriesoziologie" in vier Punkten zusammengefaßt, die hier ausführlich wiedergegeben seien [305, S. 327]:

„*Erstens* und vor allem finden wir, meiner Meinung nach, eine systematische Unterschätzung des Konflikts und die oft ausdrückliche Leugnung von wirtschaftlichen und politischen Bestimmungsfaktoren des industriellen Friedens, sowohl innerhalb als auch außerhalb der Fabrik. *Zweitens* ist das Beobachtungsgebiet auf die Fabrik selbst beschränkt, als existiere sie in einem Vakuum – alle für Konflikt oder Zusammenarbeit verantwortlichen Faktoren finden sich innerhalb der ‚sozialen Organisation des Betriebes'. *Drittens* geht jede Verringerung des Konflikts in erster Linie auf das Eingreifen des Unternehmers zurück, nicht in Form gemeinsamer Entscheidungen über zentrale Fragen oder in Form von Konzessionen an die Forderungen der Arbeiter – in welchen Fällen eine Neuverteilung der Macht nötig wäre – sondern in Form der Anwendung ‚sozialer Fertigkeiten' einschließlich der Fähigkeit, die Arbeiter über ihre Beschwerden zum Reden zu bringen, um sie zu überreden, diese Beschwerden neu zu interpretieren, so daß das Unternehmen als Gegenstand ihrer Aggression ausgeschaltet wird,

[24] Auch die Wirtschaftskrise wird nur ganz am Rande erwähnt, obwohl sie doch den Abbruch der Hawthorne-Untersuchungen erzwang.

und in der Form der Ausnutzung der egoistischen, statussuchenden Tendenzen im Durchschnittsarbeiter. *Viertens* bestehen die industriellen Beziehungen nach dieser Auffassung aus Beziehungen zwischen Einzelpersonen, in erster Linie zwischen Arbeitern oder Arbeitern und Werkmeistern, und der Ursprung des industriellen Konflikts findet sich auf dieser Ebene."

E. Mayos Werk ist für die Industrie- und Betriebssoziologie durch seine positive Leistung wie durch die Kritik, zu der es herausgefordert hat, fruchtbar geworden. Selbst wenn man nicht geneigt ist, diesem Werk eine so zentrale Stellung in der Industrie- und Betriebssoziologie zuzuschreiben, wie dies in den Vereinigten Staaten zuweilen geschehen ist, läßt sich doch schwerlich leugnen, daß die durch und gegen *Mayo* und seine Mitarbeiter vermittelten Einsichten unser Wissen um die soziale Realität der Industrie, unseren methodischen Apparat und unsere Fragestellungen um mehr als irgendein anderes einzelnes Werk bereichert haben. Gewiß waren manche von *Mayos* Resultaten nicht „neu". *Ch. Cooley* in Amerika, *W. Hellpach* in Deutschland hatten schon Jahre früher auf die Bedeutung der Gruppenbildungen hingewiesen. Gewiß lassen sich auch nicht alle Resultate des Hawthorne-Experiments von der amerikanischen auf die englische, französische oder deutsche Industrie übertragen. Das Bemühen aber, die sozialen Probleme der Industrie und des Industriebetriebes in voller Breite und mit stetem empirischem Bezug wissenschaftlich zu erforschen, ist durch die Mitarbeiter des Hawthorne-Experiments weit vorangetrieben worden.

4. Der gegenwärtige Stand der Forschung

Die bisher genannten Autoren und Arbeiten bezeichnen eher die Entwicklung als den derzeitigen Gegenstand der Industrie- und Betriebssoziologie. Auch wenn man sich der etwas zweifelhaften Behauptung, daß „der Beginn der eigentlichen Geschichte der Industriesoziologie für 1946 angesetzt werden" darf [17,

S. 230], nicht anschließen will, ist doch nicht zu übersehen, daß die Abgrenzung von Gegenstand und Ansatz von Industrie- und Betriebssoziologie erst in den letzten beiden Jahrzehnten so weit ausgeprägt ist, um berechtigt von einer selbständigen Disziplin sprechen zu können. Dabei sind die Unterschiede in der Motivation zwischen den Vereinigten Staaten und Europa, speziell Deutschland, nicht zu übersehen: sie werden zum Teil in *H. Schelskys* Unterscheidung bezeichnet, der das Motiv der deutschen Betriebssoziologie darin sieht, die „Volksordnung" von der „Betriebsgemeinschaft" her erneuern zu wollen, während in den Vereinigten Staaten durch die industrielle Forschung erst so etwas wie eine „soziale Frage" entdeckt worden ist [15, S. 211]. Wenn also die Problematik und Methodik früherer Forschungen recht ausführlich betrachtet werden muß, so vor allem, um die allmähliche Erschließung der Themen und Methoden der Disziplin zu verdeutlichen. Bei der Fülle von Publikationen in den Jahren seit 1945 ist eine solche Ausführlichkeit kaum mehr möglich. Aufzählende Erwähnung wichtiger Autoren und Forschungsgebiete muß hier die Einordnung in einen Entwicklungszusammenhang ersetzen.

Als *D. C. Miller* und *W. H. Form* im Jahre 1951 zuerst ihr großes Lehrbuch der Industriesoziologie veröffentlichten, konnten sie noch mit einigem Stolz schreiben: „Dieses Buch ist das erste, das den Titel ‚Industriesoziologie' trägt." [11, S. 12] Zwar konnte man auch damals schon auf die „Betriebssoziologie" von *G. Briefs*, auf das Sonderheft „Industriesoziologie" des American Journal of Sociology (Januar 1949) und einige kleinere Veröffentlichungen verweisen, doch war der Band von *Miller* und *Form* seinerzeit die gründlichste Einführung in den Gesamtbereich der Industrie- und Betriebssoziologie. Seither sind allerdings viele andere Gesamtdarstellungen neben diesem Band zu erwähnen: Der bibliographische Forschungsbericht „Industriesoziologie" des Internationalen Soziologenverbandes (1960); in den Vereinigten Staaten *Th. Caplows* „Soziologie der Arbeit" (1954), *R. Dubins* „Welt der Arbeit" (1958), *E. V.*

Schneiders „Industrielle Soziologie" (1959), *M. J. Vincents* und *J. Mayers* „Neue Grundlagen der industriellen Soziologie" (1959), *N. J. Smelsers* „Die Soziologie des wirtschaftlichen Lebens" (1963); in England *J. A. C. Browns* so benannte „Sozialpsychologie der Industrie" (1954, dt. Psychologie der industriellen Leistung, 1956); im französischen Bereich *A. Touraines* Beitrag „Industriesoziologie" zu dem von *R. König* herausgegebenen „Handbuch der empirischen Sozialforschung" (1961) sowie die seit 1959 erscheinende Zeitschrift „Sociologie du travail"; in der Deutschen Bundesrepublik *H. Schelskys* Beitrag „Industrie- und Betriebssoziologie" zu dem von *A. Gehlen* und ihm herausgegebenen Lehrbuch der Soziologie, *F. Fürstenbergs* „Strukturen und Wandlungen im Industriebetrieb" (1960), seine systematische „Wirtschaftsoziologie" (1961) und sein Aufsatzband „Grundfragen der Betriebssoziologie" (1964); viele andere Veröffentlichungen ließen sich hinzufügen[25].

Bestätigt schon die wachsende Zahl einführender Gesamtdarstellungen ein gewisses methodisches und thematisches Selbstbewußtsein der Industrie- und Betriebssoziologie in jüngster Zeit, so gilt dies in noch stärkerem Maße von einigen Versuchen, das Material dieser Disziplin theoretisch zu durchdringen und eine analytisch-soziologische Gesamtinterpretation der industriellen Arbeitswelt vorzulegen. In Deutschland bilden neben *E. Michels* älterer „Sozialgeschichte der industriellen Arbeitswelt" alle erwähnten Veröffentlichungen einen Ansatz zu diesem Ziel. Vor allem ist hier im europäischen Bereich jedoch das Werk der französischen Arbeitsoziologen *G. Friedmann* zu nennen. *G. Friedmann* setzt an der Frage der Stellung des „Menschen in der mechanisierten Produktion", der Möglichkeiten zur Befriedigung seiner psychischen und sozialen Ansprüche innerhalb der industriellen Arbeitswelt, an [205; 206; 207]. Er ist insofern ebenso sehr Arbeitspsychologe wie Industriesoziologe. Den Stand der amerikanischen Organisa-

[25] Vgl. für die genauen Titel sämtlicher in diesem Abschnitt erwähnten Werke das Literaturverzeichnis am Schluß des Bandes.

tionspsychologie spiegelt die Einführung von *A. S. Tannenbaum* [403]. Umfassende Strukturanalysen bieten demgegenüber insbesondere die beiden großen Arbeiten von *Th. Caplow* und *W. E. Moore. Moores* „Industrielle Beziehungen und die soziale Ordnung" („Industrial Relations and the Social Order", 1946) dürften bis heute der erfolgreichste Versuch sein, „das Funktionieren der Struktur (der modernen Industrie) als ganzer" zu analysieren [13, S. VII]. Weil er die Forderung nach Einbeziehung des Sozialgefüges „Industrie" in die Gesamtstruktur der Gesellschaft ernst nimmt, ist es *Moore* gelungen, viele isolierte Annahmen der Industrie- und Betriebssoziologie über Gruppenbildungen, Autoritätshierarchie, Machtverteilung usw. zu einem kohärenten Gesamtbild zu verknüpfen.

Nicht zufällig ist *W. E. Moores* Buch in den Vereinigten Staaten geschrieben worden. Wissenschaftshistorische (das Hawthorne-Experiment), soziale (die Bedeutung der Großbetriebe) und auch wirtschaftliche (die Verfügbarkeit von Geldern für empirische Untersuchungen) Gründe haben dazu beigetragen, daß die Industrie- und Betriebssoziologie sich in den Vereinigten Staaten früher als in den europäischen Ländern zur selbständigen Disziplin entwickelte. Vor allem aber wurde die Industrie der amerikanischen Gesellschaft wie selbstverständlich integriert, und nicht wie in Europa als ständiger Anlaß sozialer Konflikte betrachtet. Im Anschluß an das Werk von *E. Mayo* sowie auch an die Untersuchungen und Analysen von *W. L. Warner* („The Social System of the Modern Factory", 1947), *J. Burnham* („Das Regime der Manager"), *P. F. Drucker* („Gesellschaft am Fließband", 1949), *Ch. I. Barnard* („Functions of the Executive", 1939) hatte die amerikanische Industriesoziologie im Anfang der 40er Jahre unseres Jahrhunderts eine erhebliche Blüte erreicht, wie sie etwa auch aus dem von *W. F. Whyte* herausgegebenen Sammelband „Industrie und Gesellschaft" (1946), in dem neben den schon erwähnten mit *B. B. Gardner* und *D. C. Moore* weitere bedeutende amerikanische Industriesoziologen schrieben, spricht. Auch die Zeit der ersten Veröffentlichung von *Moores* Werk – 1946 – scheint allerdings, von heute aus gesehen, nicht ganz zufällig: Nach dem Kriege verlagerte sich der Schwerpunkt industriesoziologischer Forschung eindeutig nach Europa. Zwar verschwand die Industrie- und

Betriebssoziologie keineswegs aus den Zeitschriften, Verlagskatalogen und Hochschul-Lehrplänen der USA, doch trat dieser Bereich ein Jahrzehnt lang in der Forschung zurück, um erst in den allerletzten Jahren (und z. T. unter dem Eindruck europäischer Entwicklungen) wieder eine stärkere Rolle zu spielen: Arbeiten wie die von *R. Dubin* und *W. Kornhauser* („Industrieller Konflikt"), *R. Bendix* („Herrschaft und Industriearbeit"), *S. M. Lipset* („Gewerkschaftsdemokratie"), *H. Hartmann* („Autorität und Organisation im deutschen Management"), *S. M. Miller* („Die Bedeutung der Arbeit"), *D. F. Hoselitz* und *W. E. Moore* („Industrialisierung und Gesellschaft"), *D. C. McClelland* („Die Leistungsgesellschaft") und vielen anderen bestätigen nicht nur das wiedergewonnene Interesse, sondern auch den entwickelten Stand der amerikanischen Industriesoziologie der letzten Jahre. Deutlich läßt sich dabei die Hinwendung zur Frage der Automatisierung und zu organisationssoziologischen Problemen der Großindustrie bemerken, die etwa in folgenden Titeln ihren Niederschlag findet: „Automation, Kybernetik und Gesellschaft" (*F. A. George* 1959), „Automation und der Arbeiter" (*F. C. Mann* und *L. R. Hoffmann*, 1960), „Automation im Büro" (*J. Russakoff-Hoos*, 1961), „Mensch, Arbeit und Gesellschaft" (herausgegeben von *W. H. Form* und *S. Nosow*, 1962), „Formale Organisation" (*P. M. Blau* und *W. R. Scott*), „Der amerikanische Arbeiter im zwanzigsten Jahrhundert" (*E. Grinzberg* und *B. Hymann*, 1963), „Organisation: Struktur und Verhalten" (herausgegeben von *J. A. Litterer*, 1963), „Dimensionen der Arbeit" (*N. Anderson*, 1964), „Industrialisierung und Demokratie" (*K. de Schweinitz jr.*, 1964), „Ökonomischer Fortschritt und sozialer Wohlstand" (herausgegeben von *L. H. Goodmann*, 1966), „Technische Neuerung und Gesellschaft" (*D. Morse* und *A. W. Warner*, 1966).

Auch an den kanadischen Universitäten hat die industrielle Sozialforschung sich in den letzten Jahren weit entwickelt, wobei insbesondere die Abteilung für industrielle Beziehungen an der Universität Laval von Quebec (*R. Chartier*, *G. Dion*, *C. F. Owen* und andere) mit ihren zahlreichen Veröffentlichungen sowie ihrer Zeitschrift „Relations Industrielles" hervorzuheben ist.

Weitgehend jedoch ist die industrielle Sozialforschung eine europäische Domäne. Historisch war der zentrale Gegenstand der amerikanischen Soziologie die Gemeinde („community"), der der europäischen dagegen der Industriebetrieb. Dem entspricht in der amerikanischen Soziologie eine Hinwendung zu Integrationserscheinungen, in der europäischen zur Analyse gesellschaftlicher Konfliktsituationen. Dieser historische Grund mag eine der Ursachen für die wissenschaftshistorisch ungewöhnliche gleichzeitige Entfaltung der industrie- und betriebssoziologischen Forschung in vielen europäischen Ländern nach dem Kriege sein. Daneben spielte sicher auch der Wunsch einer neuen Generation von Soziologen eine Rolle, anhand eines konkreten Erfahrungsbereiches der Soziologie selbst methodisch neue Wege zu eröffnen. Jedenfalls weisen die Jahre 1945 bis zur Gegenwart in fast allen europäischen Ländern eine außerordentliche Zahl industrie- und betriebssoziologischer Forschungen auf. In vielen Ländern sind spezielle Forschungsinstitute entstanden; die nationalen soziologischen Gesellschaften (wie auch der Internationale Soziologenverband) haben Sektionen für Industriesoziologie gegründet; darüber hinaus liegt eine Reihe industriesoziologischer Zeitschriften und Buchreihen vor. In den letzten Jahren allerdings macht sich eine deutliche Verlagerung des Aspektes bemerkbar, unter dem Industriebetriebe betrachtet werden: nämlich von der Untersuchung der Arbeitsverhältnisse und Interaktionsmuster zur mehr abstrakten Analyse organisatorischer Strukturen oder zur konkreten Erfassung der Bewußtseinsformen ihrer Mitglieder.

Nur sehr vorläufig lassen sich in den europäischen Forschungen zur Industriesoziologie aus der Nachkriegszeit bestimmte Schwerpunkte erkennen. Themen wie das der Lage des Arbeiters in Betrieb und Gesellschaft, der Situation der Angestellten und des Verhältnisses von Mensch und Technik, insbesondere zur Problematik der Automation, standen im Vordergrund des Interesses. Daneben sind jedoch so viele andere Probleme bearbeitet worden, daß eine kurze Darstellung der Forschung in verschiedenen europäischen Ländern kaum ein angemessenes Bild der tatsächlichen Vielfalt vermitteln kann.

In England hat sich lange Zeit eine klar abgegrenzte Industriesoziologie ebensowenig wie eine als solche bezeichnete allgemeine Soziologie entwickelt. Nationalökonomen, Sozialpolitiker und Psychologen hatten hier indes seit langem schon eine starke soziologische Orientierung, die sich in ihren Forschungen niederschlug. Thematisch stand dabei die Lage des Arbeiters, insbesondere der industrielle Konflikt, im Vordergrund. Wenigen allgemeinen Arbeiten (wie *E. Jaques'* „Changing Culture of a Factory", 1951) stehen eine große Zahl von Arbeiten über Gewerkschaften *(G. D. H. Cole, J. Goldstein, A. Flanders)*, Streiks *(K. G. J. C. Knowles)*, die inner- und außerindustrielle Situation bestimmter Arbeitergruppen *(F. Zweig, V. Klein)* gegenüber. Auch die empirischen Industrieforschungen der Sozialwissenschaftlichen Forschungsgruppe der Universität Liverpool und *T. S. Simey* (mit der Monographie über „The Dockers", 1955) gehen in diese Richtung, wie insbesondere an den wichtigen Arbeiten von *W. H. Scott* („Joint Consultation", 1952), *J. A. Banks, E. Mumford, I. C. McGivering* und *J. M. Kirbsby* deutlich wird. Allgemeinere Fragen der Organisation einerseits, das Spezialstudium der die Arbeitsleistung und Arbeitsstetigkeit beeinflussenden Faktoren andererseits beherrschen die Forschungen von *P. Sargant Florence* und seinen Mitarbeitern an der Universität Birmingham, von denen vor allem *W. Baldamus* („Der gerechte Lohn", 1960) durch eine Reihe von Veröffentlichungen hervorgetreten ist. Über den Rahmen der industriellen Organisation hinausragende Bedeutung haben die Schriften von *J. Woodward* („Industrial Organization: Theory and Practice", 1965. „Industrial Organization: Behavouir and Control", 1970). Eher industriepsychologisch orientierte Studien sind in den letzten Jahren mit Unterstützung der Nuffield Foundation und des Aceton Society Trust sowie im Rahmen des National Institute of Industrial Psychology und des Tavistock Institute of Human Relations durchgeführt worden[26]. Untersuchungen über die Einstellung des Arbeiters zur Industrie und Politik von *J. H. Goldthorpe, D. Lockwood. F. Bechhofer, J. Platt* („The Affluent Worker", 3 Bände, 1969) schließlich fügen

[26] Zur Darstellung der britischen Industriesoziologie vgl. neben dem zitierten Werk von *Ferrarotti* (Kap. IV) *G. B. Mitchell* und andere: Betriebssoziologische Forschung in Großbritannien, Soziale Welt 3 (1951/2); *L. Podestá:* Lo studio dei problemi umani nell' industria in Gran Bretagna, Relazioni Umani III (1958). Zur Theorie der Diskussion um die „workers' participation" in England vgl. *P. Blumberg*, Industrial Democracy (London 1968).

sich in den Rahmen der in England systematisch betriebenen Geschichte der Arbeiterklasse *(E. P. Thompson:* „The Making of the English Working Class", 1963).

In Frankreich ist man versucht zu sagen, daß mit Ausnahme der wenigen an der Sorbonne tätigen Soziologen (und auch hier gilt die Ausnahme für *H. Philip* und *J. Stoetzel* eigentlich nicht) die gesamte soziologische Forschung der Nachkriegszeit industriesoziologische Themen zum Gegenstand hat. Institutioneller Rahmen dieser Forschungen war und ist entweder die arbeitssoziologische Abteilung der Musée de l'Homme oder das industriesoziologische Institut im Centre Nationale de la Recherche Scientifique. In mehr oder minder engem Zusammenhang mit diesen Institutionen hat – wenn man vom Werk *G. Friedmanns* sowie den Veröffentlichungen von *H. Dubreuil* („Le Travail et la Civilisation", 1953) absieht – vor allem die jüngere Generation der französischen Soziologen eine Vielzahl von Untersuchungen und Analysen vorgelegt. Hier ist zu denken an: *M. Crozier* mit mehreren Arbeiten zur Einstellung von Arbeitern und Arbeiterinnen zu ihrer Tätigkeit und ihrem Betrieb („Petits fonctionnaires au travail", 1955; „Le climat humain dans les manufactures de tabac", zus. m. *C. Eichinsky* 1958; „Employés de banque", zus. m. *C. Marenco,* 1959; „Groupes et Chefs", zus. m. *B. Pradier,* 1959; u. a.); *V. Isambert* mit vielseitigen Untersuchungen („L'industrie horlogère", 1955; „Travail féminin et travail à domicile", zus. m. *M. Guilbert,* 1956; „L'apprentissage et l'activité professionelle", 1958); *P. Naville* mit seinen allgemeinen Analysen zur Geschichte und Gegenwart des Arbeitslebens („La vie de travail et ses problèmes", 1954; „De l'aliénation à la jouissance", 1957); *A. Touraine* mit seinen Studien des Arbeiterbewußtseins („L'évolution du travail ouvrier aux usines Renault", 1955; „La conscience ouvrière", 1966 und zahlreiche Aufsätze); den seinerzeit in Paris arbeitenden Schweizer *A. Willener* mit seinen Beiträgen zur internationalen Studie der Montanunion über „Mechanisierungsgrad und Entlohnungsform" (1960); *J. Reynaud, J. R. Tréanton* und viele andere.Eine gewisse Spaltung zwischen der Faszination der empirischen Forschungsmethoden und der von diesen wenig berührten Sozialkritik ist vielleicht kennzeichnend für die französische Industriesoziologie; doch wird diese in der Geschichte der europäischen Sozialwissenschaft nicht seltene Spaltung in neuerer Zeit in zunehmendem Maße überwunden[27].

Auch in den anderen Ländern Westeuropas sind in der Nachkriegszeit zahlreiche soziologische Forschungen auf dem Gebiet der Industrie und des Betriebes durchgeführt worden; in Belgien vor allem im Zusammenhang des Institut de Sociologie Solvay (*A. Doucy* und andere) und der Universität Liège (*R. Clémens* und andere); in den Niederlanden, wo die Soziologie überhaupt eine ungewöhnliche Ausbreitung gefunden hat, an allen Universitäten, wobei vielleicht die Namen von *P. J. Bouman* („Industrieel climaat", 1960), *M. J. M. Daniels* („Mens en Onderneming", 1956), *J. Haveman* („De ongeschoolde arbeider", 1954) *F. van Heek* („Auf- und Abstieg in einem modernen Großbetrieb", 1957), *Th. J. Yzerman* („Bild und Wirklichkeit der Twents-Achterhorkschen Textilindustrie" 1957) und *I. Gadourek* („Abwesenheit und Wohlbefinden von Arbeitern", 1965) hervorgehoben werden dürfen; in den skandinavischen Ländern sind vor allem die Forschungen von *T. Agersnap* (Oslo), *K. Svalastoga* (Kopenhagen), *A. Lundquist, T. Segerstedt, G. Westerlund* (Stockholm und Uppsala) zu erwähnen; in Italien ist die industriesoziologische Forschung stark durch *F. Ferrarottis* Veröffentlichungen („Il dilemma dei sindacati americani", 1954; „La protesta operaia", 1955; „La sociologia industriale in America e in Europa", 1959) angeregt worden. Außerdem wurden Untersuchungen über die unterentwickelten Gebiete gemacht *(F. Leonardi, E. Peggio).*

Industriesoziologische Forschung ist keineswegs auf westliche Gesellschaften beschränkt. Seitdem sich gerade in den osteuropäischen Ländern die Überzeugung durchgesetzt hat, es sei eine grundsätzliche Umwandlung der gesellschaftlichen Verhältnisse gelungen, und somit eine Erkenntnis der nicht mehr bürgerlichen Gesellschaftsverhältnisse prinzipiell möglich, und seit darüber hinaus die herkömmliche ideologische Orientierung diesem Selbstverständnis nicht mehr ausreichte, sind in zunehmendem Maße empirisch-soziologische Untersuchungen unternommen worden. So stehen etwa in Jugoslawien Forschungen zur Beteiligung der Arbeiter am Management industrieller Unternehmen im Vordergrund. In Polen gibt es Untersuchungen zur Stellung und Einstellung von Arbeitern, sowie zum Verhältnis von industrieller und ländlicher Bevölkerung *(A. Holland, M. Hirszowicz, J. Kolaja, J. Malanowski, A. Matejko, M. Nowakowski).* Verbreitet sind in den sozialistischen

[27] Für weitere Angaben über die französische Industriesoziologie vgl. *Ferrarotti* (Kap. VI) sowie *A. Touraines* Aufsatz in Recherches Sociologiques II/2 (1955).

Ländern Beiträge zum Problem der Arbeitszufriedenheit. (In der Sowjetunion: *V. R. Jadov, A. S. Zdravomyslov;* in Ungarn: *A. Hegedüs, M. Markus;* in der DDR: *R. Stillberg*). Der Stand der Forschung in den sozialistischen Ländern zeigt sich daran, daß der polnische Industriesoziologe *J. Szczepański* aus Lodz viele Jahre lang Vorsitzender der Sektion Industriesoziologie des Internationalen Soziologenverbandes sein konnte. Hervorzuheben ist vor allem aber auch die industriesoziologische Forschung in der ČSSR *(J. Filipec, J. Klofáč, J. Kohout, D. Slejška, V. Tlustý)*. Inzwischen haben sich Soziologen west- und osteuropäischer Länder bereits zu gemeinsamen Untersuchungen zusammengefunden.

Fraglos war die Breite industriesoziologischer Forschung in den letzten Jahren in der Bundesrepublik Deutschland wie in der Deutschen Demokratischen Republik besonders groß. Es ist beinahe schwierig, den Namen eines deutschen Soziologen zu nennen, der sich nicht mit industrie- und betriebssoziologischen Problemen beschäftigt hätte. Auch institutionell ist die Industriesoziologie in allen großen Universitäts- und Forschungsinstituten etabliert, wobei vielleicht die Sozialforschungsstelle der Universität Münster in Dortmund und das Institut für Sozialforschung in Frankfurt besonders hervorgehoben werden müssen.

Bei Durchsicht der industriesoziologischen Veröffentlichungen der Nachkriegszeit fallen zunächst die vier großen Untersuchungen zur Mitbestimmung bzw. allgemeiner zur Stellung des Arbeiters in einer modernen (Stahl-) Industrie ins Auge, die sämtlich von Forschungsgruppen durchgeführt worden sind: die Arbeiten von *H. Popitz, H. P. Bahrdt, E. A. Jüres* und *H. Kesting* („Technik und Industriearbeit", 1957; „Das Gesellschaftsbild des Arbeiters", 1957); von *Th. Pirker, S. Braun, B. Lutz* und *F. Hammelrath* („Arbeiter, Management, Mitbestimmung", 1957), vom Frankfurter Institut für Sozialforschung unter maßgeblicher Mitarbeit von *L. von Friedeburg* („Betriebsklima", 1956); sowie von *O. Neuloh* und Mitarbeitern („Die deutsche Betriebsverfassung", 1956; „Der neue Betriebsstil", 1960). So unterschiedlich diese Arbeiten im methodischen Ansatz, Grad der Analyse des Materials und z. T. auch in ihren Ergebnissen sind, so sehr gehören sie doch zusammen als der große Beitrag der deutschen Industriesoziologie zu unserer Kenntnis der Stellung des Arbeiters. In den letzten Jahren nun sind die ersten kritischen Analysen zur Durchsetzung der Mitbestimmung erschienen. Der Wertaspekt gerade dieser Arbeiten ist sehr verschieden. Zu nennen wären die Beiträge von *A. Horné* („Der beklagte Sieg", 1964, und „Zwischen Stillstand und Bewegung", 1965), von *E. Potthoff, O. Blume* und *H. Duvernell* („Zwischenbilanz der Mitbestimmung", 1963), *O. Blume* u. a. („Normen und Wirklichkeit einer Betriebsverfassung", 1964), *O. Stolz* („Die Gewerkschaften in der Sackgasse", 1959), die im Auftrage der Bundesvereinigung deutscher Arbeitgeberverbände vom EMNID-Institut herausgegebene Enquête (1966) sowie die von der IG Metall veröffentlichten Darstellungen *P. von Oertzens* (Arbeitshefte 210–214). System und Selbstbestimmung werden thematisiert in den Arbeiten von *H. Bosetzky* („Grundzüge einer Soziologie der Industrieverwaltung", 1970), *N. Altmann* und *G. Bechtle* („Betriebliche Herrschaftsstruktur und industrielle Gesellschaft", 1971), *F. Naschold* und *W. D. Narr* („Theorie der Demokratie", 1971), *F. Vilmar* („Mitbestimmung am Arbeitsplatz", 1971) und *G. Schwerdtfeger* („Unternehmerische Mitbestimmung der Arbeitnehmer und Grundgesetz", 1972).

Eine Reihe anderer Studien hat sich mit dem Arbeiter in seinen außerbetrieblichen Bezügen beschäftigt: *K. Bednarik* („Der junge Arbeiter", 1953), *H. Kluth, R. Tartler, U. Lohmar* („Arbeiterjugend – gestern und heute", 1955), *H. Kantler* („Jugendarbeit in der Industriewelt", 1962), *L. Rosenmayr* („Familienbeziehungen und Freizeitgewohnheiten jugendlicher Arbeiter", 1963), *D. Hanhart* („Arbeiter in der Freizeit", 1964), *R. Wald* („Industriearbeiter privat", 1966), *G. Kehrer* („Das religiöse Bewußtsein des Industriearbeiters", 1967). Einige weitere Themen empirischer Forschung waren: informelle Gruppen *(R. König, H. Stirn)*, Die Stellung der Meister *(R. Lepsius)*, Arbeitsfreude *(Ch. von Ferber)*, Mechanisierungsgrad und Entlohnungsform *(B. Lutz)*, Autoritätsstrukturen im Betrieb *(F. Weltz)*, Der Bergbau (*J. Jantke* und Mitarbeiter, *L. von Friedeburg*), Motivation und Leistungsanreize *(F. Fürstenberg)*, Die betriebliche Situation der Arbeiter *(K. Thomas)*. Die Befreiung der Arbeit *(G. Hillmann)*, Der „neue" Arbeiter *(K. H. Hörning, Hg.)*.

Gerade in den letzten Jahren stand die Beschäftigung mit der Angestelltenproblematik im Vordergrund. Die Zahl der Veröffentlichungen ist sehr vielfältig, der Tenor kaum auf einen Nenner zu bringen, abgesehen davon, daß das Thema der „Automatisierung des Büros“ viel Beachtung findet. Einige Arbeiten seien genannt: „Zur Neuabgrenzung der Begriffe Angestellter und Arbeiter“ (*A. Nikisch,* 1959), „Angestellter und Arbeiter in der Betriebspyramide“ (*D. Claessens* und Mitarbeiter, 1959), „Der Angestellte zwischen Arbeiterschaft und Management“ (herausgegeben von *H. Bayer,* 1961), „Die Angestellten in der industriellen Gesellschaft“ (*S. Braun,* 1962), „Bürotechnik“ (*Th. Pirker,* 1963), „Der Angestellte im automatisierten Büro (*U. Jaeggi* und *H. Wiedemann,* 1963), „Die weiße Automation“ (*O. Neuloh,* 1966).

Auch an Versuchen der verallgemeinernden Durchdringung der industriellen Arbeitswelt fehlt es nicht. Neben den schon erwähnten Gesamtdarstellungen ist hier einerseits an die der Tradition der deutschen Betriebssoziologie verbundenen Arbeiten von *L. H. A. Geck* („Soziale Betriebsführung“, 2. Aufl. 1953), *E. Michel* („Sozialgeschichte der industriellen Arbeitswelt“, 3. Aufl. 1958), *F. H. Mueller* („Soziale Theorie des Betriebes“, 1952) zu denken. Andererseits bedürfen einige neuere Ansätze zur historischen (*C. Jantke:* „Der vierte Stand“, 1955), sozialpsychologischen (*A. Gehlen:* „Die Seele im technischen Zeitalter“, 1957), anthropologischen (*H. G. Stück:* „Anthropologische Grundlagen der betrieblichen Arbeitsorganisation“, 1958) und philosophischen (*F. Jonas:* „Sozialphilosophie der industriellen Arbeitswelt“, 1960) Analyse der Welt der Industrie der Erwähnung. In den Arbeiten von *E. Gerwig* („Die soziologische Struktur des Industriebetriebes“, 1960), *R. M. Lepsius* („Strukturen und Wandlungen im Industriebetrieb“, 1960), *R. Mayntz* („Die soziale Organisation des Industriebetriebes“, 1959) und anderen liegen schließlich auch einige Ansätze zur systematischen Analyse der sozialen Betriebsstruktur vor. Die Breite der Aspekte wird etwa in den folgenden Titeln verdeutlicht: „Soziale Auswirkungen des technischen Fortschritts“ (IFO-Institut für Wirtschaftsforschung, 1962), „Handlungsorientierung im Industriebetrieb“ (*H. J. Knebel,* 1963), „Der industrieähnliche Betrieb“ (*R. König* u. a., 1966) „Organisationsstrukturen industrieller Großbetriebe“ (*F. Landwehrmann,* 1965), „Soziologie der Organisation“ (*R. Mayntz,* 1963), „Die Ordnung des Betriebes in der Sicht der deutschen Gewerkschaften nach 1945“ (*F. Rudolph,* 1965), „Innerbetrieblicher Funktionszusammenhang und Berufsqualifikation“ (*W. Siebel* und *H. W. Hetzler,* 1962), „Vorgesetzte zwischen Management und Arbeitern" (*F. Weltz,* 1964), „Betriebsdemokratie" (*A. Anker-Ording,* 1969), „Strukturen und Prozesse der Autorität in der Unternehmung" (*H. Ziegler,* 1970). – Hinzuzufügen wären danach wiederum Arbeiten, die sich mit der Industriesoziologie selbst auseinandersetzen und Titel wie „Sozialpsychologie im Industriebetrieb" (*A. Oldendorff,* 1970) oder „Betriebssoziologie und Gesellschaftsbild" (*J. Oetterli,* 1971) tragen.[28]

Sicher ist vor allem das Thema industrieller Konflikte in der deutschen – aber auch in der amerikanischen – Industrie- und Betriebssoziologie weitgehend vernachlässigt worden. Verstärkt wurde dagegen gerade in den letzten Jahren der Versuch, eine eigentliche soziologische Theorie betrieblicher und industrieller Sozialstrukturen zu erarbeiten. Ob dabei Ergebnisse tatsächlicher theoretischer Bedeutung, einschließlich kritischer Disposition gar, erzielt worden sind, bleibt freilich fragwürdig. Es ist eine außerordentliche Vielfalt von Material erbracht worden, das in einen bündigen Kontext gestellt werden und zur Darstellung der industriellen Gesellschaft überhaupt fruchtbar gemacht werden müßte. Längst noch ist die Problematik des Verhältnisses von Planung und Demokratie als Widerspruch von „oben" und „unten" (*A. Flanders*) offen für Forschung und Politik. Je länger sie hinausgeschoben wird, um so mehr verhärten sich zwei gegensätzliche Tendenzen: Während flexible Kooperationsbeziehungen im Bereich des Managements als optimale Organisationsformen gelten [164], ist nicht nur bei Arbeitern eine antipolitische Art resignativen Rückzugs von institutionellem Engagement festzustellen [350, 375]. Solche Tendenzen werden gemeinhin kulturpessimistisch beklagt oder zynisch registriert, selten aber das grassierende Unbehagen zu einem Instrument politischer Aktivierung umzuschmelzen versucht. Den Anspruch, spezielle Soziologie einer bestimmten Epoche gesellschaftlicher Entwicklung zu sein, kann die Indu-

[28] Die hier erwähnten Werke stellen nur eine Auswahl dar; für weitere und genauere Angaben vgl. die Literaturhinweise im Schluß des Bandes. Eine ausführliche Darstellung der deutschen Situation gibt im übrigen das im Text zitierte Werk von *R. M. Lepsius* sowie der Aufsatz von *B. Lutz:* Notes sur la sociologie industrielle en Allemagne, in Sociologie du Travail II (1959).

strie- und Betriebssoziologie jedoch erst dann als erfüllt betrachten, wenn es ihr gelingt, der industriellen Gesellschaft in eben dieser Epoche zu einem kritischen Selbstverständnis zu verhelfen.[29]

III. Zur Sozialgeschichte der Industrie

Wird die Aufgabe der Industrie- und Betriebssoziologie in bewußtem Bezug auf das historische Phänomen der mechanisierten Fabrikindustrie formuliert, so hat diese Disziplin zu ihrer Voraussetzung eine systematische Sozialgeschichte der Industrie[1]. Unter dem Paradoxon einer systematischen Geschichtsschreibung ist dabei der Versuch zu verstehen, die historisch-chronologische Entwicklung der Industrie zur Konzeption einer idealtypischen Abfolge betrieblicher und industrieller Sozialformen zu abstrahieren, ohne doch die bedeutsamen Folgeerscheinungen historisch-spezifischer Tatsachen, etwa des unterschiedlichen Zeitpunktes und der unterschiedlichen Formen der Industrialisierung in verschiedenen Ländern, zu verwischen. Wie die allgemeine Soziologie aus der Analyse von Gesellschaftstypen – z. B. Agrargesellschaften, industriellen Gesellschaften – oft ihre das Einzelphänomen aufschließende Kraft erhält, so muß die Industrie- und Betriebssoziologie schon jetzt zwischen den Phasen der industriellen Revolution, der Industrialisierung und der entwickelten mechanisierten Industrie unterscheiden und von dort her den Bezug ihrer Analysen klarstellen.

Typisierende historische Darstellungen sind bisher vor allem von Ökonomen vorgenommen worden. Dazu gehört die unten (S. 78) erwähnte „Phasentheorie der wirtschaftlichen Entwicklung" von *E. Boettcher;* vor allem aber der gern kritisierte, doch höchst eindrucksvolle Versuch von W. *Rostow,* fünf „Stadien

[29] Vgl. R. *Miliband:* The State in Capitalist Society (London 1969).

[1] Wie sie in hervorragender Weise für England von *E. J. Hobsbawm* (Industrie und Empire, Frankfurt/M. 1969) erstellt wurde.

des wirtschaftlichen Wachstums" zu unterscheiden: 1. die „traditionelle Gesellschaft", 2. die Zeit der „Voraussetzungen für den wirtschaftlichen Aufstieg", 3. die Periode des „wirtschaftlichen Aufstiegs" („take-off"), 4. die „Entwicklung zur Reife" und 5. die Zeit des „Massenkonsums" [87]. Diese Periodeneinteilung hat keinen unmittelbaren Bezug auf Probleme der Sozialstruktur der Industrie, doch ließe ein solcher sich gewiß herstellen. Die oben erwähnten Phasen decken sich bis zu einem gewissen Grade mit dem dritten, vierten und fünften Stadium bei *Rostow*. Eine technische Einteilung der bisherigen Geschichte hat *L. Mumford* vorgenommen. Er unterscheidet eine eo-technische (Mittelalter, kleine Werkstätten), eine paläotechnische (seit Mitte des 18. Jahrhunderts) und eine neotechnische (seit Benutzung der Elektrizität und nicht eisenhaltiger Metalle; um 1890) Phase. (*L. Mumford,* Technic and Civilization, New York 1934) Konsequent könnte dem heute eine autotechnische Phase der Einführung sich selbst regelnder Maschinen angefügt werden.

Historisch hat nur ein einziges Land, nämlich England, die industrielle Revolution in all ihren Einzelphasen durchlaufen. Im Jahre 1769 erfand der Barbier *Arkwright* die erste Spinnmaschine. Seine Landsleute *Hargreaves* und *Crompton,* beide Textilarbeiter, verbesserten dieses Modell 1772 und 1775 durch neue Erfindungen. Von Wasserkraft angetrieben, ermöglichte diese Spinnmaschine eine 200mal größere Produktion als die frühere Handspinnerei. In das gleiche Jahr, in dem *Arkwright* seine Spinnmaschine in der eigenen Fabrik in Nottingham in Dienst gestellt hatte, fiel die Entwicklung der ersten Dampfmaschine durch *James Watt.* Nach ihrer Veränderung und Anpassung an die verschiedensten Bedürfnisse wurde die Dampfmaschine schließlich 1785 zur Energiequelle für die Baumwoll- und für die Eisenerzeugung. Nicht viel später erfolgten dann Erfindungen auf chemischem Gebiet und die Entwicklung des Verkehrswesens (Eisenbahn-, Straßen- und Kanalbau). Doch kann die industrielle Revolution in England als bereits um 1790 herum abgeschlossen betrachtet werden[2].

[2] Vgl. zu den Daten an soziologisch orientierten Darstellungen vor allem *E. Michel:* Sozialgeschichte der industriellen Arbeitswelt (Frankfurt 1947), S. 54 ff.; *C. Brinkmann:* Wirtschafts- und Sozialgeschichte (Göttingen 1953), S. 145 ff.

Der Begriff der „industriellen Revolution" scheint allerdings als zu einschränkend, um den gemeinten historischen Vorgang zu typisieren, insofern weder seine Ursachen noch seine Folgen sich ganz innerhalb des Rahmens industrieller Produktion hielten. Unter dem Thema der „Entstehung des Kapitalismus" ist der Vorgang vielfach über die bloßen Daten der technischen Entwicklung hinaus erklärt zu werden versucht worden. In den Theorien von *K. Marx, M. Weber* und *R. H. Tawney*[3] wird unter anderem auf die der industriellen Revolution vorangegangene ideologische und soziale Revolution hingewiesen. Die traditionalistischen Wertsetzungen der spätmittelalterlichen Agrar- und Standesgesellschaft mußten erst durch rationalistische abgelöst werden, wozu unter anderem der Protestantismus, vor allem in seiner calvinistischen Ausprägung, vieles beitrug. Viele rechtliche und soziale Voraussetzungen (Privateigentum an Produktionsmitteln, Freisetzung von Arbeitskräften, Auflösung der Zunftordnung usw.) mußten zudem gegeben sein, ehe kapitalistische Fabrikproduktion möglich war [80].

Insgesamt muß aber der rationalen Entwicklung der Produktivkräfte der zentrale Stellenwert beigemessen werden. Auf der gesellschaftlichen Seite wichtiger noch als die in der Diskussion um Religion und Frühkapitalismus erwähnten Faktoren, die sämtlich vor allem die Entstehung einer Unternehmerschicht betreffen – vor allem für jene Länder, die erst heute zu industrialisieren beginnen, aber auch im historischen Rückblick – sind die Voraussetzungen der Industrialisierung bei der Lohnarbeiterschaft. Historisch ist unter anderem ein hohes Maß an Disziplinierung der Industriearbeiter der zentrale Faktor gewesen, der zum Erfolg der Industrialisierung führte. Als Zeichen dafür mag es angesehen werden, daß in England zunächst zum Teil Gefängnisinsassen sowie die Heim- und Waisenhausbewohner als Industriearbeiter beschäftigt wurden. Unter die-

[3] *K. Marx:* Das Kapital, Bd. I (Berlin 1953); *M. Weber:* Die protestantische Ethik und der Geist des Kapitalismus (Gesammelte Aufsätze zur Religionssoziologie, Bd. I, Tübingen 1922); *R. H. Tawney:* Religion on the Rise of Capitalism (Penguin Books 1948).

sem Aspekt bietet sich auch eine Analyse des Zusammenhangs von militärischer Organisation und industrieller Produktion an; in beiden Fällen findet sich ein analoges Verhältnis von Befehl und Gehorsam.

Die Ansammlung großer Zahlen von Arbeitern an einem Beschäftigungsort dagegen läßt sich schwerlich als Beweis dafür anführen, daß die Industrialisierung tatsächlich den Charakter einer Revolution gehabt hat. Lange schon hatte es Industriezweige gegeben, in denen viele hundert Arbeiter an einem Arbeitsplatz zusammenarbeiteten (Bergbau). Zudem hatten Haus- und Manufakturindustrie, vor allem im Textilgewerbe, schon seit dem 13. und 14. Jahrhundert Vorformen der Fabrikproduktion entwickelt. Allerdings gibt es bezeichnende Unterschiede wie die Beschäftigung vorwiegend unfreier Arbeitskräfte (Waisenkinder, Strafgefangene) in der Manufaktur. Auch der Aufschwung des Handels, die Ansammlung von Kapital in den Händen einzelner, die Entwicklung der Buchführung datieren nicht erst vom späten 18. Jahrhundert, so daß die industrielle Revolution als „natürlicher" Endpunkt einer jahrhundertelangen Entwicklung erscheinen mag, wiewohl erst die Entfaltung der Produktivkräfte veränderte Verkehrsformen und damit spezifische Marktverhältnisse ermöglichte.

Trotz aller möglichen Einwände ist der Begriff „industrielle Revolution" für die englische Entwicklung des späten 18. Jahrhunderts, und andere Gesellschaften in den folgenden Jahrzehnten, gerechtfertigt. Mag diese Entwicklung auch nicht eindeutig industriell und nicht eindeutig revolutionär gewesen sein, so begründete sie doch einen entschiedeneren Einschnitt in die Sozialgeschichte der Menschheit als irgendein anderes historisches Ereignis. Die säkulare Bedeutung der industriellen Produktion wird wegen ihrer relativen Neuheit oft nicht genügend beachtet; und offenkundige Übergangserscheinungen werden häufig voreilig als endgültige Verhältnisse interpretiert. Die Entstehung der Soziologie selbst, begründet in der Notwendigkeit einer Wissenschaft, die sich den gebrochenen gesellschaftlichen Verhältnissen zuwendet, mag als ausreichendes Indiz dafür genommen werden, daß die industrielle Revolution einen Einschnitt in herkömmliche Gesellschaftsverhältnisse ohnegleichen darstellt.

Die Periode der Industrialisierung, der allmählichen oder raschen Eroberung immer weiterer und Erschließung neuer Produktionszweige durch Fabrik und Maschine, setzte in verschiedenen Ländern zu verschiedenen Zeiten ein. Will man *H. Proesler* [115, S. 22] folgen und diese Entwicklung immer mit Kriegen beginnen lassen, so kann man seiner Liste – Frankreich nach den Napoleonischen Kriegen, Deutschland vor allem nach 1871, Amerika nach dem Sezessionskrieg – noch die UdSSR nach dem Ersten, China und Indien nach dem Zweiten Weltkrieg hinzufügen. Vieles unterscheidet die Industrialisierung in unserer Zeit von der im 19. Jahrhundert: ihr Tempo, die Gleichzeitigkeit in allen Industrien, die Rolle des Staates usw. Dennoch finden sich eine Reihe gerade für den Soziologen interessanter Begleit- und Folgeerscheinungen der Industrialisierung in allen Ländern und zu allen Zeiten wieder, so daß der Versuch, einige universelle Strukturformen dieser Periode industrieller Entwicklung festzuhalten, sinnvoll erscheint [85]. Die Geschichte der sogenannten Entwicklungsländer ist hierfür von hervorragender Bedeutung [383].

Das hervorstechende wirtschaftliche Kennzeichen der Phase der Industrialisierung ist die extensive Steigerung der industriellen Produktion. Zuvor in erster Linie landwirtschaftlich und handwerklich produzierende Länder werden förmlich von der Industrie ergriffen. In mehr und mehr Produktionszweigen schießen immer neue Fabriken aus dem Boden. Wachsende Zahlen von Landarbeitern, Bauern und Handwerkern ziehen als Arbeiter in die Industrie. Sei es durch eine über Jahrzehnte sich hinstreckende „organische“ Entwicklung, sei es mit staatlich kontrollierten Fünfjahresplänen, steigt die industrielle

Güterproduktion im gleichen Rhythmus wie die Zahl der Unternehmen, Fabriken und Maschinen.

Sozial ist die extensive Steigerung der Produktion in der Phase der Industrialisierung durch eine alle Lebensbereiche erfassende Desorganisation tradierter Formen gekennzeichnet. Diese Desorganisation gewinnt in fünf Erscheinungen ihren (industrie-)soziologisch bedeutsamsten Ausdruck: 1. in der Transformation relativ geschlossener Standes- oder Kastengesellschaften in offene Klassengesellschaften, 2. im Zerbrechen überlieferter Status-Hierarchien und der Gleichmachung aller Lohnarbeiter, 3. in der Schaffung einer Situation akuter Fehlanpassung und Entfremdung für die der Industrie zunächst fremd gegenüberstehenden Arbeiter, 4. in der Hervorbringung wachsender, sozialer Notstände, vor allem bei den Industriearbeitern, 5. in dem durch alle diese Umstände sich ständig verschärfenden Klassengegensatz von Unternehmern und Arbeitern.

Die meisten vorindustriellen Gesellschaften sind traditionalistisch in dem Sinne, daß nicht die sichtbare Leistung des einzelnen, sondern sein Herkommen über sein soziales Schicksal entscheidet. Zu den führenden Positionen der Gesellschaft zumal wird man geboren, aber auch Bauern- und Handwerksbetriebe vererben sich vom Vater auf den Sohn und Enkel. Die festgefügte, oft weitverzweigte Familie bestimmt die Entfaltungsmöglichkeiten des einzelnen. Solche Gesellschaften sind von relativ großer Stabilität; ihre nach oben und unten abgegrenzten Schichten (Stände, im Fall extremer Geschlossenheit Kasten) bezeichnen die Grenzen, die der einzelne weder nach oben noch nach unten überschreiten kann. Ein solcher Gesellschaftstyp aber verträgt sich schlecht mit der industriellen Produktion. Zumal im Zeichen der Industrialisierung setzen umfangreiche Auf- und Abstiegsbewegungen ein. Abhängige Landarbeiter werden Unternehmer, selbständige Handwerker Lohnarbeiter. Die Familie verliert ihre zentrale Stellung; ihr Raum und der der Arbeit werden getrennt. Mit zunehmender Durchsetzung des Leistungsethos wird die Möglichkeit des Auf- und Abstieges (soziale Mobilität) institutionalisiert. Es entwickeln sich „offene" Schichten, Schichten, zu denen niemandem prinzipiell der Zugang versperrt ist, damit auch Instabilität und Desorganisation. An die Stelle des gegensatzlosen Nebeneinander zumal der städtischen Gesellschaftsschichten der vorindustriellen Gesellschaft tritt, insbesondere weil der selbständige Mittelstand im Sog der Industrialisierung weitgehend ausgeschaltet wird, das positionsbedingte Gegeneinander von Unternehmern und Arbeitern. Die verbleibenden Schichten sind zugleich Klassen, Interessengruppen.

Im engeren Bereich der Güterproduktion ist die Auswirkung dieses Wandels besonders spürbar. Die klare Trennung von Meister, Geselle und Lehrling, das Schichtungssystem der „Alters-Graduierung" *(W. L. Warner)*, verliert seinen Sinn. In der Industrie, wo die Produktion in Fabriken zusammengefaßt ist, die Arbeitstätigkeiten aufgestückelt und die Arbeitsprozesse Maschinen übertragen sind, wird das Maß der erlernten Fertigkeiten oft gleichgültig. Handwerksmeister und ihre Lehrlinge, Bauern und ihre Landarbeiter finden sich nebeneinander in der Fabrik. Besondere Fertigkeiten werden mit jeder neuen Maschine sinnloser. „Es ist in der Tat der ständige Sinn und Zweck jeder Verbesserung der Maschinerie, menschliche Arbeit ganz und gar auszuschalten oder ihre Kosten zu verringern, indem die Arbeit von Männern durch die von Frauen und Kindern oder die gelernter Handwerker durch die gewöhnlicher Arbeiter ersetzt wird." [43, S. 23] So entsteht eine sozial undifferenzierte Masse wenig ausgebildeter Lohnarbeiter, deren Zahl so rasch wächst, daß schon darum zunächst jede Strukturierung unmöglich wird.

Mit der Auflösung der alten Sozialstruktur innerhalb und außerhalb der Industrie verlieren alle gewohnten Wertsetzungen und Verhaltensweisen ihren Sinn. Die neue Funktion der Familie, das Wachsen von Großstädten, die fehlende Sicherheit der ererbten Position verlangen ebenso eine völlige Neuorientierung wie die Arbeit in Fabriken und an Maschinen selbst. Dieser Neuanpassung standen und stehen in allen industrialisierenden Ländern große soziale und psychische Hindernisse entgegen. Unternehmern wie Arbeitern fehlen noch der veränderten Wirklichkeit angemessene Lebensformen. Bei den Arbeitern zumal äußert sich dies in einem Gefühl der Fremdheit und des Ressentiments. Es wird nach Schuldigen für die als bedrohlich empfundene neue Umwelt gesucht. So kommt es zur Maschinenstürmerei und anderen isolierten Protestaktionen.

Schließlich hat die Industrialisierung fast stets Armut und Elend bei der Lohnarbeiterschaft zur Folge. Nicht nur wegen niedriger Löhne, sondern auch wegen der zumeist ungeregelten Wohnbedingungen und des Fehlens aller sozialen Sicherungen (Schutz vor Invalidität, Arbeitslosigkeit, Altersarmut usw.) fällt ein großer Teil der Arbeiter in primäre Armut. Frauen- und Kinderarbeit waren zumindest in den industrialisierenden Ländern Europas allgemein. Die Arbeitszeit kannte als Grenze kaum die Grenze der physischen Leistungsfähigkeit der Arbeiter.

Alle diese Erscheinungen führen zu sich verschärfenden Gegensätzen zwischen den Besitzern der Produktionsmittel, den „Kapitalisten" (bzw. auch „Bürokraten" oder „Managern"), und den vom Verkauf ihrer Arbeitskraft lebenden Lohnarbeitern. In einzelnen Betrieben zunächst, dann, mit beginnender Organisation der Arbeiter und Unternehmer, in Industriezweigen und Industrien treffen die Interessen der beiden an der Produktion beteiligten Gruppen aufeinander.

Die in diesen Stichworten angedeuteten Phänomene sozialer Desorganisation als Folgen der Industrialisierung sind in der europäischen Literatur vor allem des 19. Jahrhunderts dargestellt; *K. Marx* und *F. Engels, H. de Saint-Simon* und *P. J. Proudhon, A. Ure* und *R. Owen* haben sie eindringlich beschrieben. Die daher stammende Vorstellung, daß die wesentlichen Begleiterscheinungen der Industrialisierung, wie das Fehlen stabiler Strukturen, die Gleichmachung der Arbeit auf einem niedrigen Fertigkeitsniveau, die Entfremdung des Arbeiters und der Klassengegensatz zwischen Unternehmern und Arbeitern, Erbübel oder doch konstitutionelle Folgen des industriellen Produktionssystems darstellten, hat sich bis weit in das heutige Denken erhalten. Auch wirkt die nicht in allen Bereichen gerechtfertigte Identifizierung von Kapitalismus und Industrialismus fort, wiewohl gerade *Marx*' Kritik an der bürgerlichen Gesellschaft darauf abzielte, die Industrialisierung von den Fesseln des Kapitalismus zu befreien. Tatsächlich ist dann auch sowohl in östlichen wie in westlichen Gesellschaften ohne eine direkte Identifikationsmöglichkeit von Kapitalismus und Industrialismus der ersten eine zweite Revolution gefolgt. Die Phase der Industrialisierung ist durch die einer entwickelten mechanisierten Industrie abgelöst worden, die gerade die Freisetzung von den negativen Folgen der frühen Industrialisierung ermöglicht[4]. *B. Bellinger* verweist darauf, daß sich alle Funktionsbereiche der Unternehmung automatisieren lassen und damit Unterschiede zwischen Führern und Geführten, Kapital und Arbeit ständig geringer werden können.

Die zweite Revolution, in Amerika und Europa etwa durch die Verwirklichung des Taylorismus oder verwandter Auffassungen um 1900 bezeichnet, hat die extensive durch die intensive Steigerung der Produktion ersetzt[5]. Statt der Schaffung neuer intensive Ausnutzung der vorhandenen Produktionsstätten, statt Vervielfältigung Zusammenfassung, statt Rekrutierung industriefremder Reorganisation der schon angelernten Arbeitskräfte, statt Ausdehnung und Profitvermehrung Rationalisierung und Wirtschaftlichkeit, – dies sind einige der Unterschiede des entwickelten Industrialismus vom frühen Industrialismus. In vielen Produktionszweigen gewinnt der Großbetrieb

[4] Vgl. *B. Bellinger:* Das Problem der Automation. In: Universitätstage 1965 (Berlin 1965).

[5] Vgl. zu dieser Verwendung der Begriffe „extensiv" und „intensiv" *E. Boettcher:* Phasentheorie der wirtschaftlichen Entwicklung, in: Hamburger Jahrbuch für Wirtschafts- und Gesellschaftspolitik, 4. Jahr (1959).

überragende Bedeutung. Die dazu erforderliche Kapitalzusammenfassung verlangt neue Rechtsformen wie die Aktiengesellschaft mit ihrer Trennung von Eigentum und Kontrolle, von der schon *Marx* in einer späten Bemerkung sagte, sie sei „eine Aufhebung der kapitalistischen Privatindustrie auf der Grundlage des kapitalistischen Systems selbst" [45, Bd. III, S. 480].

Obwohl die Entwicklung von der Desorganisation zu Formen einer gewissen Stabilität sich nur allmählich vollzog, kann die Veränderung um 1900 herum angesetzt werden. Es ist die Rede von einer „neuen Stufe des Industrialismus" mit „gänzlich neuen Typen der Unternehmung" [116, S. 81/2], vom „Zeitalter der industriellen Reife", in dem die „Ausschreitungen" früherer Zeit „mehr und mehr einem neuen sozialen Verantwortungsgefühl und Pflichtbewußtsein zu weichen" beginnen [67, S. 26]; aber auch von einer „zivilisierten Barbarei" der Ökonomie. Positiv wie negativ ist gemeint, daß sich ökonomische Vorgänge als autonomes System zu organisieren begonnen haben, frei von außerökonomischen Eingriffen. „Positiv ist ein Wirtschaftssystem eine Struktur, in der ökonomische Mächte und Zwecke von solcher gesellschaftlichen Führung emanzipiert und auf sich selbst gestellt sind und ihre eigenen Institutionen aufbauen." [36, S. 2]

Die sozialen Folgen dieses Industrialisierungsvorganges sind mannigfach, und nie einig bewertet worden. Wesentliche Begleiterscheinungen der entwickelten mechanisierten Industrie können wohl unter folgenden Aspekten summiert werden: (1) Bei Institutionalisierung der sozialen Mobilität, vor allem durch das Erziehungssystem, hat sich eine neue differenziertere Schichtstruktur gebildet. (2) In der Industrie sind neue Schichtungslinien innerhalb der Arbeiterschaft ausgeprägt worden. (3) Allmählich werden spezifisch industrielle Lebensformen etabliert. (4) Formal wird ein soziales Recht auf Schutz vor Armut anerkannt. (5) Durch eine Form der „Institutionalisierung des Klassengegensatzes" *(Th. Geiger)* werden die Arbeiter als industrielle Funktionsträger bestimmt.

Mit dem Erstarken vor allem der Organisationen der Arbeiter ist die Überlegenheit der Unternehmer in Lohnstreitigkeiten und anderen Konflikten in Frage gestellt. Eine Neuverteilung der Macht wird deklariert, bei der Unternehmer und Arbeiter als „Partner" erscheinen. „Das Spannungsverhältnis zwischen Kapital und Arbeit ist als Strukturprinzip des Arbeitsmarktes anerkannt und zur gesellschaftlichen Rechtseinrichtung erhoben" *(Th. Geiger*[6]*)*. Die eigentliche Problematik der Arbeitskonflikte ist damit freilich zum Teil nur verschoben oder verdeckt worden. Doch ist dem offenen Kampf durch festgelegte Normen für Lohnverhandlungen und das industrielle Schlichtungswesen manches von seiner Schärfe genommen. Einrichtungen wie die der Betriebsräte und der Mitbestimmung zielen auf eine Ergänzung dieser Entwicklung, ohne jedoch im Bewußtsein der Arbeitenden das dichotomische Gesellschaftsbild abbauen zu können.

Ein Ergebnis der zunehmenden Macht der Gewerkschaften ist der steigende Lebensstandard der Arbeiter. Wirtschaftliche Überlegungen („ob es nicht doch rentabler ist, diese Massen als zusätzliche Verbraucher zu gewinnen") [115, S. 28] ebenso wie die Macht der Arbeiterorganisationen führen zum Versuch der Ausdehnung der Gleichheitsrechte von der juristischen und politischen auf die soziale Sphäre und „schaffen so ein allgemeines Recht auf Realeinkommen, das nicht am Marktwert des Fordernden gemessen wird" *(T. H. Marshall*[7]*)*. Sozialeinrichtungen vielfacher Art werden zum Schutz gegen Unfall und Krankheit, Arbeitslosigkeit und Alter entwickelt. Die äußere Sicherung des Lebens in der industriellen Welt findet ihr Gegenstück in einer langsam wachsenden inneren Sicherheit, die sich vor allem in der allmählichen Gewöhnung an Maschine, Fabrik und Großstadt äußert. Der ressentimentgeladene Protest gegen die Maschine gibt bei vielen Arbeitern dem Versuch Raum, die Arbeitsweise dieser Instrumente zu verstehen und

[6] Die Klassengesellschaft im Schmelztiegel (Köln-Hagen); S. 184.

[7] Citizenship and Social Class (Cambridge 1950); S. 47.

sie damit in das eigene Leben einzubeziehen. Innerhalb der Industrie nimmt die Vertrautheit mit dem industriellen Arbeitsrhythmus fast den Charakter einer allgemeinen Grundqualifikation an. Bleibt auch die Richtung dieser Anpassung vielerorts noch unklar, so ist sie doch ein spürbares Phänomen.

Die industrie- und betriebssoziologisch wichtigste Konsequenz der zweiten industriellen Revolution liegt wohl im Entstehen neuer Schichtungslinien innerhalb der Industriearbeiterschaft. Die Vermutung der Nationalökonomen und Sozialschriftsteller des 19. Jahrhunderts, daß die industrielle Entwicklung alle Arbeiter zu Ungelernten machen würde, hat sich nicht bewahrheitet. Vielmehr hat es den Anschein, als legten mit der Umstellung von extensiver auf intensive Produktionssteigerung nicht nur humanitäre, sondern vor allem auch wirtschaftliche Erwägungen es nahe, an Stelle ungelernter Kinder und Frauen zumindest kurzfristig ausgebildete Arbeiter zu beschäftigen. Selbst vollautomatische Maschinen bedürfen richtiger Behandlung. So entsteht die Kategorie der „Angelernten", von den nur mehr mit Hilfstätigkeiten befaßten Ungelernten nach Status, vor allem aber nach ihrer Lohnhöhe unterschieden. Die differentia specifica des angelernten Arbeiters ist dabei nicht so sehr eine formelle Ausbildungszeit als der Besitz von „Übung" und „Erfahrung" etwa in der Montage oder der Bedienung halbautomatischer Maschinen. Hinzu kommt, daß die Entwicklung, Instandhaltung und Reparatur der immer komplizierter werdenden Maschinen neue qualifizierte Arbeiter verlangt, deren Qualifikationen denen der traditionellen Handwerker eher überlegen sind als nachstehen. Diese oft beschriebene Entwicklung hat an Stelle der von *Marx* antizipierten homogenen Arbeiterklasse „zu einer wachsenden Differenzierung der Klassenlagen einzelner Kategorien der Arbeiterschaft" geführt[8]. Handwerker alten Stils, qualifizierte Facharbeiter, angelernte und Hilfsarbeiter bilden die Struktur-

[8] *Th. Geiger*, a. a. O., S. 89.

elemente der Arbeiterschaft in der entwickelten mechanisierten Industrie.

Zugleich hat sich in dieser Entwicklungsphase das strukturelle Gesamtbild der Industrie wie der Gesellschaft kompliziert. Im Zuge der Rationalisierung der Produktion und ihrer Kombination in Großbetrieben entstehen neue Berufsfunktionen für Angestellte in Planungs-, Verkaufs- und Lohnbüros, Buchhaltung und Betriebsstatistik. Mit der Massengüterproduktion verlängert sich zudem der Weg vom Produzenten zum Konsumenten. Instanzen des Zwischenhandels entstehen, die wiederum Angestellte beschäftigen. Schließlich trägt die immer stärkere Kombination der Produktion zur Schaffung einer ausgedehnten staatlichen Verwaltungsbürokratie bei. So entsteht eine neue Mittelschicht von abhängigen Angestellten zwischen den Unternehmern und den Arbeitern. Zugleich verändert die Unternehmerschicht mit der Trennung von Eigentum und Kontrolle ihr Gesicht, wird aufgespalten in Aktionäre und Manager und damit zu einer mächtigen höheren Verwaltungsschicht. Die Entstehung neuer Schichtungslinien im entwickelten Industrialismus führt zu neuen Formen der Stabilität. Auf- und Abstieg sind noch immer möglich, werden aber nunmehr formalisiert und durch ein verzweigtes Erziehungssystem (Höhere Schulen, Technische Schulen, Berufsschulen usw.) kontrolliert. Die bestehenden Schichten haben nicht die Stabilität von Ständen oder gar Kasten, doch bestimmen sie die Zugehörigkeit, das Prestige, den Einfluß, die Verhaltensweisen und Lebensformen des einzelnen zumindest nach Abschluß seiner Ausbildung, ohne daß damit etwas über eine Neuordnung der Machtverhältnisse ausgesagt wäre.

Eine so abgekürzte bis zur Gegenwart führende Geschichtsdarstellung ist in dem Moment bereits veraltet, in dem sie formuliert wird. Mit der Ausbreitung der automatischen Fabrik und der industriellen Verwendung von Kernenergie sind technisch neue Elemente aufgetreten, deren allgemeine Bedeutung in ihren sozialen Konsequenzen längst noch nicht überall bewußt geworden sein kann. Zweifellos werden sie in den Bereichen, in denen sie Verwendung finden – und die Zahl dieser Bereiche ist fast unbegrenzt –, wiederum neue Strukturen des Verhaltens und der Organisation hervorbringen. So ist berechtigterweise die Frage aufgetaucht, ob nicht die Differenziertheit der Schichtstrukturen mit der Einführung der Automation wieder aufgelöst wird. Das betrifft vor allem die Annäherung im Status der Arbeiter und der Angestellten. Ebenso berechtigt wurde an die neueste technische Entwicklung die Hoffnung geknüpft, sie könne eine weitaus größere Befriedigung menschlicher Bedürfnisse mit sich bringen. Schließlich gar wurde positiv wie negativ eine Verbindung zwischen dem Automatisierungsprozeß und der Angleichung an eine utopische Vorstellung demokratischer Gesellschaftsordnung hergestellt. Immerhin ist es möglich, einen Zusammenhang zwischen der für die entwickelte mechanisierte Industrie allgemein kennzeichnenden Tendenz der Rationalisierung durch Organisation und technische Vervollkommnung und den durch die Schlagworte der „Automation" und der „Atomkraft" angedeuteten Tendenzen herauszustellen. Die kurze historische Darstellung soll zur Grundlage einer Abgrenzung des folgenden Versuches genommen werden, das industrie- und betriebssoziologische Wissen zu systematisieren. Dieser Versuch, wie übrigens die Mehrzahl industriesoziologischer Untersuchungen der Gegenwart, ist in erster Linie auf den modernen Industriebetrieb der Entwicklungsphase bezogen, die vor 1900 begann, und deren entscheidende Konsequenzen vielleicht noch gar nicht abzusehen sind.

IV. Das Sozialsystem des Industriebetriebes

1. Der Industriebetrieb als Gegenstand soziologischer Analyse

Die Soziologie teilt ihr Interesse an industriellen Betrieben und Unternehmungen mit mehreren anderen wissenschaftlichen

Disziplinen, wie etwa der Volkswirtschaftslehre, der Rechtswissenschaft, den technologischen Disziplinen und der Kybernetik. Wenn dabei der soziologische Aspekt als das Interesse an den sozialen Strukturen des Betriebes und deren Verflechtung mit der Umwelt umrissen wird, so muß er als nur einer der komplementären Aspekte der betrieblichen Wirklichkeit erscheinen. Zum Gesamtbild der industriellen Institutionen haben also die Erkenntnisse und Praktiken anderer Disziplinen hinzuzutreten. Der Industriebetrieb ist eine soziale Organisationsform, in die wirtschaftliche, technische und rechtliche Elemente eingegangen sind, von denen keines vernachlässigt werden darf. Vor allem aber ist zu vergegenwärtigen, daß sowohl die innerbetrieblichen Strukturen wie das Verhältnis zwischen Institution und Gesellschaft dauernder historischer Umwandlung unterworfen sind.

Der oft unternommene Versuch einer soziologischen, ökonomischen oder juristischen „Definition" des Industriebetriebes oder des Betriebes allgemein ist daher wertlos, wenn sein Ergebnis Einzelaspekte des Industriebetriebes unter Vernachlässigung seiner Gesamtfunktion überbetont. Der Ausgang vom „Betrieb im Sinne der Betriebswirtschaftslehre" oder „der Jurisprudenz" oder „der Soziologie" führt zur Zerreißung des empirisch-faktischen und wissenschaftlichen zumindest anzustrebenden Gesamtbildes des Industriebetriebes. So ist die Formulierung von *G. Briefs,* der Betrieb sei „derartige Kooperation von Menschen, daß spezifische soziale Beziehungen ... aus ihr entstehen" [1, S. 34], ökonomisch zweifellos ebenso ungenügend wie die Definition von *K. Hax,* Betriebe seien „wirtschaftliche Einheiten, welche der Produktion dienen"[1], soziologisch ungenügend ist. Dagegen gilt es vor allem herauszustellen, daß der Industriebetrieb als ganzer ein soziales Phänomen ist, dessen Untersuchung zwar verschiedenen speziellen Sozialwissenschaften obliegt, der aber nicht etwa eine „sozialökonomische", „sozialrechtliche" und „soziologische Eigengestalt" [117] aufweist. Wie die meisten sozialen Institutionen hat der Industriebetrieb sowohl soziologische als auch

[1] Artikel Industriebetrieb; in: Handwörterbuch der Sozialwissenschaften, 7. Lieferung (Stuttgart – Tübingen – Göttingen 1954), S. 243.

nichtsoziologische Aspekte, ohne darum den Gestaltcharakter als Institution zu verlieren.

Das bedeutet allerdings auch, daß bei der Rede von „Betriebszwecken" Vorsicht am Platze ist. Sicher liegt es nahe, die „Leistungserstellung" zum Zweck industrieller Betriebe zu erklären oder zumindest davon auszugehen, daß Betriebe immer um wirtschaftlicher Zwecke willen bestehen. Doch hat *H. P. Bahrdt* mit Recht darauf hingewiesen, daß man Betrieben prinzipiell beliebig viele Zwecke zuschreiben kann: soziale und rechtliche, wirtschaftliche und technische, öffentliche und private, politische und militärische usw. Vielleicht ist die Suche nach „Betriebszwecken" überhaupt nicht sehr ergiebig. Statt dessen mag es sich empfehlen, davon auszugehen, daß Industriebetriebe in der Regel in wirtschaftlichen Zusammenhängen verstanden sein wollen, daß sich aber in ihrer Wirklichkeit mehrere Aspekte mischen, und daß jeder dieser Aspekte zum Ausgangspunkt der Forschung gemacht werden kann. Zudem muß wiederum hervorgehoben werden, daß die Zwecke, Tendenzen und Leitbilder der industriellen Institution jeweils nur begreifbar sind im Zusammenhang mit dem Selbstverständnis, der Ideologie und den Intentionen der Gesellschaft, in die sie gebunden sind.

Am Problem der Definition ihres Gegenstandes erweist sich somit das einer historischen Bestimmung der Industrie- und Betriebssoziologie als solcher: Es gibt kaum Ergebnisse soziologischer Analyse, die so wenig umstritten sind, wie die der industriellen Forschung; und an längst nicht so vielen Ergebnissen der Arbeit des Soziologen wird so deutlich, daß sie jeweils gesamtgesellschaftlicher Analyse integriert werden müssen, wie an denen der Industrie- und Betriebssoziologie. Wo der soziologische Aspekt zum Ausgangspunkt der Analyse gemacht wird, werden wirtschaftliche, technische, rechtliche Aspekte als Daten in die Analyse eingehen müssen: Der Soziologe wird im Hinblick auf die ökonomischen Verflechtungen, die technische Apparatur und den rechtlichen Status eines gegebenen Betriebes allenfalls nach deren Auswirkungen auf die Sozialstruktur fragen, die Daten selbst aber selten zum Gegenstand seiner Analyse machen, so sehr das im einzelnen vielleicht notwendig wäre. So hat sich die Industrie- und Betriebssoziologie herkömmlicher Gestalt nur insofern mit den Tatsachen etwa der starken vertikalen Konzentration in einem Unternehmen, der weitgehenden Automatisierung der Produktion und des Charakters der Aktiengesellschaft beschäftigt, als diese unmittelbare Auswirkungen auf die Sozialstruktur des Betriebes und der Industrie zu haben schienen.

Mit dem Abschluß der Entstehungsgeschichte der Disziplin verschwand auch die Analyse der Produktivkräfte, der Produktionsverhältnisse und der Herrschaftsbeziehungen in der Gesellschaft allgemein. Das Thema wurde auf die Gesetzlichkeiten des sozialen Handelns im Betrieb beschränkt; in den sozialen Grundlagen der Kooperationsgemeinschaft, im Funktionieren der innerbetrieblichen Kommunikation, in der Bildung von Gruppen, den Ursachen von Konflikten, dem Verhältnis zu Arbeit und Betrieb, der Lohnbewertung, dem Freizeitverhalten der Beschäftigten und ähnlichen Problemen. Die hierbei geförderten Resultate gehen in der Regel dann wiederum als Daten in die Analysen anderer Disziplinen ein oder werden zumindest als solche hingenommen. Nahezu repräsentativ dafür, welcher Beitrag zur Analyse industrieller Gesellschaftsverhältnisse von der soziologischen Forschung bis vor wenigen Jahren erwartet wurde, ist die Definition des Gegenstandes der Betriebssoziologie, wie sie von *F. J. Roethlisberger* geboten wird; demnach soll der soziale Hintergrund der im Betrieb beschäftigten Individuen erfaßt werden, sollen die offiziellen Verhaltensregeln und nichtoffiziellen Verhaltensformen im Betrieb nachgezeichnet werden und sollen die Gleichgewichtsbedingungen des sozialen Systems im Betrieb angegeben werden [119, S. 105].

Eine solche Beschränkung auf die evidenten sozialen Vorgänge im Industriebetrieb ist in heutiger Sicht nach der Entfaltung der produktionstechnischen Möglichkeiten kaum mehr zu halten. Vom Industriebetrieb ist bisher in sehr allgemeiner Weise gesprochen worden. Doch ist zumindest ein Hinweis nötig auf die empirische Vielfalt von Betriebstypen und damit auch sozialen Betriebsstrukturen. Wenn der Betriebswirtschaftler[2] Industriebetriebe nach Produktionsstufen (Grundindustrie, weiterverarbeitende Industrie), nach dem Verwendungszweck der Erzeugnisse (Produktionsmittel-, Konsumgüterindustrie), nach dem Produktionsprogramm (Einprodukt-, Mehrproduktbetriebe), nach der Produktionsmenge (Massen-, Sorten-, Serien-, Einzelfertigung) und nach der Absatzstruktur (Auftrags-, Markenproduktion) unterscheidet, so bedingen alle diese Betriebstypen auch unterschiedliche soziale Strukturtypen. Soziologisch besonders einschneidende Unterschiede ergeben sich (1) aus der Betriebsgröße (Mammutbetriebe, Großbetriebe, mittlere und kleine Betriebe), (2) aus der Rechtsform des den Betrieb einschließenden Unternehmens (Aktiengesellschaft, Privatunternehmen, Genossenschaft usw.) und (3) aus den technologischen und materiellen Bedingungen des Betriebes (Bergbau, chemische Industrie, Automobilindustrie, optische Industrie usw.). Diese Unterschiede, vor allem die letzteren, bedingen zum Teil grundlegend verschiedene Sozialorganisationen unter allen Aspekten, so daß die folgende Darstellung notwendig formal und vor allem auch abstrakt bleibt, zumal die Unterschiede in den untergründigen Produktionsverhältnissen schwerlich berücksichtigt werden können.

Wo der Betrieb zum Gegenstand soziologischer Analyse gemacht wird, hat dies von außen unter zwei komplementären Aspekten zu geschehen: als reibungslos funktionierendes Sozialsystem und als konfliktträchtiger Herrschafts- oder Zwangsverband. Unter dem ersten Aspekt werden alle Elemente der Betriebsstruktur in ihren Auswirkungen auf die Integration des Ganzen, auf das gleichgewichtige Funktionieren des Betriebes geprüft; nicht überraschend ist die Betriebsführung vor allem an diesem Aspekt interessiert, und wird in diesem Interesse durch eine Vielzahl von Publikationen gestützt. Allzu leicht vernachlässigt wird dagegen der andere Aspekt der betrieblichen Wirklichkeit, der der Spannungen und Antagonismen nämlich, die der Struktur industrieller Betriebe und der Herrschaftsverteilung aufgrund der Produktionsverhältnisse entspringen. Gerade in der Analyse dieser Spannungen aber sollte die spezifische Aufgabe der Soziologie als Oppositionswissenschaft und Gesellschaftskritik liegen. Beide Aspekte,

[2] Die folgende Liste nach *K. Hax:* Artikel Industriebetrieb (a. a. O.).

der des gleichgewichtigen Systems wie der des konfliktträchtigen Zwangsverbandes, müssen wiederum auf zwei Organisationsstrukturen angewandt werden: zum einen nämlich kann das Sozialsystem in der Güterproduktion auf sich selbst beschränkt betrachtet werden; d. h. das Sozialsystem wird ausschließlich als das Ensemble der Rollen, Positionen, Beziehungen und Interaktionen der an der Produktion beteiligten Individuen verstanden. Das Sozialsystem ist dann ohne Betonung auf die ökonomischen und technischen Verhältnisse definiert, in die es gebunden ist. Zum anderen aber stehen die Arbeitenden in unmittelbarer Beziehung zu den ökonomischen und technischen Produktionsmitteln. Auch dieses Verhältnis zwischen den Individuen, den Gruppen und Teams auf der einen wie den Produktivkräften auf der anderen Seite, enthält integrative wie antagonistische Momente. Die soziologische Analyse industrieller Institutionen unter den Aspekten von Integration und Konflikt richtet sich demnach zum einen auf das soziale System als solches, zum anderen auf das Gefüge von sozialem System und ökonomisch-technischen Produktivkräften. Entsprechend muß sowohl das Sozialsystem in der Güterproduktion wie das System von subjektiven Bedingungen in seiner Organisationsstruktur auf einigende wie konfligierende Elemente untersucht werden. Erst in der Vereinigung aller komplementären Aspekte werden Industrie und Industriebetrieb als grundlegende Bestandteile der entfalteten Industriegesellschaft voll begreifbar. Die Industrie schafft eine Umwelt, die die Personen zu formen hilft oder die die Bedingungen schafft, auf die die Personen reagieren müssen [21, S. 2].

2. Die formelle Organisation des Industriebetriebes

Zum Zweck der effektiven Kombination der in ihm vorhandenen Positionen bedarf der Industriebetrieb zunächst eines planvollen Arrangements aller Positionen, der sogenannten formellen Organisation. Diese ist planvoll, insoweit sie ent-

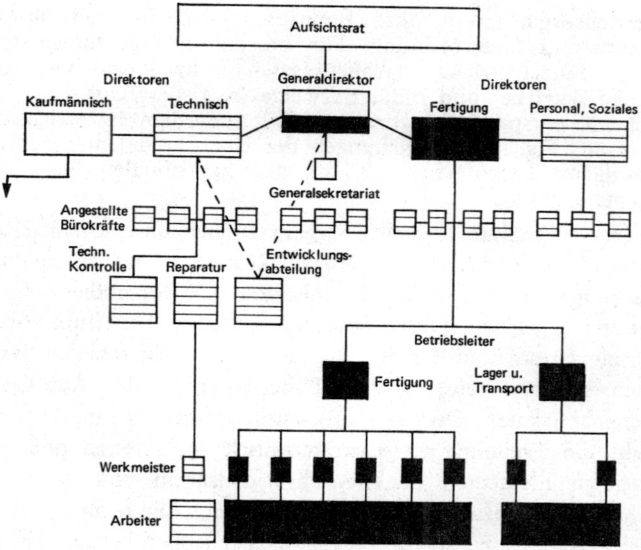

Fig. 1: Die formelle Organisation des Industriebetriebes.

weder durch die technische Grundlage der Arbeit erzwungen oder auf der Grundlage persönlicher und sozialer Werte von Eigentümern und Unternehmensleitern bewußt gesetzt wird; in jedem Fall darf die formelle Organisation als gewollt und beabsichtigt beschrieben werden. Das Gesamtbild der formellen Betriebsorganisation läßt sich daher auch schematisch in Form eines Organisationsplanes darstellen, in dem sämtliche betrieblichen Positionen in ihren horizontalen wie vertikalen Beziehungen aufgeführt sind.

Fig. 1 gibt einen solchen Organisationsplan in schematischer Vereinfachung wieder, wobei die schwarzen Fächer die zum eigentlichen Produktionsvollzug erforderlichen Positionen, die schraffierten am Rande zu diesem gehörige Aufgaben und die weißen dem den Betrieb umfassenden Unternehmen zugehörige Stellungen bezeichnen. Die stark schematisierte Darstellung bezeichnet nur die wesentlichen Rollen innerhalb der formellen

Betriebsorganisation, ihre funktionale Neben- und skalare Über- und Unterordnung. Für bestimmte Eigentumsformen (z. B. Einzelbetriebe), Größenklassen (sehr kleine wie sehr große Betriebe) und Industriezweige (z. B. Bergbau) wäre das Schema entsprechend abzuwandeln. Außerdem ist ersichtlich, daß aus Fig. 1 die Beziehungen der Über- und Unterordnung deutlicher hervorgehen als die der funktionalen Zu- oder Nebenordnung.

In der Analyse formeller Organisationen unterscheiden sich zwei Teilbereiche, die in Wirklichkeit stets eng miteinander verknüpft sind: der der Organisation der durch die Arbeitsteilung gegebenen Differenzierung von Aufgaben (funktionale Organisation) und der der Organisation der in sozialen Systemen üblichen erforderlichen Differenzierung der Autoritätsbereiche (skalare Organisation). Diese Unterscheidung verdeutlicht die Trennung zwischen technisch vermittelten und rein sozialen Elementen der Betriebsorganisation und dient der Analyse der Beziehungen zwischen beiden. „Die formale soziale Organisation ist also ein System sozialer Rollen in hierarchisch-herrschaftlichen Bezügen, das auf die Erfüllung des Betriebszweckes hin organisiert ist.“ [42, S. 134]

a) Funktionale Organisation

Zur reibungslosen Erfüllung seiner Produktionsaufgabe erfordert der moderne Industriebetrieb den Vollzug einer Reihe sehr verschiedenartiger Aufgaben (Funktionen). In einem Betrieb der weiterverarbeitenden Metallindustrie etwa müssen Rohmaterialien und Halbzeug eingekauft und Fertigfabrikate verkauft werden (kaufmännische Funktionen), Menge der Produktion und Art der produzierten Waren sind zu bestimmen (Produktionsplanung), die technischen Mittel zur Produktion müssen bereitgestellt, überholt, weiterentwickelt werden (technische Funktionen), der Transport von Halb- und Fertigwaren innerhalb und außerhalb der Fabrik ist zu bewerkstelligen (Transportaufgaben), die Produktion selbst muß durchgeführt werden (Fertigungsfunktionen) usw. Innerhalb jedes dieser

Aufgabenbereiche gibt es wiederum zahlreiche funktionale Unterteilungen, die uns auf immer kleinere Gruppierungen und schließlich auf die als Berufe bekannten einzelnen Aufgaben zurückführen, die die weitgehende Teilung der Arbeit in modernen Betrieben schafft. Es liegt auf der Hand, daß das so entstehende Gewirr sozialer Positionen und Gruppierungen der Koordination bedarf; die Zusammenfassung der Teile ist immer die andere Seite der Arbeitsteilung. Diese Zusammenfassung wird zunächst durch die technische Grundlage der Betriebsorganisation bewirkt.

Am einzelnen Arbeitsprozeß finden wir Gruppen von Positionen, die aufeinander bezogen sind. Dabei kann der Bezug entweder so geartet sein, daß die Zusammenarbeit sich direkt und weitgehend selbstbestimmt vollzieht. Der Arbeitsprozeß ist kooperativ gegliedert, jedoch sind die Arbeitsvollzüge nicht notwendig einzeln vorzuschreiben oder individuell zu fixieren. In diesem, historisch älteren Fall (Beispiel: Kolonnen von Trägern, Erzfahrer am Hochofen) ist der Entscheidungsspielraum der Beteiligten relativ groß. Sie können elastisch auf Besonderheiten im Produktionsverlauf reagieren und zum Teil selbst ihre Arbeitsplätze austauschen. Man spricht (in diesem Fall) von einer „teamartigen Kooperation". Die davon zu unterscheidende Kooperationsform ist durch die technische Anlage verbindlich und detailliert bestimmt. Die Zusammenarbeit wird hier in der Regel über die Bedienung der technischen Anlage vermittelt; Zeitablauf, Arbeitsplatz und Bedienungsperson sind fixiert (Beispiel: Bedienungsmannschaft einer Walzstraße). Der Kooperationsplan verlangt ein sehr präzises Ineinanderarbeiten aller Beteiligten, eine Arbeitsweise, die in der modernen Industrieproduktion vorherrschend ist. Eine solche Arbeitsform wird als „gefügeartige Kooperation" bezeichnet[3].

[3] Begriffe nach *H. Popitz, H. P. Bahrdt, E. A. Jüres, H. Kesting:* Technik und Industriebetrieb (Tübingen 1957). Vgl. insbes. Abschnitt II, dort auch Beispiele und detaillierte Analysen.

Es liegt nahe, die hier an Hand einzelner Arbeitsprozesse beschriebenen Kooperationstypen auch auf die Zusammenfassung der Arbeitsprozesse selbst zu größeren Einheiten sowie des Gesamtbetriebes anzuwenden. Auch der Gesamtbetrieb ist ein Gefüge von durch im weiteren Sinn technische Erfordernisse zusammengefaßten Elementen: Wareneinkauf, Produktionsplanung und technische Kontrolle, Maschinenbau, Fertigung und Transport stehen in bestimmten Abhängigkeits- und Ergänzungsbeziehungen; das eine setzt das andere voraus oder verlangt es zu seiner Vervollständigung; diese technischen Abhängigkeitsbeziehungen begründen die Koordination des scheinbaren Gewirrs von Funktionen zu einem funktional integrierten Ganzen. In der Regel dürfte sich auch die funktionale Integration des Gesamtbetriebes heute als „gefügeartig" beschreiben lassen; doch stehen daneben – etwa in Bauunternehmungen, die aus einer Mehrzahl gleichartiger Bautrupps bestehen – auch „teamartige" Formen der funktionalen Gesamtorganisation.

In der Tat ist jedoch mit zunehmender Technisierung ein eindeutiger Trend zur Zunahme funktionaler Organisationsformen festzustellen. Das entscheidende Kriterium dabei ist es, daß die funktionale Organisation keine hierarchische Anordnung kennt. Die verschiedenen Funktionen haben zwar eine verschiedene Reichweite; sie verlangen unter Umständen verschiedene Qualifikationen; zum Zweck des Funktionierens des Ganzen jedoch sind sie von gleicher Wichtigkeit. Weder die umfassende Produktionsplanung noch etwa der Materialtransport von Abteilung zu Abteilung, weder der Generaldirektor noch der Werkmeister noch der Hilfsarbeiter können letztlich vermißt werden, ohne die Produktion zu gefährden. Funktionale Organisation bedingt daher stets nur eine Nebenordnung nach Gesichtspunkten der Abfolge und der technischen Abhängigkeit[4]. Zunehmende Technisierung, differenzierte Spezialisierung und Abbau sozialer Hierarchien entwickeln sich demnach synchron. „Spezialisierung steht in enger bis an die Synonymität heranreichender Verbindung zur funktionalen Autorität." [38, S. 31] Über- und Unterordnung der funktional verschiedenen Positionen war erst ein Resultat der Einordnung der Positionen in eine Autoritätshierarchie (skalare Organisation) bzw. der gesellschaftlich unterschiedlichen Bewertung der verschiedenen Arbeitstätigkeiten (Statussystem); mit sich entfaltender Technisierung und Automatisierung scheint sie überflüssig zu werden. Zugleich wird damit die Organisation industrieller Institutionen zum Gegenstand einer neuen Disziplin, der Organisationssoziologie.

b) Skalare Organisation

Seit dem Frühstadium der Industrialisierung war die damit verbundene Arbeitsteilung Gegenstand der Sozialkritik. Zwar impliziert die in der entfalteten Industrie notwendige Arbeitsteilung nicht unbedingt eine soziale Hierarchie, doch mit dem in der Sozialordnung gegebenen Eigentums- und Bildungsgefälle prägten sich immer vielfältiger werdende Unterschiede im sozialen Status der Arbeitenden aus. Differenzierung, Kombination und Mechanisierung der Arbeitsleistungen sind der Ausgangspunkt dieser Entwicklung. So konnte es sich nicht vermeiden lassen, daß die Vielzahl von Positionen in einem Industriebetrieb über ihre technisch vermittelte Verbindung hinaus in eine „Beziehung der Über- und Unterordnung in einer Kette der Befehlsbefugnis oder formellen Autorität" gebracht wurden [4, S. 49]. Als charakteristisch für die bisherige Entwicklung der Industrie kann die Erscheinung betrachtet werden, die *R. Bendix* beschreibt: „Überall wo ein Unternehmen gegründet wird, befehlen wenige und gehorchen viele."

[4] „Ein gemeinsames Kennzeichen aller (funktionalen Statussysteme) ist das Fehlen der Anordnungsgewalt des einen über den anderen oder doch ihre Gleichgültigkeit für die funktionale Stellung", sagt *Ch. I. Barnard:* Functions and Pathology of Status Systems in Formal Organizations; in: *W. F. Whyte* (Hg.): Industry and Society (New York – London 1946); S. 48.

[128, S. 19] In jedem industriellen Betrieb gibt es daher eine lineare oder skalare Organisation[5].

Erst im neuesten Stand industrieller Entfaltung zeigt sich die Möglichkeit an, funktionale Organisation und Befehlsbefugnis voneinander zu trennen, bzw. Befehlsbefugnisse auf funktionale Belange zu beschränken. Die Automatisierung scheint Wirklichkeit werden zu lassen, was in der bisherigen Geschichte der Industrie als utopisch erschien: „... Ungleichheit ergibt sich notwendig aus wirklichen gesellschaftlichen, technischen Erfordernissen und aus den körperlichen und geistigen Unterschieden zwischen den Individuen. Die ausführenden und Überwachungsfunktionen gingen jedoch nicht mehr mit dem Vorrecht einher, das Leben anderer in irgendeinem partikulären Interesse zu beherrschen."[6]

Unabhängig von betriebs- und wirtschaftspolitischen Wertvorstellungen verkörpert freilich auch die funktionale Anordnungsbefugnis einen Typus hierarchischer Autoritätsstruktur, der als Grundbedingung des Funktionierens kooperativer Systeme betrachtet wird[7]. *F. H. Mueller* meint dafür selbst *K. Marx* als Kronzeugen zitieren zu müssen: „Auch *Karl Marx* kann nicht umhin zuzugeben: ‚Alle unmittelbar gesellschaftliche Arbeit auf größerem Maßstab bedarf mehr oder minder einer Leitung, welche die Harmonie der individuellen Tätigkeiten vermittelt und die allgemeinen Funktionen vollzieht, die aus der Bewegung des produktiven Gesamtkörpers im Unterschied von der Bewegung seiner selbständigen Organe entspringen.'" [117, S. 170]

Demgegenüber wird in industriesoziologischer Literatur in den letzten Jahren zunehmend die Überzeugung zum Ausdruck gebracht, daß mit der Rationalisierung der Güterproduktion

[5] „Skalare Organisation" hier nach *Ch. I. Barnard* (a. a. O.: „scalar systems of status"). Häufig wird von englischen und amerikanischen Industriesoziologen auch der Begriff der „linearen Organisation" (line organization) gebraucht. *H. Schelsky* verwendet sachlich sinnvoll, aber terminologisch verwirrend für diese Form der Organisation den Begriff der „funktionalen Binnenordnung des Betriebes" (a. a. O.; S. 184).

[6] *H. Marcuse* (a. a. O.); S. 64.

[7] *F. H. Mueller* wendet sich in seinem Buch über „Die soziale Theorie des Betriebes" gegen den Gebrauch der Termini „Autorität" und „Hierarchie" im Industriebetrieb wegen ihrer militärischen bzw. sakralen Konnotationen (a. a. O.; S. 179 ff.).

auch die Befehlshierarchien rationalisiert werden können. Gemeint ist vor allem, daß autoritative Befugnisse an die Stelle nicht sachlich begründeter Befehle treten [291, S. 125]. Demnach können sich mindestens die Formen der Ausübung betrieblicher Autorität verändern. „So scheinen viele Arbeiter nicht mehr gewillt zu sein, eine Anordnung einfach hinzunehmen, wenn sie ihnen nicht mehr einsichtig erscheint. ... Diese veränderte Einstellung zur Autorität weist auf ihren Zusammenhang mit gesamtgesellschaftlichen Veränderungen hin. Zu denken ist vor allem an die Umwandlung des Erziehungssystems und an die veränderte Stellung der Kinder zur elterlichen Autorität. In diesen gesellschaftlichen Bereichen tritt an die Stelle des bloßen Befehlens immer mehr das Mittel der Argumentation. Von dieser allgemeinen Tendenz bleiben auch die Verhältnisse im Betrieb nicht unberührt.“ [179, S. 40 ff.]

Allerdings muß diese Entwicklung als erst in Ansatzpunkten vorhanden angenommen werden. Die von *G. Briefs* unterschiedenen Haltungen [1, S. 45–48], die „patriarchalische“, „wirtschaftsindividualistische“ und quasi-militärische „Führungshaltung“ bedingen je verschiedene Handhabungen betrieblicher Autorität. Doch darf die „sozialindividualistische“ Autoritätsverwaltung, von *G. Briefs* als „Menschenökonomie und dem Gesichtspunkt der Rentabilität günstiger Beziehungen zwischen dem Arbeitgeber, allen Verwaltungs- und Befehlsstaffeln und der Belegschaft“ [1, S .47] bestimmt, als die vorherrschende Form bezeichnet werden. Daß zu dieser von *R. Bendix* genauer beschriebenen Haltung gewisse Züge der „Zweiseitigkeit“ der Betriebsverfassung (*O. Neuloh*) hinzukommen können, ändert noch nichts an der Existenz der skalaren Organisation.

Die skalare Organisation des Industriebetriebes erscheint im Organisationsplan als kontinuierliche Stufenleiter von unten nach oben, also vom Hilfsarbeiter bis zum Generaldirektor. Auch hier ist der Organisationsplan jedoch allzu schematisch. Tatsächlich begründet die Autoritätsverteilung eine Reihe von Gruppen mit durchaus eigener sozialer Identität: Das Management, die Industriebürokratie, den Stab, die „Männer in der Mitte“ und die Arbeiter, neben denen in den meisten Industrieländern heute die innerbetriebliche Belegschaftsvertretung als eigene Instanz nicht übersehen werden darf.

Das Management ist in der Mehrzahl neuerer Unternehmungen nicht mehr identisch mit den Eigentümern. Vielmehr handelt es sich um die angestellten Träger der Positionen, in denen alle Autorität des Betriebes und Unternehmens zusammenläuft: Direktoren, Prokuristen, Abteilungsleiter. Als Qualifikation für Management-Positionen hat heute die Ausbildung (häufig: der akademische Berechtigungsschein) weitgehend die Herkunft und das Eigentum ersetzt. Damit haben sich auch die Orientierungen des Management verändert. Der Manager gehört stärker als früher die Eigentümer zum Betrieb in dem Sinne, daß die Reaktionen seiner Untergebenen faktisch (obwohl nicht rechtlich) seine Entscheidungen bestimmen. Allerdings gibt es sowohl innerhalb einzelner als auch vor allem zwischen Gesellschaften noch erhebliche Unterschiede der Rekrutierung, Orientierung, Legitimierung und Haltung der Manager [148].

Im Vergleich zum klassischen Kapitalisten ist die Autorität des Management heute vor allem dadurch begrenzt, daß der Prozeß der betrieblichen Autoritätsausübung selbst arbeitsgeteilt worden ist: Wo früher einer oder wenige alle Entscheidungen zu treffen vermochten, sind heute an jeder Entscheidung viele als informierende, verarbeitende und ausführende Organe beteiligt. Hier liegt einer der Gründe für das außerordentliche Anwachsen der Angestelltenschaft der Industrie in den letzten 60 Jahren. Heute ist jeder fünfte in der Industrie Beschäftigte ein Angestellter (gegenüber etwa 5 % im Jahre 1900); und viele davon sind in den Verwaltungen industrieller Unternehmen tätig. Man hat in der Industriebürokratie eine Verlängerung der Arbeiterschaft in das Büro (*E. Lederer* und *J. Marschak*, später auch *C. W. Mills*) oder eine „neue Klasse" eigener Art gesucht (*F. Croner*[8]). Gegenüber den ersten Jahrzehnten der Existenz einer Angestelltenschaft überhaupt zeich-

[8] Für diese Theorie vgl. *F. Croner:* Die Angestellten in der modernen Gesellschaft (Wien 1954).

nen sich in deren Interpretation allmählich entscheidende Unterschiede ab. Im Rahmen einer technisch bedingt neuen Organisationsstruktur schwindet sowohl die Möglichkeit, die Angestellten als eine eigene „neue Klasse" zu betrachten, wie die, sie als einzige Träger delegierter Autorität anzunehmen.

Eine besonders schwierige und konfliktträchtige Stellung nimmt der immer mehr wachsende „Stab" von Experten, Wissenschaftlern und Technikern unter dem Aspekt der skalaren Organisation ein. Die Erscheinung des Stabes hat zu dem Begriff der „Stab-Linie-Organisation" im modernen Betrieb geführt – ein Begriff, der schon die Schwierigkeit andeutet, den Stab im Hinblick auf die traditionelle Linie der Über- und Unterordnung eindeutig unterzubringen. Tatsächlich stehen Entwicklungsingenieure und -techniker, Betriebschemiker und -psychologen, Zeichner und Laboranten usw. mit oft eigenen Abteilungen neben der eigentlichen Autoritätsskala. Ihr Bezug zur Linie ist vorwiegend funktional; sie stellen daher einen spezifischen Anlaß zur Entstehung von Konflikten im Organisationsschema, da sich der Stab der direkten Kontrolle durch das Management tendenziell entzieht. Die Verknüpfungen von Stab und Linie sowie die Vermeidung daraus entstehender Spannung ist eine der zentralen Aufgaben der Organisationssoziologie geworden. Dabei erweist sich das Stab-Linie-System als äußerst fragwürdig: Entschlüsse sollten dort gefaßt werden, wo das Informationsniveau optimal ist.[8a] Andere Schwierigkeiten kennzeichnen eine Gruppe von Positionen, die sich in jeder Autoritätshierarchie findet: die der „Männer in der Mitte", der Werkmeister und Steiger sowie der ihnen unmittelbar über- und untergeordneten Positionen. Sie repräsentieren die gestaffelte Leitung des eigentlichen Produktionssektors im Industriebetrieb und haben insofern Selbstverantwortung für viele die Gesamtproduktion nicht berührende Bereiche und Vorkommnisse, während sie zugleich als „Männer in der Mitte"

[8a] *K. Trebesch*, „Das Linie-Stab-Prinzip; Management wie in Preußen", in: Manager Magazin 5/1972, S. 60 [vgl. auch 332 a].

ihrer Autorität nach wie auch faktisch-räumlich das Bindeglied zwischen Management und Arbeiterschaft darstellen. Die Mittel- und Mittlerposition dieser Rollen stellt besondere Erwartungen an das Verhalten ihrer Träger, die sie zwingen, zugleich „Meister und Opfer" (*F. J. Roethlisberger*) einer doppelten Orientierung nach oben zum Management und nach unten zu den Arbeitern zu werden.

Den traditionellen Fuß der Autoritätspyramide bilden die Arbeiter, von denen nur wenige Anordnungsbefugnisse über einzelne andere haben. An dieser Lage hat sich trotz der inneren Differenzierung der Arbeiterschaft unter dem Gesichtspunkt des Status bis heute wenig geändert. Doch hatte es zuweilen den Anschein, als schrumpfe die Zahl der bloß Ausführenden mit der technischen Entwicklung immer mehr zusammen – oder, was nur ein anderer Ausdruck dafür ist, als hätten in zunehmendem Maße nur noch Maschinen die Stellung bloßer Befehlsempfänger.

Die durch diese Gruppen beschriebene Autoritätshierarchie wird in modernen Betrieben weiter kompliziert durch Einrichtung und Stellung der innerbetrieblichen Belegschaftsvertretungen. Hier ist in erster Linie an den Betriebsrat sowie (vor allem in den angelsächsischen Ländern) an die Gewerkschaftsvertretung im Betrieb („shop stewards"), dann aber auch an vielfältige Formen der Mitbestimmung (Belegschaftsvertreter im Aufsichtsrat, Arbeitsdirektor usw.) zu denken. *H. Schelsky* hat im Hinblick auf solche Einrichtungen davon gesprochen, daß „eine dualistische Autoritätsstruktur zur hierarchischen Grundverfassung des modernen Betriebes" werde [16, S. 185].

Demgegenüber scheinen die Vertretungen der Arbeitnehmer, die ihre eigentliche Aufgabe im Bereich der Regelung betrieblicher und industrieller Konflikte haben, weitgehend auch der skalaren Organisation des Betriebes eingefügt zu sein. So hat der Betriebsrat in deutschen Industriebetrieben seine Autoritätsfunktionen nicht neben, sondern in der formellen Hierarchie – als Berater des Management, als Entscheidungsinstanz bei Einstellungen und Entlassungen sowie bei der Schaffung und Verwaltung sozialer Einrichtungen usw. Ebenso gehört der Arbeitsdirektor in Mitbestimmungsbetrieben zur Linie der skalaren Organisation, nämlich zum Management. Die Belegschaftsvertretungen sind also ein komplizierendes Element der formellen Organisation; sie teilen viele ihrer Probleme mit den traditionellen „Männern in der Mitte", die häufig zu wenig Einfluß besitzen und kaum bereit erscheinen, sich als Beschwerde- und Vermittlungsinstanz zu engagieren [179, S. 52].

Daß die formelle Organisation der im Industriebetrieb institutionell zusammengefaßten sozialen Rollen dem Funktionieren des Betriebes zugeordnet ist, heißt vor allem, daß durch diese Organisation Kanäle der Kommunikation vom Generaldirektor zum Hilfsarbeiter geschaffen werden. Die „authentische", „autoritative" und „verständliche" *(Ch. I. Barnard)* Aus- bzw. Weitergabe von Anordnungen, Nachrichten und Wünschen wird durch die skalare Hierarchie gewährleistet. Dabei ist als institutionelles Problem industrieller Organisation zu bemerken, daß die Formalstruktur typisch die Kommunikation von oben nach unten (down the line) zwar ermöglicht, der Notwendigkeit einer Kommunikation von unten nach oben (up the line) aber ungenügend Rechnung trägt. Neben dieser zentralen Kommunikationsfunktion der formellen Betriebsstruktur erwähnt *Ch. I. Barnard* noch ihre Funktionen als „wichtiger Teil des Anreizsystems", insofern diese Struktur Wege des Aufstieges vorzeichnet, und als „entscheidendes Mittel zur Entwicklung des Verantwortungsgefühls und zur Bestimmung der Verantwortungsbereiche" [4, S. 63/4].

Im Zuge der sich weiter herausbildenden Technisierung und der daraus bedingten organisatorischen Umstrukturierungen bildet die formelle Organisation des Industriebetriebes die Basis der betrieblichen Sozialstruktur. „Die formale soziale Organisation ist also ein System sozialer Rollen in hierarchisch-herrschaftlichen Zügen, das auf die Erfüllung des Betriebszwecks hin organisiert ist. Sie integriert die Mitglieder des Betriebes durch Rolle, Status und Verhaltensnormierung in ein kooperatives soziales System und ermöglicht damit die Funktion des Betriebs als einer sozialen Institution. Sie ist nicht zu verwechseln mit dem technisch-organisatorischen Stellenplan, der zwar für sie maßgebend ist, aber von sich aus noch keine Kooperation und soziale Integration ermöglicht.“ [42, S. 127]

c) Statussystem

Während also die Positionen in industriellen Institutionen durch die technische Apparatur funktional koordiniert und in einer Autoritätshierarchie skalar organisiert werden, sind formelle Organisation und technische Kooperationsform noch längst nicht identisch. Darüber hinaus erfahren alle Positionen eine eigene soziale Bewertung, die eine nicht mehr rational geplante betriebliche Binnenordnung erstellt. Wiewohl das soziale Statussystem und die Hierarchie autoritativer Anordnungsbefugnisse tendenziell konvergieren müßten, gibt es faktisch viele Diskrepanzen – darunter nicht zuletzt die, daß die Autoritätshierarchie sich manipulieren läßt, schwerlich jedoch das Statussystem. Die Entstehung des innerbetrieblichen Statussystems sowie dessen Einfluß auf das individuelle Verhalten ist deshalb von einiger Bedeutung für die Erkenntnis des innerbetrieblichen Geschehens.

Sozialer Status, oft tautologisch als „Position, die einer innerhalb einer Organisation oder Gruppe innehat“ [11, S. 343], bestimmt, bezeichnet in der Soziologie genauer den relativen Rang einer sozialen Rolle (z. B. eines Berufes) gemäß den Wertvorstellungen der Mitglieder des Universums von Rollen, innerhalb dessen diese Rolle fungiert. Der Status eines Berufes ist also gegeben in seinem Prestige relativ zu allen anderen Berufen einer Gesellschaft oder auch eines Industriebetriebes[9].

[9] Prestige als Rollen (Berufen) anhaftend ist also streng zu scheiden von der auf Personen und ihre Leistungen oder Qualitäten bezogenen Schätzung. Als Werkmeister hat jeder Werkmeister schon ein gewisses Prestige. Ob er auch Schätzung genießt, hängt davon ab, ob er als „guter“ oder „schlechter“ Werkmeister angesehen wird.

In einem weiteren Sinn wird unter Status dann auch die relative Position der Träger von Rollen nicht nur gemäß dem diesen anhaftenden Prestige sondern auch gemäß der ihnen zugeordneten finanziellen und machtmäßigen Situation verstanden.

Sind formelle und, in geringerem Maße, informelle Organisation des Betriebes in ihren Entstehungsgründen und ihrem Wirkungsbereich weitgehend auf den Einzelbetrieb beschränkt, so wirken gesamtgesellschaftliche Strukturen in starkem Maße auf die betriebliche Statushierarchie ein. Vor allem ist hier das gesellschaftliche Prestige von Berufen bedeutsam. Die Berufsskala, die in empirischen Untersuchungen in verschiedenen Ländern ermittelt worden ist – so von *P. H. Hatt* und *C. C. North* für Amerika[10], von *J. Hall, D. C. Jones* und *C. A. Moser* für England[11] und von *K. M. Bolte* und anderen für Deutschland[12] –, hat auch innerhalb des Industriebetriebes ihre Gültigkeit. Doch weist der Industriebetrieb (wie jede kleinere soziale Einheit) eine sehr viel größere Status-Differenzierung auf, als diese Untersuchungen mit ihren sechs oder sieben Prestige-Schichten innerhalb der Gesellschaft festgestellt haben.

Fig. 2 trägt dieser Differenzierung nicht in vollem Maße Rechnung, doch soll sie nur als verallgemeinernder Hinweis, der an den erwähnten empirischen Untersuchungen orientiert ist, gelten. Die unterbrochenen Linien in Fig. 2 bezeichnen die gesamtgesellschaftlichen Prestige-Schichten, hier auf sechs beschränkt, die sich etwa durch folgende Berufe charakterisieren lassen: I – Akademiker, höchste Beamte usw.; II – Unternehmer, hohe Beamte, leitende Angestellte usw.; III – mittlere Angestellte, Werkmeister usw.; IV – untere Angestellte, Facharbeiter usw.; V – einfachste Büroberufe, angelernte Arbeiter; VI – Bürohilfskräfte und Hilfsarbeiter. Eine Status-Skala dieser Art ergab sich mit geringen Abweichungen in allen entwickelten Industrieländern. Die innerbetrieblichen Status-Pyramiden werden von dieser gesellschaftlichen Schichtung eingefaßt und durchzogen.

[10] Jobs and Occupations, A Popular Evaluation; in: *L. Wilson* und *W. L. Kolb* (Hg.): Sociological Analysis (New York 1949).

[11] *J. Hall* und *D. C. Jones:* The Social Grading of Occupations; in: British Journal of Sociology I/1 (März 1950). *C. A. Moser* und *J. Hall:* The Social Grading in Occupations; in: *D. V. Glass* (Hg.): Social Mobility in Britain (London 1954).

[12] *K. M. Bolte:* Sozialer Aufstieg und Abstieg (Stuttgart 1958). Für eine vergleichende Darstellung der Resultate von Prestige-Untersuchungen in verschiedenen Ländern s. *A. Inkeles* und *P. H. Rossi:* National Comparisons of Occupational Prestige, American Journal of Sociology 61 (1956).

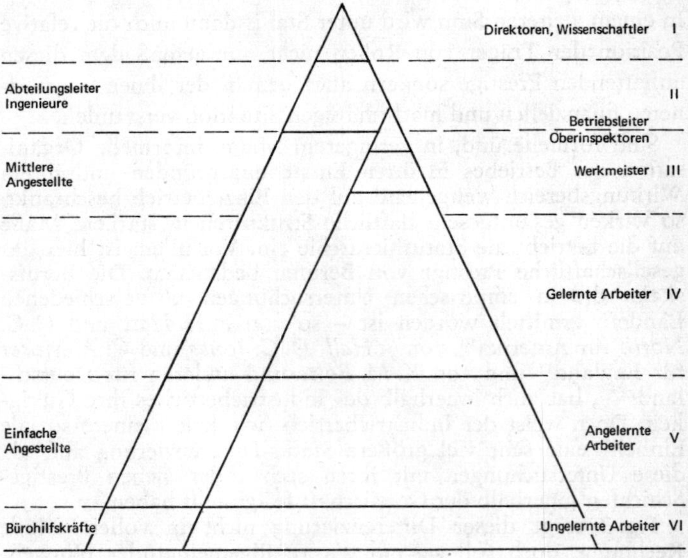

Fig. 2: Die Status-Organisation des Industriebetriebes.

Manches hat die formelle Organisation des Industriebetriebes mit dem Statussystem gemeinsam. Dies gilt nicht nur für die Möglichkeit, beide Formen der Organisation als Hierarchie und in Form einer Pyramide darzustellen, sondern geht auch aus den erschließbaren Bestimmungsgründen des Statussystems hervor. So darf als wesentlicher Grund für den Prestige-Status eines Berufes der von diesem verlangte Qualifikationsgrad und seine Symbole (Diplom, Meisterbrief usw.) gelten, der mit dem Autoritätsbereich desselben Berufes häufig in engem Zusammenhang steht. Formelle Organisation und Statussystem stimmen indes nicht durchweg überein. Im Zuge dessen, was als „Versachlichung der industriellen Verhältnisse“ bezeichnet worden ist, deuten sich entscheidende Veränderungen im Verhältnis von Ausbildung, formeller Anweisungsbefugnis, innerbetrieblichem Status und sozialem Prestige an. Solche Wandlungen werden vor allem im Vergleich zwischen Arbeitern und Angestellten deutlich. Theorien sozialer Systeme haben die Neuordnung aufgrund des Automatisierungsprozesses zu klären. „Damit wäre der Weg frei für eine soziale Selbsteinschätzung, die sich in der Gegenwart begründet." [127, S. 186].

Der moderne Industriebetrieb weist zwei Universen von Rollen, damit zwei zwar ineinandergehende, aber doch schwer vergleichbare Status-Hierarchien auf (vgl. Fig. 2). Die eine dieser Hierarchien reicht vom Generaldirektor zu den Sekretärinnen und unteren Angestellten und umfaßt alle mit planenden, administrativen, allgemein Bürofunktionen ausgestatteten Berufe (Büro-Hierarchie). Die andere Status-Hierarchie umfaßt den eigentlichen Produktionssektor des Betriebes, vom Betriebsleiter zu den Hilfsarbeitern (Fabrik-Hierarchie). Wenn auch Betriebsleiter und Werkmeister in gewissem Sinne Teil beider Hierarchien sind, ist doch zu betonen, daß der Status von Berufen innerhalb dieser Hierarchien eher graduelle Abstufungen bezeichnet, während die beiden Hierarchien als ganze der Art nach voneinander unterschieden sind.

Während die Differenzierung der Angestelltenschaft nach Status den Linien der Differenzierung ihrer formellen Funktionen weitgehend folgt, ist die Aufgliederung der formell zumeist gleichgestellten, d. h. mit gleich geringer Autorität begabten Arbeiter nach ihrem Status ein Phänomen von besonderer Bedeutung. Innerhalb der Arbeiterschaft haben Unterschiede des Qualifikationsranges starke statusbestimmende Kraft. Neben dem Prestige, das an Berufspositionen hängt, können auch andere Gesichtspunkte Status-Unterschiede schaffen. Zu Recht betonen *Th. Pirker* und Mitarbeiter den Unterschied zwischen „privilegierten" und „unterprivilegierten" Betrieben und Unternehmungen [173]. Ein angesehener Betrieb, auch eine angesehene Betriebsabteilung, die Arbeit an bestimmten Maschinen, die Entlohnungsform u. a. vermögen ebenso Prestige zu verleihen wie der Beruf allgemein – ja, es hat zuweilen den Anschein, als seien heute vor allem komplizierte Privilegierungen die Quelle des Sozialprestiges.

Wenn hier vor allem vom Prestige als Element des Status die Rede war, so geschah dies darum, weil Wirkung und Bedeutung des Faktors weniger auf der Hand liegen als die des Lohns. Doch darf darüber die differenzierende Kraft des Lohnes nicht vergessen werden. Auch hier gibt es prinzipielle („Lohn“ und „Gehalt“) und graduelle (Lohn- bzw. Gehaltshöhe) Unterscheidungen, die Gruppen voneinander trennen. Darüber hinaus komplizieren vielfältige Formen der Lohnzahlung das Bild, so daß kein einfaches Schema die Lohnstruktur gegenwärtiger Industriebetriebe wiederzugeben vermöchte [144].

Prestige und Status sind unwägbare und oft unterschätzte Faktoren im sozialen Leben des Betriebes. Doch reicht ihr Einfluß in viele Verhaltensbereiche. Auf Status als Begrenzung der intimeren Sozialbeziehungen ist schon hingewiesen worden. Die Position innerhalb der Prestige-Hierarchie verleiht dem einzelnen die Sicherheit einer Zugehörigkeit; der Besitz von sozialem Status kraft einer Position kommt damit einem Elementarbedürfnis der Persönlichkeit nach „Schutz ihrer Integrität“ durch Bestimmung ihres Ortes nach [4, S. 57 ff.]. Das Hawthorne-Experiment hat erwiesen, daß Prestige-Status und Arbeitsleistung in einem Zusammenhang stehen. Das deutlichste Zeugnis der hervorragenden Bedeutung von Prestige und Status auch für die Industriearbeiter liegt indes in deren direkter und indirekter Rolle im industriellen Konflikt. Nicht nur haben vor allem Facharbeiter immer wieder ihr Prestige durch Sicherung der Exklusivität ihrer Berufe zu schützen versucht, sondern auch dem Prestige scheinbar so entrückte Vorkommnisse wie Lohnstreitigkeiten, zumal wenn sie sich auf Lohnunterschiede zwischen Arbeitergruppen beziehen, sind häufig nur Symbol für einen tieferliegenden Kampf um Status. „Die Bedeutung von Lohnunterschieden ist ... zum Teil symbolisch. Sie fungieren als Etikette für industriellen Status“ *(T. H. Marshall*[13]*)*.

[13] Citizenship and Social Class (Cambridge 1950); S. 82.

3. Die informelle Struktur des Industriebetriebes

Während die formelle Organisation des Betriebes von vornherein Gegenstand von soziologischen Analysen gewesen ist, wurde die Bedeutung der informellen Ordnung erst relativ spät erkannt. Die formelle Organisation konnte als objektiv notwendige und auch subjektiv gewollte Struktur angesehen werden. Informelle Gruppenbildungen dagegen werden allenfalls vermittelt etwa in den sozialistischen Theorien des Klassenbewußtseins thematisiert. Von dem im Begriff des Klassenbewußtseins Gemeinten ist der Industrie- und Betriebssoziologie allenfalls verbindlich geblieben, daß auch die informellen Gruppierungen nicht unabhängig sind von der objektiven gesellschaftlichen Lage, wie von der technisch-ökonomischen und der formellen Organisation. Über *Max* und *Alfred Webers* Untersuchungen im Rahmen des Vereins für Socialpolitik, die Werke von *Rosenstock, Hellpach* und *Winschuh* wird erst im Hawthorne-Experiment *Mayos* die Analyse informeller Gruppierungen ins Zentrum gerückt. Daß die Tatsache der Kooperation größerer Zahlen von Menschen an einem Ort gleichsam unbeabsichtigterweise nichtgeplante Gruppenbeziehungen ermöglicht, oder gar im Sinne eines sozialen Imperativs erzwingt, ist die im Hawthorne-Experiment eindrucksvoll vermittelte Einsicht.

Seitdem hat eine große Zahl von Untersuchungen sich fast ausschließlich mit der informellen Binnenordnung des Betriebes beschäftigt. So bestimmen etwa *D. C. Miller* und *W. H. Form* die Arbeitergruppen und Arbeitsbeziehungen, die Rolle der Arbeiter in den Arbeitsgruppen und die soziale Organisation der Betriebsgemeinschaft – also fast überwiegend informelle Aspekte der Betriebsstruktur – als den eigentlichen Gegenstand der Betriebssoziologie [11, S. 16]. *F. J. Roethlisberger* bestimmt den Industriebetrieb als „System gefühlsmäßiger Wertungen", in dem die moralische Aufgabe gestellt ist, das Gleichgewicht aufrechtzuerhalten und mögliche Störungsquellen rechtzeitig zu diagnostizieren [119, S. 109]. Daß die Bildung informeller Gruppen eine zentrale Erscheinung industrieller Institutionen ist, wird in der betrieblichen Forschung nirgendwo mehr bestritten. An der Analyse von Gruppenstrukturen hat sich dann auch ein nicht wenig bedeutungsvoller Bereich soziologischer Theorie orientiert [106].

Diese Definition ist allerdings insofern mißverständlich, als sie nicht sagen kann, daß die Bildung informeller Organisationen von objektiven Bedingungen unabhängig wäre. *M. R. Lepsius* benennt als solche objektiven Bedingungsgründe zur Entstehung informeller Gruppen die Arbeitsorganisation, die technische Anlage, die Betriebsordnung und schließlich erst die Gruppenbildung aufgrund persönlicher Neigungen [111, S. 16]. *F. J. Roethlisberger* und *W. J. Dickson* erklären Gruppensolidarität auch aus dem Lohnsystem [175, S. 156 f.]. Das soll natürlich nicht ausschließen, daß jenseits der objektiven Bedingungen subjektive Faktoren die Gruppenbildung bestimmen. So wäre positiv zu ihrer Charakteristik anzuführen, (1) daß die Gruppierungen stets auf Sympathiebeziehungen (einzelne gemeinsame Interessen) oder größerer (Freundschaft) Intensität beruhen und nicht oder nur zufällig aus den Arbeitsbeziehungen an sich bereits hervorgehen, und (2) daß die von solchen Beziehungen zusammengehaltenen Gruppen in der Regel recht klein sind. Deshalb könnte die Rede von der „informellen Organisation des Industriebetriebes“ in zweifacher Weise irreführend sein, insofern es sich hier stets um einzelne Gruppenbildungen handelt, deren mehrere zwar durch sogenannte „Schlüsselpersonen“, Mitglieder mehrerer Gruppen, verknüpft sein mögen, deren Gesamtheit aber nur ausnahmsweise ein kohärentes Strukturbild des Gesamtbetriebes ergibt, und insofern zweitens von einer „Organisation“ informeller Gruppen nur in einem übertragenen Sinne die Rede sein kann. Es ist eines der Hauptmerkmale informeller Gruppen, daß sie sich nicht organisieren lassen, wenn sie auch in sich aus bewußter individueller Planung oder spontanem Zusammenwirken entstanden sein mögen und nicht auf den Betriebszweck ausgerichtet sind.

Lange konnte es so scheinen, als sei die informelle Gruppenbildung in industriellen Betrieben ein typisch amerikanisches Phänomen, das bei den „bodenständigen Stammbelegschaften der europäischen Industrie" sehr viel seltener sei [16, S. 182]. Abgesehen davon jedoch, daß ein Funktionieren beliebiger sozialer Organisationsformen ohne informelle Gruppierungen sowieso schwer vorstellbar ist, muß die Rede von „bodenständigen Stammbelegschaften" als purer Mythos angesehen werden. Empirische Untersuchungen haben belegt, daß die Bildung informeller Binnenordnungen im Betrieb für die europäische Industrie in gleicher Weise gilt. Gerade deshalb aber stellt sich die Frage, welchen Stellenwert die Betriebssoziologie der informellen Organisation industrieller Institutionen zumessen soll. Seit den von *E. Mayo* ermittelten Einsichten hat es streckenweise eine geradezu euphorische Überbewertung der informellen Beziehungen gegeben. *Roethlisbergers* Vorstellung vom „System gefühlsmäßiger Wertungen" ist nur ein Beispiel dafür. *R. Königs* Warnung kommt zu Recht, die dramatischen Äußerungen zur informellen Gruppenstruktur durch mehr nüchterne Betrachtung zu ersetzen [31, S. 55]. Deshalb kann die Gruppenanalyse nur einen Aspekt betriebssoziologischer Forschung ausmachen. *P. Atteslander* stellt die Prozeßanalyse der Gruppenbildung neben die Strukturanalyse der sozialen Organisation [260, S. 54]. *R. M. Lepsius* dagegen weist darauf hin, daß mit der genannten „Versachlichung" der industriellen Institutionen eine Tendenz zum Abbau der Bedeutung informeller Strukturen einhergeht: „Je weiter die Mechanisierung fortschreitet, je komplexer die technischen Anlagen werden, um so stärker treten technisch bedingte Kooperationsformen in den Vordergrund, insbesondere jene, die unter der Bezeichnung gefügeartige Kooperation geschildert wurden. Das bedeutet: mit zunehmender Technisierung der Industriearbeit gewinnen die sozialen Kontakte, die sich aus der Zusammenarbeit ergeben, einen auf präzise Leistungserfüllung abgestellten und versachlichten Charakter. An die Stelle einer persönlich harmonisierenden Arbeitsgruppe mit gruppenspezifischen Verhaltensweisen und einem Gruppenführer tritt als neue Kooperationseinheit ein in der Ausführung seiner Arbeit vorzüglich spezialisiertes und technisch kompetentes Arbeitsgefüge, unter dessen Mitgliedern keine wechselseitige persönliche Verbundenheit zu bestehen braucht.“ [111, S. 19]

Das soll wiederum nicht bedeuten, daß die informelle Binnenorganisation des Industriebetriebes völlig zu vernachlässigen sei. Doch muß bewußt gehalten werden, daß ihre Genese nie von der formellen Organisation ganz ablösbar ist. Entsprechend setzt *F. Fürstenberg* formelle und informelle Strukturen in Beziehung zueinander. „Die bei Analysen der betrieblichen Sozialstruktur neuerdings häufige Unterscheidung zwischen formeller, d. h. offiziell sanktionierter, und informeller, d. h. spontan aus den sozialen Kontakten entstehender Organisation . . ., sollte nicht überbetont werden. Sie erweckt den Anschein zweier nebeneinander bestehender Strukturen. In Wirklichkeit handelt es sich bei den informellen Vorgängen jedoch mehr oder weniger um Abweichungen innerhalb festgelegter Toleranzen. Die betrieblichen Verhaltensweisen werden erst verständlich, wenn sie auf die übergreifenden institutionellen Bindungen bezogen werden, auf die sie auch in informeller Form stets Reaktionen sind.“ [101, S. 22]

Das Wirken der kleinen, ungeplanten, auf unmittelbaren „face-to-face“-Beziehungen beruhenden Gruppierungen, um die es hier geht, ist ebenso nuancenreich wie mehrdeutig. Informelle Gruppen sind eine Binnenordnung, die die formelle Betriebsorganisation (mit ihren unvermeidlichen Lücken und Unvollkommenheiten) in vielen Belangen zusammenhält. Der Neue, der in den Betrieb kommt, wird zwar formell an seinen Arbeitsplatz eingewiesen; aber erst die dort bestehenden informellen Gruppierungen vermögen ihm wirkliche Vertrautheit mit seinen Aufgaben zu vermitteln. Die Aufstiegshierarchie, das Lohnsystem und die Drohung der Entlassung zwingen den einzelnen zwar zur Arbeit; aber nur die Atmosphäre in informellen Gruppierungen, die von jeder bewußten Steuerung unabhängig ist, entscheidet darüber, ob die Menschen in einem Betrieb zur Kooperation bereit sind oder nicht. Die skalare

Organisation soll die effektive Weitergabe von Nachrichten sowohl „von oben nach unten“ als auch „von unten nach oben“ gewährleisten; ohne die Existenz von informellen Gruppen jedoch ginge manche Anordnung und manche Anregung auf dem „Dienstweg“ verloren. Es kann deshalb nicht ausgeschlossen werden, daß in informellen Gruppen ein wichtiger Integrationsfaktor des Betriebes überhaupt gesehen wird, wiewohl der ökonomische Zwang zur Arbeit auf der anderen Seite nicht ausschließt, daß ein betriebliches System auch ohne jede informelle Gruppenbildung aufrechterhalten bleiben kann.

Umgekehrt hat das Wirken informeller Gruppen auch einen Aspekt, der an den traditionellen Begriff des Klassenbewußtseins erinnert: das informelle Kommunikationssystem dient keineswegs nur der innerbetrieblichen Integration und dem individuellen Sicherheitsbedürfnis, sondern zugleich auch der Organisation von Widerständen gegen als ungerecht empfundene Anordnungen. Nur daher kann die Warnung von *B. B. Gardner* und *D. C. Moore* stammen, daß Kämpfe auftreten können, die eventuell das gesamte Staatswesen gefährden, wenn es nicht gelingt, die zwischenmenschlichen Beziehungen im Betrieb befriedigend zu gestalten [9, S. 257]. Die Grenzen von informellen zu offiziellen Zusammenschlüssen im Arbeitnehmerinteresse können durchaus fließend sein. Erinnert sei nur an Erscheinungen wie das „Bremsen“ bei der Akkordfestsetzung bis hin zum „wilden Streik“; den informellen Gruppen steht also eine Vielzahl von Mitteln zur Verfügung, um dem Ärger über bestimmte Vorgesetzte oder Maßnahmen der Betriebsleitung Ausdruck zu geben. *A. Mitscherlich* weist darüber hinaus auf die entlastenden Funktionen informeller Gruppenbildung hin: Ärger und Enttäuschungen werden in Mechanismen wie denen des Klatsches abreagiert. „Die Intensität der Beteiligten geht parallel der eigenen affektiven Frustrierung, der die Gruppe als Ganzes nicht zu entgehen vermag und die sie sich nicht eingesteht.“[14] Freilich darf auf keinen Fall

[14] *A. Mitscherlich:* Auf dem Weg zur vaterlosen Gesellschaft (München 1963); S. 404.

übersehen werden, daß solche Erscheinungen weitgehend nichts anderes sind als Reaktionen auf die objektiven Arbeitsbedingungen. Die Bedeutung der Analyse informeller Gruppen im industriellen Bereich ist demnach vornehmlich darin zu suchen, daß sich in ihr die Nähe von Integration und Zwang, von gleichgewichtigem Funktionieren und Konflikt in der Sozialstruktur spiegelt.

4. Das Betriebsklima

In den letzten zehn Jahren wurde der Begriff der „innerbetrieblichen Atmosphäre" oder des „Betriebsklimas" zum beinahe überstrapazierten Schlagwort, aber auch zum Gegenstand betriebssoziologischer Analysen. Es kann nicht umstritten sein, daß es die im Begriff gemeinte Erscheinung gibt, doch gilt es als beinahe unmöglich, eine präzise Definition dafür zu finden. „Der Begriff Betriebsklima ist ein wenig vage. Das liegt aber an der Sache, die er ausdrücken soll: ja, man hat ihn gewählt, eben um ein schwer Greifbares, Schwebendes und dabei doch einigermaßen Regelmäßiges und Objektives zu bezeichnen, das dem einzelnen, der sich darin bewegt, mit einer gewissen Selbständigkeit gegenübertritt." [142, S. 5]

Das Attribut der Selbständigkeit soll nicht indizieren, daß das Betriebsklima unmittelbar der formellen Organisation zuzurechnen ist. Im Gegenteil ist es nicht allein in objektiven Erscheinungen faßbar, sondern allenfalls vermittelt, etwa durch die Methode des Interviews oder der Gruppendiskussion, durch die Äußerungen einzelner Betriebsmitglieder hindurch sichtbar. Der Begriff „Betriebsklima" ist insofern nicht unglücklich gewählt, als er in sich zum einen das objektive Moment der industriellen Institution, wie zum anderen die mehr nebelhafte Beschreibung einer atmosphärischen Erscheinung vereint. Deshalb heißt es bei O. *Neuloh:* „Unter sozio-klimatisch verstehen wir etwa das, was die informale Ordnung in der amerikanischen Terminologie ist ... Es sind damit die nicht im institutionellen Bereich erfaßbaren zwischenmenschlichen Beziehungen gemeint, die sich z. B. im Betriebston, in der Arbeitsgesinnung, der Arbeitsfreude, dem Betriebsgeist usw. offenbaren." [291, S. 34]

Allein die Tatsache, daß davon so häufig in verschiedenen Formen die Rede ist, könnte als Beweis dafür angesehen werden, daß das Betriebsklima für die Arbeitsverhältnisse in industriellen Institutionen von nicht zu übersehender Bedeutung ist. Es kann deshalb nicht überraschen, wenn „die geistige Gesundheit des Industriearbeiters" *(A. Kornhauser)* oder die „Abwesenheit und das Wohlbefinden des Arbeiters" *(I. Gadourek)* damit in Zusammenhang gebracht werden. Das darf jedoch nicht zu dem Mißverständnis führen, als seien Wohlbefinden und Unlust, Gruppenkonflikte und Arbeitsfreude allein von informellen, atmosphärischen Faktoren abhängig. Im Gegenteil kann eher ein „Entsprechungsverhältnis zwischen dem Stilempfinden einer kulturgeschichtlichen Epoche und Strukturen der industriellen Arbeit" angenommen werden [203, S. 8]. Die innerbetriebliche Atmosphäre ist also nach den jeweiligen historischen Bedingungen verschieden[14a].

Demgemäß müssen im Betriebsklima neben den subjektiven auch objektive Bedingungsgründe gesucht werden. Soziale Erscheinungen entstehen nicht in einem gegenstandslosen Raum. Vielmehr ist davon auszugehen, daß „Meinungen und Reaktionen weitgehend auf objektive Momente zurückzuverweisen und durch diese bedingt sind" [179, S. 7]. Das heißt, daß zwischen den Bedingungen und Formen der informellen Binnenordnung des Betriebes auf der einen und dem Betriebsklima auf der anderen Seite eine enge Beziehung zu bestehen scheint. *R. M. Lepsius* sieht sogar in beidem einen gemeinsamen Vorgang: „In den informellen Gruppen bildet sich im gegenseitigen Meinungsaustausch und im Gruppenkonsens zu einem wesentlichen Teil die Einstellung zum Betrieb, sie haben damit einen grundlegenden Einfluß auf das sogenannte Betriebsklima." [42, S. 140] Die objektiven Faktoren, die diesen Vorgang bedingen, wären aber vor allem aufzuspüren.

Das Verhältnis von objektiven und subjektiven Faktoren im industriellen Bereich bildet im gegenwärtigen Stadium in zunehmendem Maße den Gegenstand der industrie- und betriebssoziologischen Forschung. Wo bisher der Versuch gemacht

[14a] Vgl. auch *W. Zimmermann,* Fehlzeiten und industrieller Konflikt, Stuttgart 1970.

wurde, die technisch-ökonomischen Bedingungen zu erkennen, die der innerbetrieblichen Atmosphäre eine eigene Gestalt verleihen, wurde vor allem von den Unterschieden von der Soll-Form und Ist-Form der Güterproduktion ausgegangen: „Die Bestandteile der informellen Organisation sind also einerseits die Differenzen zwischen der formell beabsichtigten Soll-Form eines sozialen betrieblichen Phänomens oder Ablaufs und der sozialen Wirklichkeit, andererseits die unbeabsichtigt entstehenden sozialen Phänomene im Betrieb." [113, S. 44]

Neben den vielen Untersuchungen zum Verhältnis von Arbeitsorganisation und Lebensform sind hier vor allem die Untersuchungen zum Betriebsklima zu nennen, die das Frankfurter Institut für Sozialforschung durchgeführt hat. In einer umfassenden Formel ausgedrückt ergab sich daraus, daß „für die Unabhängigkeit der informellen Organisation kleiner Gruppen im Betrieb von der formellen Organisation des Betriebes ... jeglicher Anhalt" fehlt [142, S. 9]. Folgerichtig hat sich daran die schon seit langem bekannte Einsicht zu schließen, daß Phänomene wie Klatsch, Krankheiten, Neurosen usw. als Folgen schlechter betrieblicher Struktur zu verstehen sind [13, S. 138 ff.]. Weiter wäre deshalb die Frage zu stellen, welche strukturellen Unzulänglichkeiten dem Arbeitenden das subjektive Gefühl der Unzufriedenheit vermitteln und damit zu einem angespannten Betriebsklima führen. Es muß also unter verschiedenen Aspekten erforscht werden, welche Faktoren die subjektive Einstellung zum Betrieb bestimmen. Die Skala dieser Aspekte reicht von der Lohnzufriedenheit über das Verhältnis zu den Arbeitsplatznachbarn bis zum Problem der Arbeitsplatzsicherheit. Empirisch erweist sich, daß fast ausschließlich innerbetriebliche Faktoren für die Einstellung zum Betrieb relevant sind. Auffälliger noch ist, wenn *L. von Friedeburg* feststellt, daß die innerbetriebliche Atmosphäre mehr von der erwarteten oder gemutmaßten zukünftigen als der gegenwärtigen betrieblichen Arbeitssituation abhängig ist. Im Betrieb vorgenommene Bemühungen um ein gutes Betriebsklima verkehren sich in ihr Gegenteil, wenn damit vorhandene Interessengegensätze beseitigt werden sollen[15]. Ein zentraler Anlaß zur Arbeits-

[15] „Nicht die gegenwärtigen Arbeitsbedingungen, sondern deren mutmaßliche Veränderung bestimmt das subjektive Verhältnis zum Betrieb." *L. v. Friedeburg* (a. a. O.); S. 74.

unzufriedenheit ergibt sich beispielsweise dann, wenn das Verhältnis von Arbeitsleistung und Entlohnung nicht einsichtig oder irrational erscheint [179, S. 17].

Mit den Stichworten „Interessen“ und „Entlohnung“ sind die wichtigsten Ergebnisse der hier angeführten Untersuchungen zum Betriebsklima genannt, die durchaus in vielen anderen Forschungen auch in den Vereinigten Staaten bestätigt werden: [224, S. 268] die materielle Lage, die Entlohnung, macht den entscheidenden Bedingungsgrund innerbetrieblicher Arbeitszufriedenheit aus; sie rangiert weit vor allen anderen Faktoren. Die Kritik an der Entlohnungsform muß jedoch zugleich vermittelt als Kritik an den Herrschaftsverhältnissen angesehen werden, die durch die objektiven Produktionsbedingungen im Werk und die materiell vermittelten Machtverhältnisse in der Gesellschaft bestimmt werden. „Also ein noch so gutes ‚Betriebsklima‘ vermag ebenso wenig die Widersprüche der industriellen Arbeit aufzuheben, wie ein noch so schlechtes neue Gegensätze schafft, die nicht durch die objektiven Verhältnisse bereits vorgezeichnet wären.“ [142, S. 126]

Damit soll jedoch nur darauf verwiesen sein, welchen Veränderungen sich die industrielle Forschung im Zuge zunehmender Technisierung ausgesetzt sieht. „Für den Soziologen bedeutet die Expansion der materiellen Produktion in erster Linie einen Fortschritt der Rationalisierung.“ [326, S. 1058] Mit der Umgestaltung der Produktionsverhältnisse und der Neuorientierung der Beziehung zwischen Arbeitenden und Technik werden die gesellschaftlichen Herrschaftsstrukturen auf der einen, das Verhältnis zwischen formellen, informellen und atmosphärischen Verhältnissen in industriellen Institutionen auf der anderen Seite entscheidende Wandlungen durchlaufen. „Negative Einstellungen häufen sich dort, wo die Arbeitsbedingungen nicht dem Rationalisierungsstandard der Industrie entsprechen, insbesondere dort, wo schwere körperliche Arbeit auszuführen ist. Hingegen sind die Einstellungen zum Betrieb als sozialem Herrschaftssystem weit kritischer, so daß man sagen kann, daß die Anpassung an den Arbeitsvollzug und die Einordnung in die Kooperationsformen weiter fortgeschritten sind als die Integration in den Betrieb, der zugleich industriespezifische wie gesamtgesellschaftliche Ordnungen repräsentiert.“ [42, S. 140]

V. Das industrielle System

1. Die Entwicklung der Produktionstechniken

Im Jahre 1957 wies *H. Popitz* darauf hin, daß sich fünf Jahrzehnte lang in der Beurteilung des Verhältnisses zwischen Arbeitendem und Technik kaum etwas verändert habe; die Haltung zur zunehmenden Spezialisierung der Güterproduktion schien überwiegend kulturpessimistisch geprägt [238, S. 1]. Mit dem Begriff der „gefügeartigen Kooperation“ führten *Popitz* und Mitarbeiter selbst ein Instrument ein, das das Verhältnis zwischen Arbeit und Technik in neuen Formen neu definierte. Mit manchen Einschränkungen kann nun behauptet werden, daß sich seitdem das Bild, das sich die Soziologie von den Produktionsprozessen macht, entscheidend geändert hat, oder zumindest tendenziell im Verändern begriffen ist. Weitgehend trifft die Kritik von *H. Popitz* nicht mehr zu – was nicht ausschließt, daß viele Vorbehalte gegenüber der neueren Entwicklung der Industrie- und Betriebssoziologie anzumelden sein könnten.

In einer – wenn vielleicht auch etwas „futuristischen“ – Formel bezeichnet *P. Bertaux* die Perspektive, von der eine große Anzahl theoretischer wie empirischer Arbeiten in der Soziologie heute bestimmt ist – die Entwicklung zu einer „Symbiose, in der drei Elemente integriert sind: Mensch, Maschine und Methode“ [363, S. 13]. Diese Entwicklung spiegelt sich in einer wissenschaftlichen Betrachtung wider, die soziologische, technologische und kybernetische Methoden vereint. Freilich ist eine solche Methodik noch nicht sehr weit fortgeschritten; sie zeichnet sich jedoch in der Tendenz ab, Mensch und Maschine nicht mehr bloß als Gegensätze zu begreifen. Eine Verklammerung erweist sich unter anderem in der Analogie der Lern- und Kontrollmethoden, in Denkprozessen wie in elektronischen Rückkopplungsvorgängen. „Die strukturfunktionale Verknüpfung des logischen mit dem technischen Konzept der Kybernetik führt damit zu einer neuartigen, das sphärentrennende Denken traditionaler Wissenschaftskonzepte überwindenden Betrachtung, und es erweist sich dergestalt als eine Einheit von Erkennen und Handeln, von Theorie und Technik." [332, S. 20]

Es ist deshalb nicht überraschend, wenn angesichts solcher Perspektiven von einer „Zeitenwende" analog der zwischen Mittelalter und Neuzeit gesprochen wird[1]. Treffender vielleicht notiert *H. P. Bahrdt,* daß die Situation, in der wir leben, gekennzeichnet ist durch die Gleichzeitigkeit verschiedener Epochen [326, S. 1037]. „Denn dies ist sicher: In der Programmierbarkeit von Entscheidungsbereichen im Unternehmen und in der Computer-kontrollierten Steuerung von betrieblichen Abläufen und Systemen tritt uns eine Entwicklungstendenz entgegen, die das Management ähnlich umformen wird, wie die industrielle Revolution die Produktionsweise der menschlichen Gesellschaft gewandelt hat." [351, S. 1 f.]

In hochindustrialisierten Gesellschaften sind fast alle Formen kooperativer Güterproduktion, von der Manufaktur bis zur elektronisch gesteuerten Warenverfertigung, anzutreffen. Die Industrie- und Betriebssoziologie wird sich deshalb noch lange mit traditionellen Arbeitsverhältnissen zu befassen haben und dementsprechend ihre herkömmlichen Methoden in Anwendung bringen können, zugleich aber auch – gleichsam an der Front ihrer eigenen Entwicklung – eine enge Verbindung mit den technologischen Wissenschaften und der Kybernetik eingehen müssen. Ihre derzeitige Problematik ist weitgehend gekennzeichnet in dem Begriff „Automation" – oder „Automatisierung", als dem Vorgang zunehmender Technisierung und

[1] *B. Bellinger* in: Universitätstage 1965, (a. a. O.); S. 81.

Rationalisierung der Güterproduktion –, und – vorwiegend im Bereich der Theorie – dem Begriff „Sachgesetzlichkeit“ (fact control). Die Vorgeschichte dieser Entwicklung schildert *F. Fürstenberg* als die Erkenntnis der Einheit von objektiver Situation und subjektiver Haltung in industriellen Institutionen: „Die soziale Organisation des Betriebes als Ganzheit, die Analyse ihrer gegenseitig voneinander abhängigen Teile und schließlich die Untersuchung der sozialen Beziehungen dieser Teile zueinander wurde nun in zusammenhängender Weise möglich.“ [101, S. 23] Neuerdings gar wird von einer „Mutation des Menschen“ durch die Maschine gesprochen [363, S. 9]. Es ist sicher nicht nur die Faszination, die von den Möglichkeiten elektronischer Verfahrensweisen ausgeht, die sich in dem zunehmenden Trend zur wiederum betonten Zuwendung zu den objektiven Bedingungen der Güterproduktion abzeichnet; wie auf die erste hat die industriesoziologische Forschung auch auf die zweite „industrielle Revolution“ eine Antwort zu finden.

Freilich können die sich abzeichnenden Entwicklungstendenzen in der Automatisierung noch nicht in industrie- und betriebssoziologischer Forschung konkretisiert werden; vieles scheint noch ein Gegenstand nur der „Futurologie“ zu sein. Doch ist mit dem Begriff der Automation, der allerdings noch recht umstritten ist, eine Unzahl der auf Antwort drängenden Probleme der Industrie- und Betriebssoziologie angeschnitten. Der Definition *F. Pollocks* nach ist Automation eine Produktions- und Informationstechnik, die unter Anwendung des Rückkoppelungsprinzips, von Elektronenrechnern und an die Grenzen getriebener Mechanisierung und Rationalisierung die menschliche Arbeitskraft in ihren physischen und geistigen Funktionen durch Maschinen ersetzt, die selbst wiederum durch Maschinen kontrolliert werden [349, S. 28]. Diese Definition verleiht der Maschine gegenüber dem Arbeitenden ein Schwergewicht, ähnlich dem, das ihr zu Beginn industrie- und betriebssoziologischer Analyse, vor der Beschäftigung mit dem „menschlichen Faktor“, eingeräumt wurde. „Der Arbeitsplatz ist auf sachliche Art bestimmt, der Mensch muß sich ihm ziemlich genau anpassen ...“ [344, S. 21] Diese sachliche Bestimmung darf jedoch keineswegs bewirken, daß die sozialen Bedingungen und Konsequenzen der Automation vernachlässigt werden können oder dürfen; hier stellt sich die herkömmliche Fragestellung der Industrie- und Betriebssoziologie in intensivierter Weise.

Fragestellungen wie unter den Stichworten „Mensch und Technik“, „Der Mensch der mechanisierten Produktion“ oder „Der Arbeiter und die Maschine“ sind oft als Zentralbereich industrieller Sozialforschung angesehen worden. Die Hervorhebung dieses Gegenstandes erscheint heute zumindest insoweit berechtigt, als in der Lösung der mit ihm verknüpften Probleme der Motivation, Ermüdung, Leistungsanreize, Arbeitsfreude, Sozialanpassung, Freizeitverhalten usw. mehrere sozialwissenschaftliche Disziplinen in ähnlicher Weise integriert werden, wie naturwissenschaftliche und technologische Disziplinen in der Erstellung der Produktionsmethoden.

Das Schwergewicht des soziologischen Interesses an den Problemen der industriellen Arbeit liegt auf der Frage des Verhältnisses zwischen den an der Industrie beteiligten Personen, vor allem den Arbeitern, heute zunehmend aber auch den Angestellten, und ihren sozialen Rollen, vor allem bei der Maschinenarbeit. „Die innerbetriebliche Lohnzufriedenheit wird wie das ‚Betriebsklima‘ auf die Dauer von der konkreten Gestalt des Arbeitsprozesses bestimmt.“ [142, S. 102] Die Anpassung des Arbeitenden an den Produktionsablauf ist also zum vordringlichen Problem geworden. Das Thema der Soziologie der Industriearbeit ist in der Tat mit dem Titel der von *Max* und *Alfred Weber* angeregten Enquête des Vereins für Socialpolitik, „Auslese und Anpassung der Arbeiterschaft der geschlossenen Großindustrie“, beispielhaft formuliert. Im einzelnen wäre zu diesem Thema beispielsweise zu fragen: (1) Wie (woher? auf welchen Wegen? warum?) kommen die Arbeiter in die Industrie (Problem der Auslese)? (2) Was finden sie dort vor (Problem der objektiven Arbeitssituation)? (3) Wie sind ihre Reaktionen (Problem der Integration und des Konflikts)?

In einer Hinsicht ist die Auslese der Arbeiter in der entwickelten mechanisierten Industrie kein eigentliches Problem mehr; industrielle Arbeit hat die Präferenz, weil sich, abgesehen von den Dienstleistungsberufen, zunehmend weniger andere Möglichkeiten der Bestreitung des Lebensunterhaltes bieten. Tatsächlich wird die industrielle Arbeit weitgehend etwa der landwirtschaftlichen auch vorgezogen. Komplizierter dagegen wird das Problem des Verhältnisses von Arbeitsplatzangebot und beruflicher Qualifikation. Die Frage der Auslese verlagert sich von der des Umfanges des industriellen Arbeitsmarktes zu der seiner speziellen Struktur: Woher kommen die Arbeiter geographisch? Aus welchen Schichten rekrutieren sie sich? Welche Berufs- und Qualifikationsgruppen sind ungenügend oder reichlich vertreten? Welche Bildungsqualifikationen werden verlangt? Welche Industriezweige sind besonders anziehend oder abstoßend? Die ersten beiden Fragen berühren Probleme der geographischen und sozialen, dann auch der industriellen und beruflichen Mobilität. Viele Untersuchungen legen den Schluß nahe, daß die Rate des geographischen, sozialen, industriellen und beruflichen Ortswechsels in entwickelten Industriegesellschaften unvergleichlich größer ist als in den meisten früheren Gesellschaftsformen. Die Rede von „offenen" im Gegensatz zu den früheren „geschlossenen" *(K. R. Popper)*[2], von „zu ständiger Neuanpassung gezwungenen" im Gegensatz zu „festgefügten", „wohletablierten" *(E. Mayo)*[3] Gesellschaften bezeichnet die Instabilität der industriellen Arbeiterschaft wie der übrigen Gesellschaftsschichten. Doch darf die Behauptung, daß „wir die Stufe menschlicher Organisation verlassen haben, in der wirksame Kommunikation und Zusammenarbeit durch eingewurzelte Beziehungsformen gewährleistet waren" [392, S. 12], nicht so ausgelegt werden, daß etwa die Auslese der industriellen Arbeiterschaft keinerlei Regelmäßigkeit mehr aufweise. Untersuchungen in einer Reihe von Ländern[4] haben immer wieder gezeigt, daß die überwiegende Mehrzahl (über 70 %) der Kinder von Industriearbeitern wiederum Industrie-

[2] The Open Society and Its Enemies (London 1952).

[3] The Social Problems of an Industrial Civilization, wo *Mayo* immer wieder den Gegensatz von „adaptive" und „established societies" bezeichnet.

arbeiter werden. Auch die geographische Mobilität der Arbeiterschaft hält sich – zumindest in den europäischen Industrieländern und insoweit sie nicht durch Kriege gewaltsam befördert wird – innerhalb relativ enger Grenzen. Die negativste Regelmäßigkeit zeigt sich, vornehmlich in der Deutschen Bundesrepublik, in der Begrenztheit des sozialen Aufstiegs von Arbeiterkindern kraft mangelnden Zugangs zu Bildungsinstitutionen.

Das eigentliche soziologische und sozialpsychologische Problem der Arbeiterauslese in der entwickelten Industrie liegt weniger in der hohen Mobilitätsrate als in der Natur verschiedener Typen der Industriearbeit: Bestimmte Industriezweige (Feinmechanik, Automobilindustrie usw.) und bestimmte Berufe (vor allem angelernte Montage- und Maschinenarbeit) üben eine besondere Anziehungskraft aus, während für andere (Bergbau, Hüttenindustrie, Facharbeiterberufe, Schwerarbeit) das Angebot an Arbeitern nicht ausreicht. Dieses in allen entwickelten Industrieländern beobachtete Phänomen kann als Hinweis auf die Einstellung des Arbeiters zur Industriearbeit genommen werden. Ein bestimmter Berufstyp, der des angelernten Maschinen- oder Fließbandarbeiters (wenn möglich: in einem bekannten Großbetrieb der Massenproduktion) gilt, aufgrund berufsimmanenter (leichte, oft interessante Arbeit), indirekt mit dem Beruf zusammenhängender (kurze Lernzeit, relativ hoher Verdienst durch Akkordlohn) und im weiteren Sinne sozialer (Prestige, oft das geborgte Prestige eines Firmennamens) Anreize als besonders anziehend und wünschenswert. Sowohl beim Eintritt in die Industrie als auch bei dem späteren Wunsch nach Aufstieg schwebt vielen Arbeitern das Bild eines solchen Berufes als erstrebenswertes Ziel vor. Die sich aus dieser Tatsache ergebenden volkswirtschaftlichen Probleme (Facharbeiter- und Schwerarbeitermangel, Unterangebot von Arbeitern für bestimmte Industriezweige) sind zum Anlaß für eine Reihe von mehr oder weniger umfassenden staatlichen Eingriffen geworden, die von Berufsberatung, Arbeitsvermittlung,

[4] Vgl. vor allem die von *D. V. Glass* herausgegebene englische Untersuchung „Social Mobility in Britain" (London 1954) mit einigen Vergleichsdaten für Frankreich und Italien; für Amerika s. *W. E. Moore:* a. a. O., S. 486 ff. und *D. C. Miller* und *W. H. Form:* a. a. O., Kap. XVII; für Deutschland sei noch einmal auf das Werk von *K. M. Bolte* verwiesen. Eine Zusammenfassung aller bisher zu diesem Problem erarbeiteten Materialien geben *R. Bendix* und *S. M. Lipset:* Social Mobility in Industrial Society (Berkeley 1959).

staatlicher Propaganda zur Hebung des Status bestimmter Industriezweige, Prämienzahlungen usw. bis zur totalen Planung des Arbeitsmarktes (Kriegswirtschaft, Zwangswirtschaft) reichen.

Der von der Arbeiterschaft der entwickelten Industriegesellschaft vorgezogene Arbeitstyp ist auch objektiv in gewissem Sinne der Prototyp der Industriearbeit in der mechanisierten Produktion. Wenn auch die Mehrzahl industrieller Berufe diesen Prototyp nur unvollkommen verwirklicht, bezeichnet er doch die Entwicklungstendenz der industriellen Arbeitswelt. Dennoch darf aus seiner Beliebtheit bei den Arbeitern nicht ohne weiteres geschlossen werden, daß in ihm alle Unbefriedigungen und Entfremdungen der industriellen Arbeit beseitigt seien. Gilt die angelernte Maschinen- oder Fließbandarbeit auch als die erträglichste Form der Industriearbeit, so ist doch auch für diese die Frage relevant, ob sie die Entfremdung des Arbeiters befördert. Das Problem der Entfremdung hat zwei, oft in irreführender Weise vermischte Aspekte: den der (objektiven) Arbeitssituation und den der (subjektiven) Anpassung an diese und Einstellung zu dieser Situation. Der äußere Rahmen der industriellen Arbeitssituation läßt sich mit *W. E. Moore* [3, S. 269 f.] in folgenden vier Faktoren fassen: (1) „Der moderne Arbeiter ist typisch nicht mehr Eigentümer seiner Werkzeuge“, er ist vielmehr (2) „angestellt von der Person oder Gesellschaft, die die Maschinen besitzt“. (3) „Intensität und Qualität der Arbeit, Länge des Arbeitstages, Beschäftigungsort werden alle zunehmend standardisiert“, wobei die eigenen Wünsche des Arbeiters oft hinter wirtschaftliche und technische Erfordernisse zurücktreten müssen. (4) „Durch Mechanisierung ist es möglich, die Zahl der Arbeiter wie die von ihnen verlangten Qualifikationen zu reduzieren“, so daß der Arbeiter zugleich in einer Konkurrenz- und Abhängigkeitsbeziehung zu den Bedingungen und Werkzeugen seiner Arbeit steht.

Hinsichtlich des eigentlichen Arbeitsvollzuges lassen sich diesen noch drei weitere, objektiv gegebene Faktoren hinzufügen:

(5) Der einzelne Arbeitsprozeß hat keinen selbständig produktiven Charakter, sondern ist Glied in einer Kette aufgesplitterter Arbeitsprozesse. Der einzelne Arbeitsprozeß wird daher in relativ kurzer Folge ständig wiederholt. (6) Für die Mehrzahl industrieller Arbeiter steht die Maschine zwischen dem Produkt und der Arbeitstätigkeit, so daß diese von einer produzierenden zu einer maschinenbedienenden Tätigkeit geworden ist. Die allermeisten Arbeitsprozesse in der Industrie sind heute Arbeiten „mit einer Maschine" oder „an einer Maschine" [238, S. 112 ff.]. (7) Schließlich gibt es bereits Arbeitsvollzüge, die einem bedingten Reflex entsprechen, d. h. bei denen Aktivität des Arbeitenden erst einsetzt, wenn die Maschine einen Fehlvorgang anzeigt. Mit der Beschleunigung der Technisierung nämlich wird eine Mechanisierung beschleunigt, „die es Maschinen sogar überläßt, ihre Arbeit zu programmieren, und sie zu kontrollieren" [344, S. 27].

Diese Tatsachen haben gewisse beobachtbare Konsequenzen, die man ebenfalls noch der objektiven Arbeitssituation zurechnen mag. Um nur zwei davon zu erwähnen: Im Hinblick auf die kooperativen Beziehungen am Arbeitsplatz gilt allgemein, daß „gesteigerte Mechanisierung und Automatisierung ... zur Ausscheidung der teamartigen Momente innerhalb des Arbeitsgefüges" führt [344, S. 91], d. h. den Gefügecharakter der Kooperation steigert. Die Technik wird sozusagen zum Instrument neuer Formen menschlicher Zusammenarbeit. Das bedeutet andererseits, daß der Entscheidungsspielraum des einzelnen Arbeiters an seinem Arbeitsplatz charakteristische Wandlungen durchmacht. Vom breiten Spielraum selbständiger Handwerksarbeit über den äußerst eingeengten Spielraum der mechanisierten Arbeit in kooperativen Gefügen zu den wiederum recht vielseitigen Berufen in der automatischen Produktion führt eine charakteristische Kurve.[5]

Paradoxklingenderweise kann gerade die bedingte Form des Arbeitsvollzugs die positiven Seiten der Automatisierung an-

[5] Vgl. *R. Blauner:* Alienation and Freedom (Chicago 1964).

zeigen; indem nämlich die komplizierte Maschine eingehende Spezialisierung verlangt, deshalb zwangsläufig vielen Arbeitern eine fortgeschrittenere Ausbildung zugestanden werden muß; ein erhöhter Ausbildungsstand ermöglicht zugleich einen häufigeren Wechsel des Arbeitsplatzes, damit eine wachsende Befreiung von der Monotonie mechanischer Arbeitsvollzüge; und nicht zuletzt wird ein erhöhter Ausbildungsstand intensivere Einsicht in andere Bereiche des sozialen Lebens vermitteln [326]. Die Rationalisierung der Produktionsformen kann nicht ohne Auswirkungen auf die Gestaltung sozialer Strukturen sein.

2. Die subjektive Haltung zur Industriearbeit

Die Aufgabe objektiver Faktoren industrieller Rationalisierung enthält schon immer ein gewisses Maß subjektiver Einstellung: nicht zuletzt ist es von Belang, aus der Perspektive welcher Interessengruppen sie erfolgt. „Die Rationalisierung ist also kein Absolutum. Es gibt nicht eine Rationalisierung, sondern Rationalisierungen, die sich je nach dem Standpunkt, von dem aus sie in Angriff genommen werden, ja, je nach den konkreten Bedingungen, unter denen sie stattfinden, und je nach dem inneren Gehalt, den man ihnen gibt, voneinander unterscheiden." [205, S. 377] Davon abhängig, also im einzelnen noch relativer, ist die Beschreibung und Bewertung subjektiver Einstellung zur industriellen Arbeit. Es ist ein zentrales Ergebnis der empirischen Industrieforschung der letzten vierzig Jahre, daß jeder Versuch, aus der objektiven Arbeitssituation des modernen Industriearbeiters Schlüsse auf seine subjektive Einstellung zu ziehen, ebenso in die Irre führen kann wie die Ableitung der Gefühle und Einstellungen des Arbeiters aus vereinfachenden Annahmen ohne tatsächliche Grundlage. Während die Industriesoziologie sich lange Zeit auf die Untersuchung subjektiver Einstellungen zur Arbeit beschränkte, wurde erkannt, daß es auf das Verhältnis zwischen objektiver Situation und subjektiver Haltung ankommt; als Bezugssystem zu dessen Analyse wurde der Begriff des „Sozialen Systems" geschaffen [101, S. 23].

Weder ein Schluß vom repetitiven Charakter der Maschinenarbeit auf ihr Erlebnis als „monoton", noch der vom fehlenden „immanenten Interesse" der Industriearbeit auf die ausschließliche Bedeutung des Lohnes für die Motivation des Arbeiters ist unbedingt verbindlich. Die erste Annahme kann anhand der Resultate des Hawthorne-Experiments als Irrtum angesehen werden, indem bestätigt wird, daß „Dinge, Personen und Vorkommnisse Träger sozialer Bedeutungen sind. Sie treten zur Zufriedenheit oder Unzufriedenheit des Arbeiters nur in Beziehung, wie er sie von seiner persönlichen Situation aus sieht" [11, S. 58]. Die zweite Annahme schließt die von *E. Mayo* als „Hordenhypothese" (rabble hypothesis) [392, Kap. II] und *J. A. C. Brown* als „Zuckerbrot-und-Peitsche-Hypothese" (carrot and stick hypothesis [13] gebrandmarkte, vielfach allerdings falsifizierte Annahme ein, daß die Bindung des Arbeiters an die Arbeit nur auf dem positiven Anreiz des Lohnes und dem negativen der Angst vor Arbeitslosigkeit beruhe.

An dieser Stelle jedoch zeigt sich, wie abhängig soziologische Befunde von der theoretischen Position des Forschers sind, denn in anderen Untersuchungen wird durchaus bestätigt, daß Lohnanreiz und Arbeitsplatzsicherheit die entscheidenden Bedingungen der Arbeitszufriedenheit sind. Die Differenz der Ergebnisse ist jedoch nicht allein von dem Unterschied in der theoretischen Einstellung des Soziologen bestimmt. Vielmehr muß angenommen werden, daß das Verhältnis von subjektiver Einstellung und Arbeitszufriedenheit nicht bei allen Arbeitern einheitlich ist. *W. Baldamus* setzt den Lohn der jeweiligen subjektiven Bewertung nach in Beziehung zur Arbeit [126, S. 18]. Wird in der Weise das Verhältnis von sozial geprägter Erwartung und dem tatsächlichen Gefühl der Befriedigung situationsbedingt unterschiedlich gesehen, erklären sich auch Erscheinungen wie etwa die, daß sich Frauen an die Monotonie des Fließbands eher gewöhnen als Männer; sie lassen sich nicht physiologisch begründen, sondern beruhen darauf, „daß die industrielle Erwerbstätigkeit von Frauen von vornherein anders als von Männern definiert wird" [126, S. 43].

Angesichts der Erfahrung der je unterschiedlichen Perspektive der Betriebssoziologie zu ihrem Gegenstand schlägt W. *Baldamus* vor, an die Stelle der Beschreibung isolierter Betriebe eine Analyse industrieller Organisation als solcher zu setzen. Das entspricht den in der empirischen Sozialpsychologie und Soziologie schon länger gemachten Erfahrungen, die erwiesen haben, daß Art und Grad der Anpassung des Arbeiters an die industrielle Arbeitssituation nur aufgrund systematischer empirischer Forschung bestimmt werden können. Der Versuch, Allgemeines über Motivation, Zufriedenheit und Anpassung der Arbeiter auszusagen, stellt daher bloß eine verallgemeinernde Formulierung einiger wichtiger Ergebnisse industrieller Sozialforschung dar. Allerdings ist dabei eine Unterschiedlichkeit der Interpretation ein und derselben Resultate noch nicht vermieden. Mit dieser Einschränkung sollen einige Forschungsresultate aufgeführt werden, die zur Frage des Verhältnisses der Arbeiter zu den sie in der Industrie erwartenden Rollen Aufschluß erbracht haben.

Der Ausgangspunkt der meisten älteren empirischen Untersuchungen zur Motivation von Arbeitern war ein praktischer: Welche Faktoren beeinflussen die Arbeitsleistung? Unter den vermuteten Faktoren dieser Wirkung sind dann vor allem drei isoliert worden: (1) der vermeintlich negative Einfluß der aus dem kurzen Arbeitszyklus vieler Maschinenprozesse folgenden Monotonie, (2) die Entwicklung äußerer Bedingungen, insbesondere der Lohntüte und des Lohnsystems, (3) der Einfluß der subjektiven „Zufriedenheit" der Arbeiter. Erst in jüngerer Zeit mehren sich Untersuchungen, die die Motivation von Arbeitern, ihre „Arbeitszufriedenheit", ihre Wertskalen und ihr „Gesellschaftsbild" unmittelbar zum Gegenstand haben. Heute liegt uns zu dieser Frage ein breites Material vor, so daß die Arbeiterschaft sich keineswegs mehr als „unbekannte Schicht" beschreiben läßt. (Das gilt vielmehr eher für die Unternehmer und Manager, über deren Einstellung wir bislang so gut wie nichts wissen.)

Untersuchungen über den Zusammenhang zwischen repetitiven Arbeitsprozessen und dem subjektiven Erlebnis der Monotonie[6] haben früh schon gezeigt, daß die Behauptung eines solchen Zusammenhanges oft nur dokumentiert, daß die „Soziologen ... denken, diese oder jene Arbeit müsse tödlich und seelenzerstörend sein, was aber nur heißt, daß sie so empfinden würden, wenn sie diese Arbeit tun müßten" [257, S. 111]. Insbesondere ergaben sich die folgenden bemerkenswerten Tatsachen: (1) Maschinenarbeit wird oft von Arbeitern als durchaus befriedigend empfunden, selbst wenn sie ständige Wiederholung derselben Handgriffe verlangt. „Maschinen sind oft höchst interessant, und viele mögen gerne mit ihnen umgehen." [257, S. 111] (2) Wo die Maschine kein besonderes Interesse erregt oder bei anderen repetitiven Arbeiten wird oft die „Traktion", das „Gefühl, von der einer bestimmten Tätigkeit innewohnenden Trägheit mitgezogen zu werden" – typisch: die Arbeit am Fließband – als „angenehm" empfunden, „weil sie mit einem Gefühl reduzierter Anstrengung verbunden wird" [193, S. 42]. (3) Wenn die Arbeit weder immanent noch durch sie begleitende „Traktion" befriedigt, finden viele Arbeiter Befriedigung in der unmittelbaren gesellschaftlichen „Umsphäre" *(G. Briefs)* des Arbeitsprozesses, etwa in Kooperation oder informellen Gruppenbindungen. (4) Beschwerden über Monotonie weisen häufig auf ganz andere Störungen im physischen oder sozialen Leben der beschwerdeführenden Arbeiter hin.

Das vielfach bestätigte Ergebnis des Hawthorne-Experiments, daß Veränderungen in den materiellen Arbeitsbedingungen, insbesondere auch in den Lohnformen, Arbeitswillen und Arbeitsleistung nicht entscheidend und jedenfalls nicht allein beeinflussen, hat ebenfalls einige für das Problem der Anpassung an die Industriearbeit wichtige Aspekte ergeben, insofern es zeigt, daß der Arbeiter seine Arbeit keineswegs als einseitig zweckgebunden empfindet. Neben dem Lohn sind eine Reihe von anderen Faktoren als die Motivation des Arbeiters bestimmend wiederholt gefunden worden: (1) Psychische Konstitution und besondere persönliche Situation haben unzweifel-

[6] Vgl. dazu vor allem das Kapitel „What is Monotony"? In: *E. Mayos* erstem Buch „The Human Problems of an Industrial Civilization" (2. Aufl., Boston 1946) sowie die Neuinterpretation derselben Daten in Kap. III von „The Social Problems of Industrial Civilization" (a. a. O.).

haft einen Einfluß auf die Einstellung zur Arbeit. (2) Die Bindung an informelle Gruppen kann Arbeiter bewegen, einen schlechtbezahlten Arbeitsplatz einem besserbezahlten vorzuziehen. (3) Das gleiche gilt, wo Prestige oder Status gegen höheren Lohn stehen. (4) Der Wunsch nach Sicherheit ist ebenfalls oft eine stärker bewegende Kraft als der Lohn. Generell gilt sicher, daß „die Wirkungskraft materieller und nichtmaterieller Motive zur Leistungssteigerung nach Berufsart, Arbeitsgang, Geschlecht, Alter, Ausbildung und sozialer Herkunft sehr beträchtliche Unterschiede aufweist“[7].

Doch schließt diese Vielfalt den Versuch nicht aus, gewisse typische Motivstrukturen herauszuarbeiten. So unterscheidet *Fürstenberg* einleuchtend neben den oft unrechtmäßig generalisierten „zweckrationalen“ Motivstrukturen solche „wertrationalen“ (durch für absolut gehaltene Werte bestimmten), „traditionellen“ (bloß gewohnheitsmäßigen) und „emotionalen“ (auf „gefühlsmäßigen Einstellungen“ beruhenden) Charakters [18]. In Verbindung mit Erhebungen vermag eine Typologie dieser Art sinnvollere Hinweise zur Wirksamkeit von Leistungsanreizen zu geben als bloße Vermutungen.

Eines der auffälligsten Resultate betrieblicher Sozialforschung liegt darin, daß die überwältigende Mehrzahl aller Arbeiter – in allen Ländern, allen Qualifikationsgraden, allen Industrien – auf Befragen angibt, mit der eigenen Arbeit „zufrieden“ zu sein, „keine andere Arbeit lieber tun“ zu wollen. Untersuchungen in der Bundesrepublik, wie sie etwa das Frankfurter Institut für Sozialforschung und das Wirtschaftswissenschaftliche Institut der Gewerkschaften durchgeführt haben, ergaben übereinstimmend, daß über zwei Drittel der befragten Arbeiter an ihrer Arbeit und ihrem Arbeitsplatz nichts Wesentliches auszusetzen hatten, sich also mit ihrer Arbeit zufrieden erklärten [142, 17].

Es darf freilich nicht übersehen werden, daß diese und ähnliche Resultate ganz andere Interpretationen erfahren haben.

[7] W. *Baldamus:* Lohnsystem und Leistungssteigerung; in: Arbeitsblatt, Jg. L/8 (August 1949); S. 296.

Erinnert sei an *Ch. von Ferbers* Hinweis darauf, die Frage nach den subjektiven Eindrücken in der industriellen Arbeit enthülle vom Ansatz her immer Elemente einer kultursoziologischen, also selbst positions-spezifischen Fragestellung in sich [203, S. 6]. *Von Ferber* meint auch Gründe dafür angeben zu können, warum die Arbeitsfreude heute noch immer ideologisiert wird: (1) Für die meinungsbildenden Schichten hat die Arbeit heute noch persönlichkeitsfördernde Bedeutung; (2) es gibt einen Mangel eines „propagierfähigen“ Ethos der industriellen Arbeit; (3) der Arbeitsbegriff wird subjektiviert [203, S. 52 ff.]. Nicht zu unterschätzen ist auch *H. Marcuses* Kritik an dem „eindimensionalen“, d. h. einseitig von den Produktionsformen manipulierten Menschen, die durchaus von vielen anderen Autoren geteilt wird, ohne daß darin auf ein romantisches Pathos vorindustrieller Lebensformen zurückgegriffen würde. Zu erwähnen sind schließlich vor allem noch die von *G. Friedmann* an ähnliche Erfahrungen geknüpften kritischen Überlegungen. Zeigen „Zufriedenheit“ mit und „Gewöhnung“ an unangenehme Arbeitssituationen mehr als eine oberflächliche Anpassung, die tieferliegende Störungen des Gleichgewichts nur verbirgt? Trotz der von Arbeitern oft geäußerten „Zufriedenheit“, so glaubt *Friedmann,* „bleibt die Tatsache bestehen, daß viele zu unterteilten und ständig wiederholten Aufgaben gezwungene Arbeiter andere, verantwortlichere und ‚intellektuellere‘ Aufgaben vorziehen und sich aus der ‚Sturheit‘, in die sie sich zurückgezogen haben, herausreißen würden, wenn sie dazu durch eine vollkommenere wirtschaftliche, soziale und menschliche Eingliederung in einen Betrieb veranlaßt würden, in dem sie sich als gleichberechtigte und mitverantwortliche Glieder fühlen“ [205, S. 293]. Hinter der vorgeblichen „Zufriedenheit“ steckt also nach *Friedmanns* Meinung eine doppelte Entfremdung; nicht nur die der Situation, sondern auch die des Bewußtseins der Arbeiter, die das Unwürdige ihrer Situation nicht einmal mehr sehen.

Diese Interpretation ist freilich schwer belegbar. Aber auch *H. Schelsky* betont die Tatsache, „daß sich ... der moderne Industriearbeiter heute ... ein verhältnismäßig wenig belastendes Verhältnis zur Maschine und zur maschinellen Produktionsweise erworben hat“ [16, S. 177]. Doch meint *Schelsky* im Gegensatz zu *Friedmann*, daß diese Tatsache auf echte Wandlungen hinweist. Auf der einen Seite sind Anzeichen für eine echte Anpassung des Arbeiters durch Eroberung der Maschinenwelt, d. h. ihre Durchdringung mit menschlichen Interessen, Motiven und Befriedigungen, erkennbar. Auf der anderen Seite bedeutet das „verhältnismäßig wenig belastende Verhältnis“ des Arbeiters zu seiner Arbeit oft auch, daß das eigentliche Problem der Anpassung umgangen und nach Befriedigung und Erfüllung vorwiegend außerhalb der Arbeit und der Industrie gesucht werden kann. Der Beruf ist zum „Job“, zum relativ gleichgültigen Instrument geworden, um die Grundlage für den Konsum zu schaffen. Nur in der außerberuflichen Sphäre des Konsums kommt daher den Zufriedenheiten oder Unzufriedenheiten von Menschen überhaupt Bedeutung zu. Die Habitualisierung des Arbeits- und Konsumverhaltens läßt jedenfalls kaum mehr andere Beobachtungen zu als solche, die einen sich ausweitenden Hang zur sozialen „Instrumentalisierung“ von Arbeit wie politischer Partizipation konstatieren [375].

Gewiß haben beide Darstellungen einiges für sich: doch ist ihnen gegenüber auf einen dritten Tatbestand hinzuweisen, der für die Einstellung von Menschen zu ihrer Arbeit wichtig scheint. Noch heute nimmt der Beruf im Leben der meisten Menschen einen zumindest quantitativ wichtigen Platz ein. Niemand kann jedoch viele Stunden jeden Tages nur mit Dingen zubringen, die er abwertet, ohne seine Selbstachtung zu verlieren. Ein Mindestmaß an „Zufriedenheit“ mit dem, was man tut, ist Bedingung der Möglichkeit dafür, es überhaupt zu tun. Insofern stellt auch der zum „Job“ gewordene Beruf noch eine Quelle menschlichen Selbstgefühls dar; wenigstens in dem Sinne, daß etwas von dem Minimum an utopischen Entwürfen damit verknüpft wird, ohne das der Mensch nicht leben kann[8]. So gesehen sind die Interpretationen, die an einer relativen Arbeitszufriedenheit festhalten, und diejenigen, die darin nur eine Rationalisierung um der Selbstbestätigung willen sehen, keineswegs mehr unvereinbar.

3. Organisationssoziologische Aspekte der Betriebsstruktur

Ein utopisches Element wohnt fraglos auch den organisationssoziologischen Theorien des industriellen Sozialsystems und den Theorien industrieller Systeme als Einheiten von Sozialverbänden und technischer Apparatur inne. In beiden Fällen nämlich wird eine weitgehende Geschlossenheit und Konfliktlosigkeit industrieller Institutionen unterstellt. Industriebetriebe können analytisch in ein soziales und ein technisches Orientierungssystem aufgeteilt werden; die Institution als Ganzes ist dadurch charakterisiert, daß sie die verschiedenen Rationalitäten der verschiedenen Orientierungssysteme zu einem einheitlichen Zweckhandeln vereint [159, S. 23 f.].

Organisationssoziologische Theorien nun haben vor allem das Sozialsystem des Industriebetriebes zum Gegenstand, dem sie als Anleitung zur Rationalisierung dienen; das Sozialsystem ist so gesehen „die Objektivation der formalen Rationalität in der Verwaltung, die Organisation der Information“ [348, S. 311]. Systemtheorien neigen darüber hinaus dazu, die technischen Aspekte der Produktion mit einzubegreifen und so industrielle Institutionen als Einheiten objektiver und subjektiver Faktoren zu betrachten. Die Organisationssoziologie ist in diesem Lichte ein Zweig umfassender Systemtheorien industrieller Produktionsvorgänge. „Der Ansatz der Organisationssoziologie ist ein systemtheoretischer. Ihre analytischen Kategorien sind die der strukturell-funktionalen Theorie, abgewandelt und ergänzt durch Gedankengut aus der Kybernetik und allgemeinen Systemtheorie. Die analytischen Bezugspunkte sind Systemerhaltung und Zielverwirklichung.“ [342, S. 494]

[8] *J. Habermas,* Theorie und Praxis (Neuwied und Berlin 1963); S. 230.

Die Organisationssoziologie geht davon aus, daß industrielle Sozialsysteme im hohen Grade geschlossen sind, und beschreibt die Institutionalisierungsvorgänge – Anpassungsmechanismen und Kontrollen –, die den Rahmen der Integration bilden. In diesem Sinne, stellt *R. Mayntz* fest, begann mit *B. B. Gardner, W. F. Whyte* und *W. E. Moore,* vor allem aber mit *Ch. I. Barnard* in den Vereinigten Staaten eine Tradition, in der sich Organisations- und Betriebssoziologie kaum voneinander scheiden lassen [340, S. 38]. Der organisatorische Aspekt bezieht sich in erster Linie aber nur auf die soziale Ordnung des Betriebes. Betrachtet man umgekehrt einen menschenleeren Betrieb, so bietet sich dieser als in sich zusammenhängende technische Anlage, der die sozialen Bezüge nachträglich eingeordnet werden. Die Bedingtheit der sozialen Ordnung durch technische und ökonomische Faktoren wird dann unmittelbar verständlich. Das führt zwangsläufig dahin, nunmehr von einer funktionalen, kaum mehr von einer skalaren, Organisation zu sprechen. Zunehmende Bedeutung gewinnt deshalb auch der Begriff der „organischen" Bedingungen des Wandels, der die Notwendigkeit der Anpassungsfähigkeit der Organisation an Änderungen in der technischen Umgebung anzeigen soll [133]. Ebenso verdeutlicht sich, daß der Übergang von organisationssoziologischen Theorien sozialer Systeme über betriebssoziologische Theorien, die die industriellen Institutionen als Einheiten von technischen und sozialen Ordnungen betrachten, bis hin zu umfassenden Systemtheorien der Gesellschaft fließend ist. Allen gemeinsam ist freilich auch das Charakteristikum, soziale Systeme mehr als „Gemeinschaften" denn als konfliktträchtige Herrschaftsverbände zu verstehen.

Die Entscheidung darüber, ob sich die betriebssoziologische Analyse systemtheoretischer Orientierung mehr den sozialen Bezügen oder den technischen Bedingungen einer Betriebseinheit zuwendet, wird sich in der Regel aus deren Mechanisierungsgrad ableiten, der sich etwa nach folgenden Kriterien definieren läßt:

a) dem Verhältnis zwischen Handarbeit und Maschinenarbeit,
b) den benutzten Maschinentechniken,
c) dem Ablauf des Fertigungsprozesses,
d) der Organisation des Betriebsablaufs [384, S. 26].

Zunehmende Mechanisierung industrieller Abläufe aber wird in der Regel als zunehmende „Objektivierung“ der Bestimmungsgründe in der Güterproduktion verstanden: Tendenziell werden intuitive und gefühlsmäßige Entscheidungen ausgeschlossen, in Blanko-Bedürfnisse am Markt werden ständig Bedürfnisse eingetragen oder gelöscht, die Machtbildung in der Produktion folgt einer ihr innewohnenden Konzentrationsgesetzmäßigkeit, und die Marktwirtschaft wird in ständig steigendem Maße organisiert [127, S. 19].

Solche Tendenzen zur „Objektivierung“ des Verhältnisses zwischen Güterproduktion und sozialem Nachfragebedürfnis fördern die Entwicklung einer mehr oder weniger abstrakten betrieblichen Organisationstheorie. Die „objektiven“ Faktoren, die den Wirtschaftsvorgang koordinieren, verdeutlichen auch den Zusammenhang von Wirtschaft und Gesellschaft. 1938 bereits formulierte *Ch. I. Barnard*, daß die industrielle Organisation jeweils ein unpersönliches System koordinierter menschlicher Anstrengungen ist, dessen Effektivität darin besteht, die Zielsetzungen der Güterproduktion unangetastet und die Kontinuität der Güterverteilung erhalten zu lassen [92, S. 95]. Diese offensichtlichen Tendenzen in der industriellen Organisationsform und der Organisationssoziologie widersprechen also deutlich der Vorstellung von *E. Gerwig*, der industrielle Organisationen als Organismen unter persönlicher Führung verstanden wissen will[9]. Vielmehr wird die Organisation als rationaler Mechanismus verstanden, was freilich nicht ausschließt, daß in die Organisationssoziologie ab und an organizistische Vorstel-

[9] *E. Gerwig*, Organisation und Führung industrieller Unternehmungen (Zürich 1947); S. 25. Vgl. auch *M. Meissner* [167 a] und *H. Möhring* [168 a].

lungen einfließen[10]. Prinzipiell jedoch ist Bürokratisierung als das Wesen und Informationsverteilung als der Inhalt betrieblicher Organisation zu sehen. Die soziale Ordnung industrieller Institutionen soll als Medium der Kommunikation und des Informationsflusses den technischen und ökonomischen Erfordernissen angemessen werden. Tatsächlich wird oft bemerkt, daß die systematische Organisation des Betriebsablaufs den technischen Möglichkeiten und der möglichen Entfaltung der Produktivkräfte nachhinkt oder kulturelle Bedingungen wie historische Wandlungen in der sozialen Umwelt unberücksichtigt läßt. Womit nur bestätigt wird, daß es das Ziel der Organisationsanalyse ist, „den Zusammenhang zwischen den Anforderungen zu durchleuchten, die das betriebliche Sozialsystem an seine Mitglieder stellt, und den Voraussetzungen, die diese zur Bewältigung der Anforderungen in ihren sozialen Funktionen (bzw. Arbeitsplätzen) im Betrieb benötigen" [121, S. 5].

Eine Angleichung der Organisationsstruktur an technische und ökonomische Erfordernisse scheint nun nicht unter irrational begründeter personaler Herrschaft erreicht werden zu können. Sowohl die unbegründbare Aufrechterhaltung von Machtpositionen wie die Mißachtung persönlicher Entfaltungswünsche wirken innovationshemmend [314]. Die Tendenz organisationssoziologischer Theorien läuft deshalb vornehmlich darauf hinaus, in der Güterproduktion eine Herrschaft der Fachleute zu etablieren. Das Management soll professionalisiert und Grundlage innerbetrieblicher Autorität soll spezialisierte Leistung werden [38, S. 25]. Diese Absicht ist als Anpassungsideologie des Funktionsbegriffes kritisiert worden, in dem Nützlichkeit als Vorwand für die Manipulation der Produktion und des Konsums eingesetzt wird[11] [101, S. 23]; jedoch liegt die Steigerung von Konsumbedürfnissen ganz im Sinne kapitalistisch orientierter industrieller Produktion. Die Forderung

[10] Vgl. *A. Haecker*, Sociology and Ideology, in: *M. Black*, (Hg.), The Social Theories of Talcott Parsons (Englewood-Cliffs 1963).

[11] *P. von Haselberg*, Funktionalismus und Irrationalität (Frankfurt/M. 1962); S. 87.

nach einer Herrschaft der Experten bedeutet nicht eine Abschaffung der Herrschaft überhaupt – wenn das auch ab und zu gemutmaßt wird –, sondern ganz nach der Vorstellung von *M. Weber* eine Integration der Begriffe „Herrschaft" und „Verwaltung" [342]. Die Herrschaftsverhältnisse wandeln sich nicht, sie werden eher mehr unsichtbar und indirekt [325, S. 293].

Bemerkenswertestes Ergebnis der Organisationssoziologie ist demzufolge der Vorschlag zu einer Umstrukturierung innerbetrieblicher Anweisungs- und Kontrollordnungen, um – zumindest als Versprechen für die Zukunft – historische und kulturelle Wandlungen der Gesellschaft in Absage an rigide Formen der Institutionalisierung berücksichtigen zu können. Damit sollte formal einer Anerkennung „abweichender" Kreativität innerhalb der faktischen Produktionsordnung nicht von vornherein jede Entfaltungsmöglichkeit verschlossen werden. Mit einer Formel von *F. Landwehrmann* wird die Umwandlung der betrieblichen Binnenordnung vom Stab-Linie-System (Organisationstyp S) zum Kooperationssystem (Organisationstyp K) angezielt. Das Kooperationssystem sichert den einzelnen Experten eine relative Autonomie zu und vermindert eine Reihe der zwischen Management und Stabsmitgliedern im Stab-Linie-System notwendig auftretenden Konflikte. Gegenüber dem Stab-Linie-System nennt *Landwehrmann* für das Kooperationssystem die Vorteile rationalerer, einheitlicherer und schnellerer Entscheidungen, besserer Informationsauswertung und Kontrolle, damit aber schließlich größerer Wirtschaftlichkeitseffektivität durch bessere Nutzung der Spezialisten wie Verkleinerung der Zahl der Vorgesetzten [334, S. 154 f.].

Die vorläufige Konsequenz eines solchen kooperativen Organisationsmodells ist eine Bereichsverteilung von Entscheidungen wie die von *R. Likert* (Fig. 3) skizzierte.[12] Sie soll gewährleisten, daß Entscheidungen nicht den eigennützigen Interessen der funktionalen Linien dienen, sondern die allgemein verbind-

[12] *R. Likert:* The Human Organization: Its Management and Value (New York, Toronto, London 1967); S. 182.

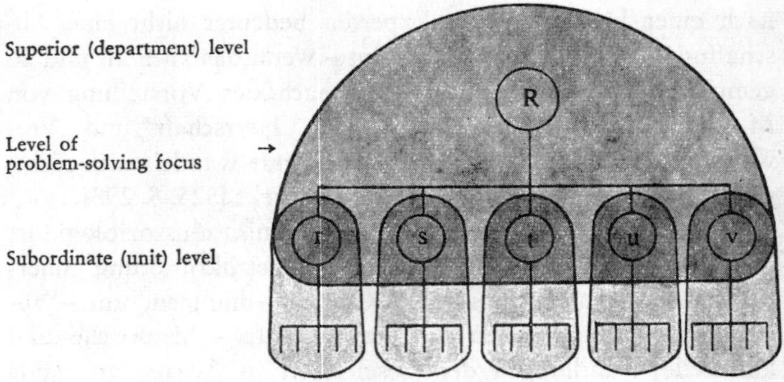

Im wissenschaftlich begründeten System (science-based system) werden Probleme, die eine untergeordnete Einheit (subordinate unit) betreffen, nur dieser zur Entscheidung vorgelegt. Probleme, die mehr als eine Einheit angehen, werden als allgemeine (superior department) betrachtet; sie werden im Sinne der ganzen Organisation, nicht im ausschließlichen einer einzelnen untergeordneten Einheit auf der übergeordneten Ebene (level of problem-solving focus) kooperativ gelöst.

Fig. 3: Brennpunkt von Problem-Lösungen im wissenschaftlich begründeten System; Gruppenmodell für Entscheidungsabläufe.

lichen Bedürfnisse der gesamten Organisation berücksichtigen. In der Tat hält die Mehrheit der mit Entscheidungsprozessen in der Industrie Betrauten die Verwirklichung eines solchen auf Gegenseitigkeit orientierten (cross-function work groups) Entscheidungsmodells nicht nur für notwendig, sondern auch den eigenen Zielvorstellungen entsprechend. Selbst in der Perspektive des kraft Position faktisch privilegierten Managements bietet sich demnach ein Typus flexibler Organisationen an, der möglicherweise mit erweiterter Automatisierung der Produktion und zu sichernder Bildung der darin Beschäftigten über den engen Bereich der bereits „Eingeweihten" hinausgeführt werden könnte. Denn entgegen der oft mit Pathos vertretenen Behauptung, die Leitung der modernisierten Industrie habe bereits weitgehend zu einer allseitig innovations-intensiven kooperativen Organisation gefunden, zeigt *Likert's* Untersuchung die noch vorherrschende Diskrepanz zwischen solchen manageriellen Wunschvorstellungen und der Beharrlichkeit einmal funktionierender Institutionen, auch wo durch diese das gesetzte Ziel größtmöglicher Produktivität beeinträchtigt wird.[13]

4. Zur Sachlogik industrieller Systeme

Eine Orientierung industrieller Organisationsformen an technisch-ökonomischen Bedingungen kann nur in der Überzeugung vertreten werden, daß sie größtmögliche Effektivität sichert, daß also die Produktionsprozesse objektiv, rational und relativ höchst ertragreich sind. Und unter dieser Bedingung kann das soziale System nach den Erfordernissen des technisch-ökonomischen Bereichs ausgerichtet werden; kann eine Autorität etabliert werden, „die der Sache selbst entsprechend" ist [39, S. 51].

Auf dieser Überzeugung beruht das lange Zeit sehr modische, letztlich jedoch zunehmend verdächtig gewordene Theorem der „Sachgesetzlichkeit".[14] In der deutschen Soziologie wurde es am beharrlichsten von *H. Schelsky* vorgebracht: Während der Mensch früher seinen geschichtlichen und gesellschaftlichen Standort von den beiden Polen des Naturverhältnisses und des Gottesverhältnisses her bestimmte, solche Bestimmung aber heute im wesentlichen von den Produktionsmitteln her vorgenommen wird, liegt das Kriterium gesellschaftlicher Entscheidungen in „optimalen Sachlösungen"[15]. Es ist nicht zu leugnen, daß die Idee der Orientierung an Sachgesetzlichkeiten, der Anpassung sozialer Ordnungen an technisch-ökonomische Erfordernisse also, in der heutigen Industrie- und Betriebssoziologie – aber auch in der Gesellschaftstheorie überhaupt – von einschneidender Bedeutung ist. *T. Parsons* sieht gar den gegenwärtigen Stand strukturell-funktionaler Theorie durch das Vordringen des Systembegriffs, der eine sachlogische Entwicklung sozialer Systeme impliziert, gekennzeichnet. Die Einwände

[13] *R. Likert*, a. a. O. S. 13 ff. – Optimistisch argumentieren allerdings *W. G. Bennis* [316 a] und *H. Wiedemann* [360 a], daß diese Diskrepanz zu verschwinden haben werde.

[14] *W. Burisch:* Ideologie und Sachzwang (Tübingen 1971[3]).

[15] Vgl. *H. Schelsky*, Der Mensch in der wissenschaftlichen Zivilisation (Köln und Opladen 1961).

gegen eine solche Orientierung hat *H. Schelsky* selbst formuliert: „Der Mensch ist den Zwängen unterworfen, die er selbst als seine Welt und sein Wesen produziert; damit bleibt alle verbindliche Erkenntnis bloße Funktion dieses Prozesses."[16]

Die „Sachgesetzlichkeiten" sind also nie aus unantastbaren Verhältnissen selbst entstandene, sondern von der Gesellschaft im Zuge ihrer wirtschaftlichen und technischen Entwicklung geschaffene; und das Bewußtsein folgt den von ihm entworfenen Produkten. Deshalb will *H. Hartmann* statt von einem determinierten Sachzwang von einem jeweiligen – durch verschiedene Variablen geprägten – Stilbegriff wirtschaftlicher Systeme gesprochen haben wissen [150]. Und *R. Mayntz* verweist auf die mangelnde historische und politische Reflexion von Systemkategorien, zumal dort, „wo das von unpersönlichen Regelungsmechanismen automatisch gesteuerte kybernetische System Vorbild eines präskriptiven Organisationsmodells ist" [342, S. 500]. „Bei der Erklärung des historisch Konkreten wird man allemal gerade solche Faktoren heranziehen müssen, die in den Sätzen einer allgemeinen Theorie unter die ceteris-paribus-Klausel fallen." [342, S. 488]

Solche Einwände können jedoch nicht darüber hinwegsehen lassen, daß Systemtheorien heute in der Soziologie, vor allem der amerikanischen, von weitreichendem Einfluß sind. Das gilt für Analyse und Darstellung der Institutionen der Güterproduktion – vom Kleinbetrieb mit nur wenigen Beschäftigten bis zur „Industrie" überhaupt, dem Gesamt der Produktionsstätten einer Gesellschaft – deshalb im besonderen Maße, weil hier die Verbindung von Technik und Mensch, von objektiven und subjektiven Faktoren am deutlichsten unauflösbar erscheint. Es kann auf die Aussage *A. Gehlens* zurückverwiesen werden, Naturwissenschaft, Technik und Industriesystem müßten heute

[16] *H. Schelsky* (a. a. O.); S. 18. – Das heißt unter anderem, daß fortschreitender Versachlichung menschlicher Beziehungen Schranken gesetzt sind. Vgl. *P. Atteslander* (a. a. O.); S. 22.

funktional im Zusammenhang gesehen werden. Im einzelnen läßt es sich dann schwer nachweisen, von welcher Instanz die Steuerung dieses Zusammenhangs ausgeht. Die Kybernetik ist um die Aufdeckung und Programmierung der in geschlossenen Systemen sich abspielenden Vorgänge bemüht, um dabei tendenziell eine Selbststeuerung solcher Systeme anzunehmen. „Die Automation hat für die Unternehmungsführung aber auch ein Instrument geschaffen, um ihre Planungsprobleme zu lösen: Die elektronische Rechenanlage. Die Automation automatisiert sich selbst ... Für eine wirklich integrierte Datenverarbeitung, die übrigens bisher noch nirgends verwirklicht worden ist, wäre ein geschlossenes Organisationssystem notwendig, das sich aus einer ebensolchen Theorie der Unternehmung herleitet.“[17]

Mit der Verknüpfung von Automation und Unternehmungsführung ist wiederum die Integration von Technologie und Sozialsystem, damit aber auch von Güterproduktion und der sie einschließenden Gesellschaft, verdeutlicht. Der systemtheoretische Ansatz hat mithin zwei mögliche Gegenstände: Die industrielle Gesellschaft als komplexes System und einzelne Institutionen als Subsysteme. In beiden Fällen ist jeder Teil von dem anderen abhängig und das System als ganzes der Vorstellung strukturell-funktionaler Soziologie nach immer darauf ausgerichtet, sich in einem Gleichgewicht einzupendeln. Diese Überzeugung wird in der Industrie- und Betriebssoziologie schon lange vertreten [175, S. 551]. Demnach gilt für alle Formen industrieller Systeme dasselbe Grundprinzip, Investitionen (Input) in Erträge (Output) umzusetzen, die der Erhaltung des Ganzen und dessen gradliniger Weiterentwicklung zukommen. Das Verhältnis zwischen ökonomischer Entwicklung und technologischem Wandel wird gesehen als ein Beziehungsverhältnis zwischen gesetzten Zielen, vorhandenen Mitteln und von außen beigetragener Unterstützung [383, S. 152]. Umstritten bleibt dabei allerdings die Abgrenzung von „innen“ und „außen“ wie

[17] *B. Bellinger* (a. a. O.); S. 94.

von Wirtschaft und Politik; daran erweist sich, daß die benutzten Systembegriffe längst nicht einheitlich sind[18].

Eine Aufteilung systemnotwendiger Funktionen in ausschließlich wirtschaftliche oder politische ist in analytischer Klarheit auch schwerlich denkbar. Bei *T. Parsons,* dessen Funktionsschema industrieller Systeme in Theorie und Empirie wohl am häufigsten aufgegriffen wird, hat die Wirtschaft die Funktion der Anpassung zu erfüllen, die jedoch wiederum entscheidend auf alle anderen Funktionen – Zielsetzung, Integration, Werterhaltung – einwirkt[19]. Das entspricht durchaus der Vorstellung, daß „sachlogisch" orientierte industrielle Systeme eine spezifische Herrschaftsfunktion in entfalteten Industriegesellschaften erfüllen. Eine Abgrenzung von systemimmanenten und äußeren Vorgängen wird dann auch hypothetisch; Wirtschaft und Gesellschaft sind in hohem Maße integriert.

Daran anschließend ist es nicht überraschend, daß eine große Zahl systemtheoretisch konzipierter Analysen von der Darstellung industrieller Institutionen ausgeht, um deren Einfluß in alle anderen Bereiche der Gesellschaft nachzuverfolgen [21]. Schematisch gesehen werden dann alle gesellschaftlichen Vorgänge unter die Effektivitätsforderung subsumiert, d. h. auf ihren Beitrag zum Verhältnis zwischen Einsatz und Ertrag im Hinblick auf die Stabilisierung des Systems bemessen. In diesem Schema sind die drei Faktoren industrieller Institutionen – Technik, soziale Organisation und Verwaltung – von zentraler Bedeutung. Aufgabe der Kombination dieser Faktoren ist die Schaffung eines Produktionsertrags, der den Produktionskreislauf stabilisiert und wiederum anregt. Figur 4 zeigt das Beispiel eines so gedachten Systemschemas, wie sie in der Industrie- und Betriebssoziologie häufig Anwendung finden[20].

Ein solches Systemkonzept mag den Eindruck erwecken, als habe die Erhöhung der Produktivität und die Erhaltung der industriellen Gütererzeugung den Vorrang vor der Befriedigung individueller und gesellschaftlicher Bedürfnisse. Die in Organi-

[18] Vgl. *P. N .Nettl,* The Concept of System, in: Political Studies, XIV/3 – 1966.

[19] *T. Parsons* und *N. Smelser,* Economy and Society (London 1957).

[20] *D. E. Apter,* Ideology and Discontent (Glencoe, Ill. 1964).

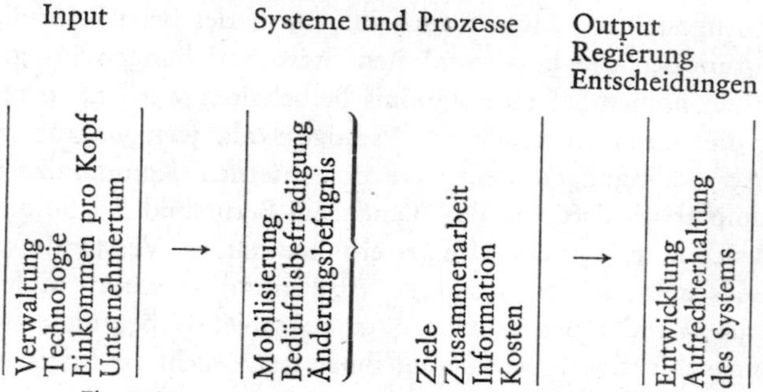

Fig. 4: Systemvorstellungen einer industriellen Gesellschaft.

sation, Koordination, Befehlsgebung und Kontrolle eingegangenen Interessen haben deshalb vornehmlich Gegenstand der Kritik an Systemtheorien zu sein[21].

Gesellschaftstheorien, die den objektiven Produktionsprozeß und die darin eingegangenen Interessen, wie die daraus folgenden Reaktionsweisen als Einheit sehen, haben den Vorteil, alle Elemente der Herausbildung von Sozialstrukturen berücksichtigen zu können. Ihr Nachteil besteht darin, daß sie die Vorstellung fördern, ein von ihnen beschriebenes gesellschaftliches System sei unantastbar. „Integrierender Bestandteil der Systemtheorie ist das Konzept der Anpassung." [332, S. 20] Damit aber wird mögliche gesellschaftsimmanente Kritik eingedämmt. „Die in mancher Beziehung erfreuliche Versachlichung der Arbeitsbeziehungen, die im Zuge des technischen Fortschritts heute auftritt, stellt sich unter diesem Aspekt möglicherweise als eine Entpolitisierung des Betriebslebens heraus" [326, S. 1050]. Deren Inhalt aber ist eine allseitige Verdrängung je eigener Interessen durch die Logik der Systemzwänge.

5. Arbeiter und Angestellte

Mit zunehmender Technisierung verändert sich in auffälliger Weise das Verhältnis zwischen den Positionen der Arbeiter und

[21] Vgl. *G. Klaus*, Kybernetik und Gesellschaft (2. Aufl., Berlin 1965); S. 64.

der Angestellten. Mögen auch in mancherlei betriebsförmigen Institutionen die herkömmlichen Statusbeziehungen im gruppenspezifischen Selbstverständnis beibehalten werden, so gründet die daraus resultierende Prestige-Skala weniger auf sachlichen Bedingungen denn auf der internen Kommunikation. Exemplarisch dafür ist der Wandel im Berufsbild des Soldaten, das sich innerhalb des Militärs erhalten hat, im Verständnis der Gesellschaft jedoch auffällige Abwertung erfahren mußte[22]. Solche Wandlungen können durchaus objektiv begründet sein, wenn subjektive Einschätzung ihnen auch nicht zu folgen vermag. Im Verhältnis zwischen Arbeitern und Angestellten jedenfalls hat die Technisierung Annäherungen bewirkt, die von letzteren nicht zuletzt aus irrationalen Prestigevorstellungen nicht wahrgenommen – besser noch: verdrängt – werden[23]. Und längst noch bevor ein nicht mehr vorhandener „Mittelstand" sich seiner Wirklichkeitsferne bewußt geworden sein mag, kann er von der gesellschaftlichen Entwicklung bereits wieder überholt sein. Es mutet jedenfalls nicht nur als spekulativ an, – wenn auch differenzierteren – innerbetrieblichen Statusorganisationen mehr Konservatismus zu unterstellen als deren allgemeinem Bild in industriellen Gesellschaften[24]. Offenbar hat „die zweite Phase der ‚industriellen Revolution' . . . mit technischen Veränderungen einen schnellen Strukturwandel der Wirtschaft hervorgerufen, der offenbar noch längst nicht abgeschlossen ist."[25]

Eine der wichtigsten Folgen dieser Umstrukturierung ist die Rangordnung von Arbeitsplätzen; deutlich an der Verschiebung des Verhältnisses zwischen Arbeitern und Angestellten [135, S. 11]. Die Berufsgruppe der Angestellten ist sowieso ein Produkt der sich entfaltenden Industrie; erst mit sich vergrößern-

[22] Vgl. *G. Brandt* und *L. v. Friedeburg,* Aufgaben der Militärpublizistik in der modernen Gesellschaft (Frankfurt/M. 1966).

[23] DGB – Bayern, der Arbeitnehmer in der industriellen Arbeitswelt (München 1966).

[24] Vgl. vor allem 161.

[25] *D. Claessens,* u. a. (a. a. O.); S. 10.

der Zahl der Arbeitskräfte war eine expansive Verwaltung, damit eine Institutionalisierung der Angestelltenschaft nötig. Historisch rechnete sich diese Angestelltenschaft als „Delegierte der Macht" dem Unternehmertum bzw. dem gehobenen Management zu, eben um sich von den „reinen Handarbeitern" zu unterscheiden. Aufgrund dieser zwangshaften Unterscheidung mag die Zahl der umgeleiteten Konflikte gerade bei den Angestellten besonders groß gewesen sein [168]. Die Versuche der Angestellten, sich von der Arbeiterschaft abzusetzen, wurden bereits 1932 von *S. Kracauer* recht ironisch geschildert [161].

Die Unterscheidung zwischen Arbeitern und Angestellten beruht historisch darauf, daß zwischen manueller und nichtmanueller Arbeit eine Trennungslinie gezogen wird. Angestellte wurden nicht als Produktionsarbeiter betrachtet; was dazu führte, sie nicht den produktiven Kräften der Wirtschaft zuzurechnen. Die beinahe schon „klassische" Definition des Angestellten stammt von *F. Croner,* der diese Gruppe der Arbeitnehmer als arbeitsleitend, analysierend, verwaltend und merkantil tätig definierte, und sie als „Delegierte" der Unternehmer sah [127, S. 130]. Diese Definition enthält allerdings vermittelt noch die Unterscheidung in produktive und nicht-produktive Arbeiter, die sich angesichts zunehmender Automatisierung aller Arbeitsbereiche, auch der Bürotätigkeiten, nicht mehr aufrechterhalten läßt; [124, S. 32] denn sie vermittelt den Eindruck als sei mit Angestelltentätigkeit unbedingt Anweisungsbefugnis verbunden. Tatsächlich sind die meisten Bürotätigkeiten ähnlich der Fließbandarbeit mehr oder weniger reaktiv geworden.

O. Neuloh weist darauf hin, daß in der Automatisierung des Büros die Prognosen von *R. Jungk* („Die Zukunft hat schon begonnen") bereits Gegenwartsprobleme geworden sind. An folgenden Merkmalen läßt sich das bestätigen:

1. Die Grenzlinie zwischen Fabrik- und Büroarbeit beginnt fließend zu werden,
2. ein ganz anderer Angestelltentyp beginnt das Office zu bevölkern,

3. der Chef ist unsichtbar geworden,
4. die Bête noire der Großbüros ist der Kunde mit besonderen Wünschen,
5. die Reform der Büroarbeit war ob der Produktivität notwendig [345, S. 9 f.].

Bei zunehmender Automatisierung sind Arbeiter und Angestellte in diesen Merkmalen nicht mehr unterscheidbar. „Die Bürokratisierung ist die organisatorische Voraussetzung technischer Rationalisierung." [217, S. 155] Umgekehrt schafft die Rationalisierung auch bei den Arbeitern neue Formen der Bürokratie. Das wird in den Arbeitsplatzangeboten hochindustrialisierter Gesellschaften bestätigt: während die Zahl der Arbeiter in der Produktion abnimmt, nimmt die der Angestellten in der Verwaltung zu. Vor allem wächst die Zahl der technischen und der weiblichen Angestellten; die technischen Angestellten ersetzen die vormaligen Meister im Betrieb, die weiblichen die vormaligen männlichen Buchhalter [325, S. 294; 127, S. 63–121]. Die Entwicklung in den Büros ist somit die Folie, auf der sich das Aneinanderrücken von Arbeiterschaft und Angestellten im Sinne abnehmender Schichtungsdifferenzen abzeichnet. „... die Arbeit der Mehrzahl der Angestellten hat mit Planung, Disposition und Kontrolle nicht mehr zu tun, als manuelle Arbeit in einer geringfügig technisierten Produktionsstätte. Das Büro wird zu einer Herstellungsstätte für Informationen, die aber ganz andere Menschen informieren als diejenigen, die sie anfertigen." [326, S. 178]

Solche Arbeitsverhältnisse aber entsprechen denen der vielkritisierten Fließbandproduktion, bei der der Arbeiter weder sich selbst in seinem Produkt erkennen kann, noch die Verteilung seiner Produkte durchschaut. Das Verhältnis von Produzenten und Produkten ist also dasselbe: Angestellte wie Arbeiter stellen etwas her, das ihnen nicht unmittelbar zukommt. Zugleich damit differenziert sich der Status der Arbeiter. Wenn auch heute noch Soziologen gelegentlich folgern, Arbeitsteilung und Mechanisierung habe mit den Qualifikationserfordernissen auch den Status aller Arbeiter nivelliert, so mehren sich doch die Anzeichen, daß mit fortschreitender industrieller Entwicklung vier Status-Schichten von Arbeitern unterscheidbar werden: die hochqualifizierten Handwerker, oft als Ingenieure schon der Werkstatt-Hierarchie entrückt, die qualifizierten Facharbeiter, aufgrund abgeschlossener Lehre oder gleichbewerteter Erfahrung eine exklusive, ihr Prestige verteidigende Gruppe; die spezialisierten oder angelernten Arbeiter, an Maschinen und in Montagelinien mit oft einfachen, repetitiven Tätigkeiten beschäftigt; und die oft als dem Status-System des Industriebetriebes kaum mehr zugehörig empfundenen ungelernten oder Hilfsarbeiter. Eine solche Schichtung läßt sich aber analog bei den Angestellten nachverfolgen.

Die Entwicklung organisationssoziologischer und systemtheoretischer Verfahrensweisen hat gerade in der Beschreibung der Bürotätigkeiten, bzw. des Angestelltenstatus überhaupt dazu verholfen, die mit zunehmender Automatisierung der Produktion einhergehende soziale Nivellierung der Berufstätigkeiten zu erkennen und zu beschreiben. „Erst mit der Einbeziehung der Erkenntnisse einer Soziologie der Information, der kybernetischen Soziologie, erhält die Industriesoziologie die logische und analytisch-instrumentale Vollendung – wenn auch nur in allgemeiner Form –, die es erlaubt, die Frage nach der sogenannten ‚Mechanisierung der Büroarbeit' zureichend zu stellen und sie auch zu beantworten." [348, S. 111] Diese Erkenntnis besagt nun keineswegs, daß mit der Technisierung und Automatisierung eine Gleichschaltung aller Tätigkeiten verbunden wäre. Im Gegenteil läßt sie erkennen, daß mit der aufgrund der sich entfaltenden Industrialisierung steigenden Notwendigkeit der Spezialisierung ehemalige Statusunterschiede beseitigt, oder, wenn man so will, alle Arbeitenden in einer Klasse vereinigt werden. Jedenfalls stimmt die These, die Technisierung verdränge die qualifizierten Arbeitskräfte, weder für das Bürowesen noch für die industrielle Produktion [326, S. 181; 353, S. 124 ff.]. Gleichzeitig erweist sich die von *F. Croner* aufgestellte Behauptung als falsch, Angestelltenpositionen zeichneten sich gegenüber Arbeitertätigkeiten durch eine höhere Karrierechance aus [125].

Beide Phänomene, das notwendiger Spezialisierung, wie das der Einebnung von Statusunterschieden in einer Klasse Arbeitender werden allerdings allzu häufig übersehen. Das Verhältnis der Büro-Hierarchie, insbesondere ihrer unteren Ränge (der „Stehkragenproletarier", „blackcoated workers", „white collar workers"), zur Fabrik-Hierarchie ist seit langem schon Gegenstand erbitterter, wenn auch nach außen hin oft unsichtbarer Konflikte. Zum Teil ist es gerade der im angedeuteten Sinn qualitative Unterschied zwischen diesen Hierarchien (deutlich z. B. bei dem vergeblichen Versuch, den Status von Facharbeiter und Sekretärin zu vergleichen), der diesen Konflikt so unlösbar erscheinen läßt. Tatsächlich zeigen jedoch alle bisherigen Untersuchungen, daß die Mehrzahl der Berufe der Büro-Hierarchie an Prestige denen der Fabrik-Hierarchie übergeordnet ist. Hier liegt einer der Gründe, aus denen die bloße Benennung von Arbeitern als Angestellten nicht nur rechtlich, sondern auch sozial unwirksam bleiben muß. Sicher sind die Grenzen zwischen „Arbeitern" und „Angestellten" in vielen Industriezweigen fließend geworden; doch sind sie keineswegs verschwunden. Noch immer strebt der begabte junge Arbeiter ins Büro, auch wenn dies zunächst eine finanzielle Einbuße bedeutet. Hier wird die Wirkung des Statussystems eindringlich deutlich, wiewohl die wieder tendenziell „modern" werdende Beschäftigung mit dem Gesellschaftsbild des Arbeiters als Reflex dessen Situation aufzuwerten scheint [216 a, S. 7].[26]

Doch wird diese Wirkung sich kaum auf die Dauer aufrechterhalten lassen, so sehr sie auch beispielsweise in Modeprodukten stimuliert wird; der herkömmliche Drang, sich von anderen abzusetzen, bestimmt weitgehend das Konsumverhalten. Stärker vielleicht noch machen sich anerzogene Schichtungsmuster in den Folgeerscheinungen umgeleiteter Konflikte bemerkbar: „Es ist eine Frage, inwieweit neurotische oder ideologische Verkapselung der Situation nicht oft der einzige Ausweg ist, mit dem der unvorbereitete Mensch auf Veränderungen, die die moderne Technik in sein Leben bringt, zu reagieren vermag." [326, S. 1037 Anm.] Die technischen Verände-

[26] Dieser Reflex kann freilich dann auch als einer entweder der Verbürgerlichung oder einer kritischen Neubesinnung der Soziologie interpretiert werden [s. a. *P. Atteslander:* in 117 a] und sie damit als Produkt der industrialisierten Gesellschaft bestätigen.

rungen jedoch sind für alle Arbeitenden bedeutungsvoll, gleich welcher Statusschicht sie auch zugehören mögen. Damit aber werden auch die Ursachen gesellschaftlicher Konflikte vereinheitlicht.

VI. Betriebliche und industrielle Konflikte

1. Ursachen von Konflikten im Industriebetrieb

An der Warnung, nicht durch die Kategorie „System" implizit eine konservative und wandlungsfeindliche Sichtweise in die Soziologie einzuführen, ist nicht vorüberzugehen [340, S. 41]. „Der geistige Friede", meint *W. F. Whyte,* „den die Organisation einem bietet, bleibt eine Waffenstreckung, und er ist es nicht weniger, weil er einem in Wohlwollen angeboten wird." [19, S. 404] *L. Bramson* gar gibt zu bedenken, ob nicht die Soziologie überhaupt durch die Herführung ihrer Kategorien aus zuständlichen Verhältnissen von sich aus immer konservativ wirken müsse[1].

Gleichwie muß darauf hingewiesen werden, daß eine Industrie- und Betriebssoziologie unter dem Aspekt der Integration industrieller Institutionen allenfalls einen Teil der gesellschaftlichen Wirklichkeit wiedergeben kann. Schon die Organisationsstruktur in ihrer oberflächlichen Erscheinungsweise, erst recht aber das Verhältnis von Arbeitendem, Arbeitssituation und Produktivkräften ist eine ständige Quelle industrieller Konflikte; alle Bemühungen, solche Institutionen zu gleichgewichtigen Organen zu strukturieren, können nicht darüber hinwegtäuschen, daß das Verhältnis zwischen Leistungsanreizen und Arbeitsorganisation auf der einen, sowie der Interessenstruktur und der sozialen Herrschaftsbeziehungen auf der anderen Seite von Konflikten – oder unvereinbaren Widersprüchen – durchsetzt ist. In der Organisation treten Konflikte vor allem (1) an den Grenzen der Abteilungen und Unter-

[1] *L. Bramson,* The Political Context of Sociology (Princeton 1961).

abteilungen, (2) zwischen den Autoritätsebenen und (3) zwischen dem Stab und der Linie auf [11, S. 49]. Aber auch diese Entstehungsgründe mögen nur gesellschaftlichen Herrschaftsverhältnissen entspringen und tragen oft nur Symbolcharakter dafür. Vor der Entstehung einer so bezeichneten Industrie- und Betriebssoziologie stand im Vordergrund soziologischer und sozialkritischer Beschäftigung mit dem Industriebetrieb die von *K. Marx* hergeschriebene Analyse der aus den betrieblichen Eigentums- und Kontrollverhältnissen erwachsenen Interessen, Gegensätze und Spannungen: Das Kapital oder die Kapitalisten, als Besitzer der Produktionsmittel vorwiegend an der Erzeugung eines Mehrwertes interessiert, stehen demnach im konstitutionellen Kampf mit dem wachsender Verelendung ausgesetzten Proletariat, den Arbeitern. Die Unvereinbarkeit der Positionen schlug sich nieder in einer Theorie, die als Modell einer „Kampfesdialektik" beschrieben wurde[2].

Eine Reihe von Entwicklungen hat diesen im Zeitalter der Industrialisierung tatsächlich bedeutsamen Gegensatz in der entwickelten mechanisierten Industrie verlagert: Vor allem die Bildung von Aktiengesellschaften mit ihrer Trennung von Eigentum und Kontrolle, der Ersatz der „Kapitalisten" durch die „Manager" *(J. Burnham)*. Die Entstehung einer Angestelltenschicht und die materielle und auch machtmäßige Verbesserung der Stellung der Arbeiter lassen heute die These von einer Aufspaltung der Industrie und des Industriebetriebes in „zwei feindliche Lager, in zwei große, direkt gegenüberstehende Klassen" als nicht mehr direkt anwendbar erscheinen. Dennoch wäre es nicht vertretbar, aus dem Verschwimmen der Klassenfronten des früheren Industrialismus zu schließen, der Industriebetrieb der entfalteten Industriegesellschaften kenne keine Spannungen in der Form der Klassengegensätze mehr.

Sind auch der industrielle Konflikt und die Möglichkeiten oder das Unvermögen seiner Schlichtung ein überbetriebliches

[2] *H.-J. Lieber,* Die Philosophie des Bolschewismus in den Grundzügen ihrer Entwicklung (Frankfurt/M. – Berlin – Bonn 1961[3]); S. 22.

Phänomen, so wird doch die Klassenstruktur im Einzelbetrieb sichtbar und hat dort ihre verhaltensprägende Bedeutung; diese aufzudecken, ist die betriebssoziologische Analyse durchaus geeignet. Dabei kann es sich herausstellen, daß der Gedanke der „Klassengegensätze" verallgemeinert werden kann, so daß alle Formen von Konflikten in ihn einbezogen werden dürfen. Gerade in so betriebener Analyse werden die grundlegenden Interessenantagonismen oder -konflikte sichtbar.

Die im Industriebetrieb zur Geltung kommenden Gruppeninteressen müssen nicht notwendig und überall antagonistisch sein. „Bei völliger Abwesenheit gemeinsamer Interessen", bemerkt *W. E. Moore* [3, S. 399 f.], „kann es keinen Konflikt geben: es gibt nichts, worum zu kämpfen wäre." Moore fügt hinzu: „So ist es normalerweise gleich vorteilhaft für Unternehmer und Arbeiter, daß ein industrielles Unternehmen bestehen bleibt." Allerdings hatte schon *Marx* deutlich zu verstehen gegeben, daß Maschinenstürmerei auch dem Proletariat nicht nützen könnte; nur, das Interesse an der Aufrechterhaltung der Produktionsformen ist je nach der sozialen Lage verschieden motiviert. Über diesen formalen, fast definitorischen Punkt indes geht die Gemeinsamkeit der Interessen aller am Industriebetrieb Beteiligten in der Regel nicht hinaus. Während die Unternehmer, also die Träger der durch Planungs-, Anordnungs- und Aufsichtsfunktionen definierten sozialen Rollen, kraft dieser Rollen und ungeachtet ihrer persönlichen Überzeugungen vordringlich an der Wirtschaftlichkeit des Unternehmens interessiert sind, sind die Arbeiter wiederum aufgrund ihrer Rollen von solcher Verantwortung ausgeschlossen und daher auf die Verbesserung ihrer sozialen Situation im weitesten Sinne ausgerichtet. Dabei reicht der Begriff der „Rolle" in der Beschreibung einer formalen Soziologie nicht aus, sondern müßte doch inhaltlich bestimmt sein eben durch die Interessen, die nach der jeweiligen gesellschaftlichen Situation unterschieden sind. „Die besitzende Klasse und die Klasse des Proletariats stellen dieselbe menschliche Selbstentfremdung dar. Aber die erste Klasse fühlt sich in dieser Selbstentfremdung wohl und bestätigt, weiß die Entfremdung als ihre eigne Macht und erblickt in ihr den Schein ihrer menschlichen Existenz; die zweite fühlt sich in der Selbstentfremdung vernichtet, erblickt in ihr ihre Ohnmacht und die Wirklichkeit einer unmenschlichen Existenz."[3] Die Betonung der Paradoxie dieser Haltung, die in ihrem Widerspruch zur Abhängigkeit der Arbeiter vom Gesamtschicksal des Betriebes gesehen wird, ist insofern wirkungslos, als nicht etwa die Unternehmer „altruistische", die Arbeiter aber „egoistische" Interessen verfolgen, sondern beide sich ihrer strukturellen Funktion gemäß verhalten. Begründet ist der Gegensatz nicht durch Vorurteile der einen oder der anderen Seite, sondern durch ökonomisch bedingte Unterschiede im Anteil an der Herrschaft. Selbst Eingriffe in die Herrschaftsstruktur des Betriebes beseitigen die Ursachen von Konflikten nicht.

Die Dichotomie der Interessen am Betrieb wird charakteristischerweise vor allem von den Arbeitern heute noch als solche erlebt. *Popitz* und Mitarbeiter stellten fest, daß nahezu alle von ihnen befragten Arbeiter ihren Betrieb und die weitere Gesellschaft als in ein „Oben" und ein „Unten" gespalten begreifen, wobei das „Oben" in der Regel durch die etablierten Träger von Autoritätspositionen bestimmt wird [239]. Auch in anderen Erscheinungen vermittelt steht hinter dieser Dichotomie vor allem der Herrschaftscharakter industrieller Betriebe. Herrschaft erweist sich in ihrer zuständlichen Form daran als ambivalent: einerseits wird durch deren Ausübung der Industriebetrieb zu einem scheinbar funktionierenden Ganzen; andererseits bedeutet die Ausübung von Herrschaft immer die Aufspaltung von sozialen Organisationen in die Gruppe derer, denen Anordnungsbefugnisse zukommen, und derer, die denen zu folgen haben. So wird derselbe Mechanismus, der die Integration von Sozialsystemen wie dem des Betriebes bewirkt, zugleich zum Bestimmungsgrund jener Antagonismen, die in allen Industriebetrieben vorfindbar sind.

[3] K.-Marx-F.-Engels-Werke, Bd. 2 (Berlin 1957); S. 37.

Es gibt verschiedene Herkunftsorte industrieller Konflikte: die Organisationsstruktur ist nie geschlossen genug, um Interessendivergenzen kaschieren zu können; der Zwang der technischen Apparatur widerstreitet oft individuellen Interessen; und die Hierarchie der Befugnisermächtigten ist oft irrational begründet. Die Begründung von Konflikten oder gar Antagonismen liegt also in der Divergenz von Herrschaftsbefugnis und Gehorsamspflicht. Doch ist diese allgemeine These in dreierlei Hinsicht zu ergänzen. Einmal lassen sich keineswegs alle Gegensätze im industriellen Bereich unmittelbar aus Herrschaftsbeziehungen ableiten; innerhalb der Bürokratie, im Verhältnis von Arbeitern und Angestellten oder Arbeitern und Gewerkschaften und anderswo spielen Abhängigkeiten oft vielmehr nur eine mittelbare Rolle. Sodann ist der Herrschaftscharakter von Industriebetrieben zwar letzte Ursache, jedoch nicht immer manifester Gegenstand industrieller Konflikte; hier sind vielmehr der Lohn, die Arbeitsbedingungen u. a. von vordringlicher Bedeutung. Schließlich beinhaltet die These, daß Konflikte im industriellen Bereich so allgemein sind wie Herrschaftsverhältnisse, keineswegs, daß diese Konflikte immer gewaltsame Formen annehmen müssen; die formelle Institutionalisierung der Konflikte ermöglicht Eingriffe in ihre Ausdrucksformen; in weitgehend integrierten Industriegesellschaften können selbst unvereinbare Widersprüche weitgehend abgeleitet werden[4].

2. Formen industrieller Konflikte

Wenn von „industriellen Konflikten" die Rede ist, wird heute in der Regel an die institutionellen Auseinandersetzungen zwischen Gewerkschaften und Unternehmern bzw. Unternehmerverbänden gedacht. Gesamtgesellschaftlich sind dies gewiß

[4] Deshalb werden „institutionalisierte" Konflikte bereits als „integrate Teile des alltäglichen Funktionierens" der Gesellschaft gesehen. (Vgl. *A. Kornhauser, R. Dubin, A. M. Ross;* Industrial Conflict, New York – Toronto – London 1954; S. 17.)

die offensichtlichsten Auseinandersetzungen im industriellen Bereich; doch muß nach den ihnen zugrundeliegenden Motivationen gefragt werden. Bezeichnenderweise werden Antworten darauf in zunehmendem Maße mit sozialen Systemtheorien entlehnten Kategorien der Verhaltensabweichung gegeben.

So unterscheidet *R. Dubin* in Anlehnung an *R. K. Merton* eine Typologie gesellschaftlicher Formen des Nonkonformismus: „a) Die Erfindung neuer Wege zur Erreichung anerkannter Ziele, b) die Herausbildung neuer Werte bzw. Zielsetzungen, c) die Überkonformität mit Verhaltensregeln bei Ablehnung der Ziele, d) die Überkonformität mit Verhaltensregeln bei Ablehnung der normalen Wege zu ihrer Erreichung, e) die offene Rebellion gegen soziale Ziele und Mittel, sowie f) die Flucht aus den Widersprüchen der Situation durch Rückzug aus sozialen Beziehungen.“[5]

Untersuchungsgegenstand sind meist jedoch nicht die Motivationen, sondern die Erscheinungsformen von Konflikten. So müßte „etwa das Problem des Arbeitsunfalles und seiner psychischen Bedingungen immer wieder neu in Angriff genommen werden“ [32, S. 12]. Zwei dieser Formen stehen im einzelnen Betrieb im Vordergrund. Da sind zunächst jene Auseinandersetzungen, die man „informelle Konflikte“ nennen kann, weil sie am wenigsten verfestigt sind und in der Regel von informellen Gruppen getragen werden. Die Ablehnung bestimmter Vorgesetzter oder bestimmter Maßnahmen mit ihren Folgen sind typische Formen solcher Konflikte. Wenn entgegen einer Anordnung eine alte Arbeitsweise beibehalten wird, Proteste gegen eine Versetzung laut werden, die Arbeitsleistung unter einem Vorgesetzten erheblich absinkt – dann bezeugt dies in der Regel das Wirken informeller Gruppen gegen die Interessen der Betriebsleitung, also informelle Konflikte.

Wichtiger noch ist eine Form von Konflikten, die erst sehr spät allgemein als solche erkannt wurde: umgeleitete Konflikte.

[5] *R. Dubin,* Deviant Behavior and Social Structure: Continuities in Social Theory, in: American Sociological Review 24/1959, S. 147 ff.; Übersetzung nach *F. Fürstenberg* (a. a. O.); S. 133.

Hier handelt es sich darum, daß hinter einer Häufung scheinbar rein individueller Verhaltensweisen tatsächlich soziale Spannungen stehen. Die Fluktuationsrate eines Betriebes steigt, der Krankenstand ist beträchtlich höher als in vergleichbaren Betrieben, die Unfallhäufigkeit nimmt zu – sämtlich Verhaltensweisen, die zunächst nur einzelne betreffen. Dennoch läßt sich nicht selten zeigen, daß hier einzelne, bewußt oder unbewußt, für sich einen Ausweg aus einer überpersönlichen Situation der Spannung und des Konflikts gesucht haben. Weil es ihnen nicht möglich war, ihren Interessen durch Organisationen Ausdruck zu verschaffen, haben viele einzelne die persönliche Konsequenz gezogen zu kündigen. *L. von Friedeburg* hat auf diese Weise unterschiedliche Fluktuationsraten im Steinkohlenbergbau einleuchtend erklärt, *A. Kornhauser* zeigte den Zusammenhang von geistiger Gesundheit und dem Niveau des Arbeitsplatzes [244, S. 261][6].

Auch die „manifesten Konflikte", die organisierten Auseinandersetzungen zwischen den Arbeitsmarkt-Parteien, nehmen innerhalb des Betriebes andere Formen an als bei überbetrieblichen Streitigkeiten. Zumal in der Bundesrepublik Deutschland werden innerbetriebliche Auseinandersetzungen in der Regel zwischen Betriebsrat und Management ausgetragen. Beide Gruppen begegnen einander regelmäßig oder von Fall zu Fall, besprechen vorliegende Probleme und suchen nach Lösungen. Durch die Trennung der Betriebsräte von den Gewerkschaftsorganisationen bleiben auf die Weise in der Bundesrepublik Deutschland viele Gegensätze auf den betrieblichen Bereich beschränkt. Gerade dadurch aber wird die schwerwiegende Bedeutung umgeleiteter Konflikte oft nicht erkannt[7].

Eigentliche Träger der manifesten Konflikte sind heute in den meisten westlichen Gesellschaften die großen organisierten

[6] *L. von Friedeburg:* Zur Fluktuation im Steinkohlenbergbau, Bundesarbeitsblatt Nr. 22 (1957).

[7] *R. König* und *M. Tönnesmann,* Probleme der Medizinsoziologie, Sonderheft 2 der KZfSS. (Köln und Opladen 1959).

Verbände der Unternehmer und der Arbeitnehmer, in den östlichen Staaten die Organe der Parteien[8]. Dabei ist auffällig, daß zumal die Entwicklung der Gewerkschaften, vom Standpunkt der ursprünglichen Rechtsverfassung der Industrie, ein beinahe anomales Phänomen darstellt. *T. H. Marshall* hat in einer Analyse den Widerspruch zwischen dem zivilrechtlichen Charakter des Arbeitsvertrages zwischen dem einzelnen Unternehmer und dem einzelnen Arbeiter und der korporativen, d. h. politischen Einflußnahme der in den Gewerkschaften organisierten Arbeiter auf dieses Vertragsverhältnis aufgezeigt[9]. „So hat das Gewerkschaftswesen ein sekundäres System industrieller Bürgerrechte parallel und ergänzend zu dem System politischer Bürgerrechte geschaffen."[10] Aber auch, wird häufig kritisiert, haben die Gewerkschaften durch ihre politische Aktivität ihr Kernziel, die Demokratisierung der Wirtschaft, verpaßt [309, S. 75][11].

Historisch sind diese Institutionen im Kampf gegen ein Unternehmertum entstanden, das dem einzelnen Arbeiter nicht dieselben Rechte einräumte wie sich selber, und das in dieser Haltung von der staatlichen Aufsicht unterstützt wurde. Die Gewerkschaftsorganisationen sind so gesehen zumal in Deutschland vermittelte Folgen eines ökonomischen Liberalismus, der den Eigentümer an Produktionsmitteln gegenüber dem Handarbeiter bevorzugte. Diese Entstehungsgeschichte wirkt insofern nach, als heute Gewerkschaften und Unternehmerverbände als die Träger eines „institutionalisierten Klassengegensatzes" betrachtet werden[12]. Nach Stärke und Form der Gewerkschaftsorganisation sind die einzelnen Industrieländer erheblich voneinander unterschieden. Obwohl die deutsche Gewerkschaftsbewegung nach Mitgliederzahlen (nach den englischen) zu den stärksten gehört, scheint sie an innerer Geschlossenheit (und das heißt: faktischer Stärke) sowohl hinter der amerikanischen

[8] Ausnahmen davon sind die sogenannten „wilden Streiks". Vgl. *A. W. Gouldner,* Wildcat Strike, London 1955.

[9] In seinem Buch, „Citizenship and Social Class" (Cambridge 1950); S. 43 f., S. 68 f.

[10] *T. H. Marshall:* a. a. O.; S. 44.

[11] Zur Frage der Mittelbarkeit und Unmittelbarkeit der Demokratisierung vgl. auch *I. von Reitzenstein,* Solidarität und Gleichheit (Berlin 1961).

[12] Vgl. *S. M. Lipset,* Soziologie der Demokratie (Neuwied und Berlin 1962).

als auch hinter der englischen zurückzustehen. Diese Tatsache ist um so erstaunlicher, als der Aufbau der Gewerkschaften in Deutschland mit den (seit 1945) im Deutschen Gewerkschaftsbund (DGB) zusammengefaßten 16 Industriegewerkschaften klarer ist und daher größere Schlagkraft ermöglichen sollte als der Aufbau der amerikanischen oder englischen Gewerkschaften. Zumal in England, wo 1951 noch 704 Gewerkschaften der verschiedensten Art (Industriegewerkschaften, Berufsgruppengewerkschaften, Handwerkergewerkschaften, örtliche Gewerkschaften und andere Arten) bestanden, ist der Aufbau der Gewerkschaftsbewegung uneinheitlich und unübersichtlich. Dennoch zeichnet sich in allen Ländern im Zuge industrieller Entwicklung eine Tendenz zur Zusammenfassung der gewerkschaftlichen Kraft ab, wofür der DGB in Deutschland, der Trades Union's Council (TUC) als Dachverband in England und die Vereinigung der beiden großen amerikanischen Gewerkschaftsverbände AFofL (American Federation of Labor) und CIO (Congress of Industrial Organizations) Zeugnis ablegen.

Die hier unterschiedenen Formen industrieller Konflikte sind tatsächlich keineswegs eindeutig voneinander trennbar. Viele Konflikte, die bei entsprechender staatlicher Ermöglichung manifest werden können, treten in repressiven Gesellschaften informell oder umgeleitet auf; umgekehrt scheint längst nicht mehr jeder informelle und umgeleitete Konflikt in eine Organisationsform gebracht werden zu können, da viele Krankheiten, Depressionen und Kommunikationsschwierigkeiten nicht als Folgen von antagonistischen Herrschafts- und Arbeitsverhältnissen bewußt sind. Darüber hinaus läßt sich feststellen, daß manifeste Konflikte dank der Organisation der Beteiligten in sich eine Tendenz zur Versteinerung, damit zur neuerlichen Hervorbringung informeller und umgeleiteter Konflikte innerhalb der bestehenden Organisationen tragen. Jedenfalls ist die These nicht zu übersehen, die mit der Vertretung der Arbeiter betrauten Gewerkschaftler bzw. Betriebsräte entfernten sich zunehmend von den Interessen, um deren Wahrnehmung willen sie ihre Funktion innehaben. Gestützt wird diese These durch die Beobachtung einer fortschreitenden Abnahme der

Beteiligung an gewerkschaftlichen – aber auch allgemein an politischen – Institutionen[13]. Die zunehmende Apathie der von politischen und gewerkschaftlichen Organisationen Vertretenen macht die Legitimität eben dieser Organisationen fragwürdig [300]. Diese Apathie erweckt vor allem den Eindruck, als seien die herkömmlichen Ursachen industrieller Konflikte beseitigt bzw. keine neuen Ursachen entstanden. Tatsächlich aber könnte Apathie beispielsweise auch in Resignation begründet sein. Jedenfalls ist die Institutionalisierung von Klassengegensätzen kein Beweis für eine durchgehende Vereinheitlichung aller gesellschaftlichen Interessen. Vielmehr könnte davon gesprochen werden, daß einer wachsenden „Verobjektivierung" oder auch „Ideologisierung" der Technik auf der einen Seite eine verstärkte Individualisierung und Umleitung der Konflikte auf der anderen Seite entspricht.

3. Gegenstände industrieller Konflikte

Die Gegenstände industrieller Konflikte sind so vielfältig wie die Skala der in industriellen Institutionen anzutreffenden Anordnungen. „Im Werk kann man sich erlauben, Maßnahmen zu treffen, die man sich außerhalb niemals getrauen würde!" [249, S. 40] Oftmals sind die Reaktionen auf innerbetriebliche Zustände und Anordnungen durchaus irrational begründet; häufiger aber spielt das Bewußtsein hinein, daß sich von oben getroffene Anordnungen prinzipiell gegen die Interessen der Arbeitnehmer richten müssen.

Die Ablehnung von Vorgesetzten und Maßnahmen ist schon erwähnt worden. Obwohl man das Resultat des Hawthorne-Experiments so (fehl-)interpretieren könnte, als seien die Arbeitsbedingungen für Industriearbeiter vergleichsweise nebensächlich, haben die physischen, psychischen und sozialen Arbeitsbedingungen immer eine große Rolle in Auseinander-

[13] Von der großen Zahl der Publikationen zum Phänomen der „Entpolitisierung" sei hier nur das Heft 6/1–2 1962 der Acta sociologica genannt.

setzungen auf betrieblicher und überbetrieblicher Ebene gespielt. Fragen des Prestiges und der Aufstiegsmöglichkeiten bilden insbesondere in bürokratischen Zusammenhängen wichtige Gegenstände der sichtbaren oder unterschwelligen Auseinandersetzung. Im Fabrikbereich hat dagegen die technische Entwicklung seit den Tagen der Ludditen immer wieder Anlaß zu Protesten gegeben; auch heute noch stehen Arbeiter technischen Neuerungen in ihrem eigenen Bereich zwar zustimmend, der technischen Entwicklung allgemein jedoch höchst skeptisch gegenüber[14]. Diese Haltung verdeutlicht, wie wenig das Bewußtsein der Unvereinbarkeit unternehmerischer und proletarischer Interessen überwunden ist, wiewohl im Konsumverhalten der verschiedenen sozialen Schichten kaum mehr qualitative Unterschiede auszumachen sind.

Der Gegenstand industrieller Konflikte ist keineswegs identisch mit ihrer Ursache. Im Grunde ist industrieller (wie sozialer) Konflikt immer eine Auseinandersetzung um Machtbefugnisse. Es liegt dabei in der Struktur der industriellen Situation, daß in dieser Auseinandersetzung die Arbeiter bzw. die Gewerkschaften stets die Verlangenden, Fordernden waren, die Unternehmer dagegen als Verteidiger der bestehenden Machtstrukturen auftraten. Als manifester Gegenstand des industriellen Konflikts ist die Anfechtung der Legitimität der bestehenden Machtverteilung und die Forderung nach ihrer Veränderung indes erst in jüngster Zeit hervorgetreten. Doch auch hier zeigt sich, daß nicht eine prinzipielle Umwandlung der Eigentums- und Herrschaftsverhältnisse gefordert wird, sondern auf der Grundlage der zuständlichen Herrschaftsstruktur eine Umverteilung der Machtbefugnisse angezielt wird.

Der Konflikt zwischen Unternehmern und Arbeitern trat (und tritt auch heute noch) vorwiegend als Lohnkonflikt in Erscheinung. Doch darf dieser sichtbare Ausdruck der in der Industrie vorwaltenden Gegensätze ebensowenig wie die übri-

[14] Vgl. den Abschnitt von *E. A. Jüres* in *H. Popitz* und Mitarbeiter: Das Gesellschaftsbild des Arbeiters (Tübingen 1957).

gen Gegenstände des Konflikts mit deren eigentlichen Ursachen verwechselt werden. „Der Schlüssel zu diesem Rätsel ist, daß der Lohntarif eher das traditionelle Symbol für den eigentlichen Konflikt als dessen Gegenstand selbst ist. Das zugrundeliegende Problem ist der Konflikt zwischen der Auffassung des Unternehmens vom Lohn als Kosten und der des Arbeiters vom Lohn als Einkommen. Der wirkliche Streitpunkt ist also nicht im eigentlichen Sinn ein ökonomischer, sondern einer der Natur und Funktion des Lohns: Soll das Bedürfnis des Unternehmens oder das des Arbeitnehmers die Grundlage für die Bestimmung der Funktion des Lohns abgeben?" [371, S. 76]

Der Symbolcharakter des Lohnkonflikts läßt sich an den gewerkschaftlichen Begründungen ihrer Lohnforderungen ablesen. Eine solche Analyse offenbart auch den Wandel im Gegenstand des Konfliktes, der sich in allen Industriegesellschaften mit zunehmender industrieller Entwicklung vollzieht. In der Frühzeit der Industrie liegt den Lohnforderungen der Arbeiter zumeist das elementare Verlangen nach Sicherung eines materiellen Mindeststandards zugrunde. Das „Bürgerrecht auf das Existenzminimum" *(T. H. Marshall)* steht im Mittelpunkt industriellen Kampfes. In einer zweiten Phase unterstützten die Gewerkschaften ihre Lohnforderungen vor allem mit dem Hinweis auf die oft an einem zahlenmäßigen Index gemessenen Lebenshaltungskosten. Lohnerhöhungen werden auf Grund steigender Indexzahlen gefordert, während sinkende Lebenshaltungskosten gewöhnlich nicht als Grund für Lohnsenkungen anerkannt werden. Der diesen manifesten Interessen zugrundeliegende Konflikt geht um das Recht der Arbeiter auf Sicherung ihrer einmal gewonnenen Position. Ein neues Argument taucht schließlich in einer dritten Phase in den Lohnforderungen der Gewerkschaften auf: die Forderung, bei guter Geschäftslage oder gesteigerter Produktivität an den Unternehmensprofiten durch Lohnerhöhungen beteiligt zu werden. In dieser Forderung drückt sich das Verlangen nach Anerkennung des auch direkt angemeldeten Rechtes auf Mitbestimmung, auf Institutionalisierung der Teilhabe der Arbeitnehmer an den Geschicken des Betriebes und Unternehmens aus.

Es ist deutlich, daß die den sich wandelnden Argumentationen im Lohnkonflikt zugrundeliegenden Veränderungen im Gegenstand industrieller Auseinandersetzungen nur Teil einer gesamtgesellschaftlichen Entwicklung in Richtung auf die ständige Erweiterung der Gleichheitsrechte aller Bürger sind. Allgemein politische und spezifisch industrielle Wandlungen wirken hier ständig aufeinander ein. So läuft denn auch der Wandel in den Ausdrucksformen des industriellen Konfliktes, eben jene Bewegung zur Institutionalisierung des Klassengegensatzes, parallel zum Wandel der Gegenstände dieses Konfliktes und der Demokratisierung der Gesamtgesellschaft.

4. Industrielle Beziehungen

a) Die Dimensionen industrieller Konflikte

Das radikalste Mittel zur Durchsetzung gewerkschaftlicher Forderungen war stets und ist nach wie vor der Streik, die Arbeitsniederlegung durch die Arbeitnehmer. Herkömmlicherweise bemißt die Industrie- und Betriebssoziologie soziale Konflikte sowieso nur an der Intensität von Streiks und vernachlässigt Ursachen wie Folgen umgeleiteter und indirekter Konfliktformen. (Vgl. *A. Kornhauser, R. Dubin, A. M. Ross,* Industrial Conflict, New York – Toronto – London 1954, S. 13.) Gegenüber dem Streik ist die entsprechende Maßnahme der Unternehmer, die Aussperrung (lockout) der Arbeiter in der Regel schon darum wirkungsloser, weil die Unternehmer nur in seltenen Fällen ihrerseits Forderungen durchzusetzen bemüht sind, die Aussperrung als Präventiv-Maßnahme also gewöhnlich nur aufschiebende Wirkung hat. Neben Streik und Aussperrung kennen sowohl die Arbeiter als auch die Unternehmer noch eine Reihe anderer Mittel des industriellen

Kampfes wie Streikdrohungen, Bremsen der Arbeit (go-slow), Sabotage usw. auf seiten der Arbeiter, Verbot gewerkschaftlicher Agitation, Entlassung einzelner usw. auf seiten der Unternehmer.

W. E. Moores auf die Vereinigten Staaten bezogene Bemerkung gilt auch für andere Industrieländer: „Die größte Annäherung an den Bürgerkrieg, die unsere Nation sich erlaubt, findet sich in der Gewalt oder angedrohten Gewalt, die hin und wieder im Bereich der ‚industriellen Beziehungen' erscheint." [3, S. 399] Doch ist der industrielle Konflikt keineswegs notwendig gewaltsam. Vielmehr soll der Begriff gerade in den Vereinigten Staaten so verstanden werden, daß er auch geregelte Verhandlungen zwischen den Parteien einschließt. Die Vorstellung etwa eines politischen Generalstreiks, der auf den Versuch einer radikalen Umwandlung der Herrschaftsverhältnisse hinausläuft, wird in der amerikanischen Soziologie praktisch überhaupt nicht thematisiert. Allerdings bezeichnete auch für Europa der internationale Kongreß der Arbeiterassoziation bereits im Jahre 1904 den „absoluten Massenstreik in dem Sinne, daß alle Arbeit zu einem gegebenen Zeitpunkt niedergelegt wird, für unausführbar, weil ein derartiger Streik jede Existenz, also auch jedes Proletariat, unmöglich machen würde"[15]. Die Ziele der Gewerkschaften in industriellen Staaten waren also seit je im Sinne des Radikalismus konservativ. Dennoch läßt sich eine Skala der Gewaltsamkeiten von Auseinandersetzungen konstruieren, die von der bürgerkriegsähnlichen Auseinandersetzung zwischen Unternehmern und Arbeitern etwa im Chicago der frühen 30er Jahre bis zu höflichen Gesprächen unter wohlgekleideten Männern bei einem Glase Sekt reicht. Je apathischer – kritisiert *C. W. Mills* – die Mitglieder von Massenorganisationen sind, um so mehr gliedern sich deren Funktionäre der nationalen Elite ein[16].

[15] Nach *K. Kautsky*, Der politische Massenstreik (Berlin 1914); S. 104.
[16] *C. W. Mills*. In: *A. Kornhauser, R. Dubin, A. M. Ross*, (a. a. O.); S. 152.

Konflikte unterscheiden sich nicht nur im Hinblick auf ihre Gewaltsamkeit, sondern auch in ihrer Intensität. Eine der wichtigsten Wandlungen der letzten 100 Jahre liegt sicher darin, daß für Arbeiter heute von industriellen Konflikten nicht mehr so viel abhängt wie früher; die Energie, die in Auseinandersetzungen um Lohnfragen, Arbeitsbedingungen und Probleme der Betriebsverfassung investiert wird, ist geringer geworden. Allerdings muß weder die Entwicklung der Gewaltsamkeit noch die der Intensität industrieller Konflikte geradlinig verlaufen; neue Verschärfungen sind in jedem Lande möglich. Das Hauptinteresse der Soziologie in diesem Bereich liegt daher auf den Bedingungen, unter denen industrielle Konflikte mehr oder minder gewaltsam intensiv werden. Sieht man von den aus der Gesellschaft in den industriellen Bereich hineinwirkenden Faktoren ab, und läßt man unberücksichtigt, daß die oberflächliche Lösung von Konflikten nur zu deren Umleitung führen kann, so spielt hier vor allem zweierlei, die Regelung der Konflikte und die Betriebsverfassung, eine Rolle.

b) Die Regelung industrieller Konflikte

Mit der Organisation der beteiligten Parteien ist in der Regel schon ein erster Schritt zur Milderung industrieller Konflikte getan; jedenfalls lassen organisierte Konflikte sich leichter regeln als nichtorganisierte. Doch hat die erfolgreiche Regelung industrieller Konflikte eine Reihe von Voraussetzungen, die sich nur sehr langsam bei den Beteiligten durchgesetzt haben und noch heute nicht selten verletzt werden. Man könnte diese Voraussetzungen als Prinzipien der industriellen Beziehungen bezeichnen: (1) Industrielle Konflikte lassen sich nicht ein für allemal beseitigen; es ist daher wichtig, daß die Notwendigkeit und der Sinn der Konflikte von den Beteiligten erkannt und anerkannt werden. (2) Während die bestimmten Gegensätze einzelner Konflikte gelöst werden können, liegen die letzten Ursachen der Konflikte in unwandelbaren Strukturelementen des Betriebes; jede Regelung von Konflikten muß sich daher unter Hinnahme der bleibenden Ursachen auf die Ausdrucksformen von Konflikten konzentrieren. (3) Dabei ist die wichtigste Voraussetzung der Milderung dieser Ausdrucksformen, daß die Konflikte in verbindlicher Weise kanalisiert, also aus dem Stadium des „Partisanenkrieges" herausgeführt werden. (4) Dies geschieht in der Regel dadurch, daß die Beteiligten sich auf gewisse Spielregeln des Verkehrs einigen, die der gewaltsamen Auseinandersetzung einen Riegel friedlicher Verhandlungen vorschieben. (5) Friedliche Verhandlungen können wiederum ein Mittel dazu sein, in legitimer Weise in die industriellen Institutionen einzudringen, um sie aus einer Position der Mitsprachemöglichkeit heraus zu ändern.

Diese Prinzipien und Rezepte zur Gestaltung industrieller Beziehungen gelten freilich nur für Gesellschaften derzeitiger industrieller Prägung, in denen die Erscheinung der formalen „Institutionalisierung des Klassengegensatzes" anerkannt wird. Andere Gesellschaften können andere Spielregeln, aber auch die Wiederbelebung revolutionärer Impulse kennen. Unter der Vorbedingung einer „Demokratisierung des Klassenkampfes" gibt es jedoch seit langem schon eine Reihe von Institutionen, die zwischen den Interessengruppen vermitteln und damit Konflikte herabmindern. Hier sind an erster Stelle die verschiedenen Institutionen der Kollektivverhandlung („conciliation") zu nennen, die in allen Industrieländern bestehen. Vertreter der Unternehmer und der Gewerkschaften bzw. im Betrieb des Managements und des Betriebsrates treffen sich zu Verhandlungen und suchen meist einstimmige Entscheidungen. Scheitern solche Verhandlungen, dann bietet sich zunächst die Möglichkeit der Vermittlung („mediation") durch einen neutralen Dritten, der aufgrund einer Übereinkunft der Betroffenen hinzugezogen und um Rat befragt wird. Obwohl der Vermittler keinerlei formelle Autorität hat, vermag er oft, wie *C. Kerr* gezeigt hat[17], eine verfahrene Situation durch neue Ideen und

[17] *C. Kerr:* Industrial Conflict and Its Mediation, in: American Journal of Sociology 60 (1954).

Vorschläge zu klären. Wo sich um Schlichtung („arbitration") bemüht wird, sind die Parteien schon stärker gebunden; normalerweise ist entweder die Heranziehung eines Schlichters oder die Annahme seiner Entscheidung verbindlich. Die Zwangsschlichtung allerdings, zu der die Parteien etwa durch Gesetze gezwungen werden, ist kaum noch ein sinnvolles Instrument der Regelung von Konflikten. Auch bei der Schlichtung schon wächst der Erfolg in dem Maße, in dem der Schlichter von staatlichen Instanzen unabhängig ist und seine Aufgabe „politisch" (im Gegensatz zu „juristisch") versteht[18].

Während die Funktion der vermittelnden Institutionen des industriellen Konflikts in allen entwickelten Industriegesellschaften die gleiche ist, weist die Arbeitsverfassung verschiedener Länder im einzelnen bezeichnende Unterschiede auf. Diese gehen zum Teil auf den unterschiedlichen Aufbau der Gewerkschaften und die unterschiedliche Rolle des Staates, zum Teil aber auch auf unterschiedliche „sozial-ethische" Einstellungen und Wertsetzungen zurück. So ist für die Deutsche Bundesrepublik, im Gegensatz zu Großbritannien und den Vereinigten Staaten, das Fehlen im eigentlichen Sinn „industrieller", d. h. über den Einzelbetrieb hinausgehender und doch im Rahmen der Industrie gehaltener Beziehungen zwischen Unternehmern und Arbeitern kennzeichnend. Hier „werden viele der Beziehungen zwischen Arbeitgeber und Arbeitnehmer auf der Basis gegenseitiger Verständigung geregelt, ohne daß dies irgendwo schriftlich niedergelegt wird, viele andere Verhältnisse werden vorzugsweise durch Gesetz und weniger durch kollektive Verträge festgelegt" [292, S. 69]. Die Tatsache, daß die deutschen Betriebsräte, im Gegensatz etwa zu den „shop stewards" in England und den „stewards" in den USA, „keine organische Verbindung zu den Gewerkschaften" haben [292, S. 64], entspricht dem Fehlen einer gewerkschaftlich-unternehmerischen Zwischenebene (der Ebene des „collective bargaining" in England und den USA) zwischen Einzelbetrieb und Gesamtgesellschaft in der Deutschen Bundesrepublik. Man hat daher von einer „syndikalistischen" Tendenz der deutschen Arbeitsverfassung gesprochen [264].

[18] Vgl. dazu *D. Lockwood:* Arbitration and Industrial Conflict, in: British Journal of Sociology VI (1955).

Auch das ausgefeilteste System der Regelung von industriellen Konflikten wird auf die Dauer das Auftreten gewaltsamer Auseinandersetzungen wahrscheinlich nicht ganz verhindern können. Die Rede von einer „industriellen Demokratie“ beinhaltet eine fundamentale Ungenauigkeit: der formal-demokratische Dialog von Regierung und Opposition gründet auf der Annahme, durch Wahlen könnten die Rollen jederzeit vertauscht werden; daher gelten im politischen Bereich Mehrheitsbeschlüsse als in der Ordnung und Revolutionen und Bürgerkriege als prinzipiell unnötig. In der Industrie derzeitiger Gestalt dagegen besteht die Möglichkeit des Rollentausches nicht; Anordnungsbefugnisse und Gehorsamspflicht liegen weitgehend fest; Mehrheitsbeschlüsse sind praktisch ausgeschlossen; es kann nicht ausbleiben, daß alle Vermittlungs- und Regelungsinstitutionen gelegentlich scheitern. Im Gegenteil zeigt sich sogar die Tendenz, nicht rational begründbare Anordnungen nicht mehr ohne vorausgegangene Diskussion hinzunehmen [179, S. 40]. Ein etabliertes System der Regelung von Konflikten kann deren Gewaltsamkeit und Intensität nur solange einschränken, als das Establishment überwiegend akzeptiert wird.

c) Die Betriebsverfassung

In der gegenwärtigen deutschen Industrie- und Betriebssoziologie werden die Gewerkschaften – zum Teil recht ironisch – als Hüter der zuständlichen industriellen Ordnung betrachtet. Bezeichnungen wie „Versicherungsbetrieb“ *(Th. Pirker)*, „Verband von Arbeitsplatzbesitzern“ *(S. Braun)* und „Konsumentenverband“ *(B. Lutz)* sind nicht selten [279]. Über die Schaffung von Institutionen zur Regelung von Konflikten hinaus sind in vielen Ländern seit langem schon Versuche unternommen worden, durch Veränderung der Betriebsstruktur in die Konflikte einzugreifen. Diese Versuche waren jedoch allenfalls zum Teil erfolgreich, weil sie häufig die notwendigen Funktionsbedingungen industrieller Betriebe außer acht gelassen und utopische Programme zu verwirklichen gesucht haben, dann aber an den politischen Verhältnissen ihrer Gesellschaften scheitern mußten. Das letztere gilt insbesondere für alle Versuche, Konflikte durch Veränderungen der Betriebsverfassung „an der Wurzel zu packen“ und „von der Ursache her auszuräumen“ – Versuche, die vor allem mit dem Rätegedanken seit dem Anfang des 20. Jahrhunderts verknüpft sind.

Die Variationsmöglichkeiten der Betriebsverfassung sind groß; doch muß bezweifelt werden, ob sie wirklich von der „einseitigen“ Herrschaft der Arbeitnehmer bis zur „völligen Zweiseitigkeit“ der Herrschaft reichen [291]. Wahrscheinlich sind beide Vorstellungen in der einen oder der anderen Richtung Beispiele für Management-Ideologien, d. h. Versuche der Rechtfertigung der in vielen Gesellschaften fast unangetasteten Strukturtatsache, daß es stets einige Herrschende gibt. Doch lassen sich realiter mindestens die beiden kontrastierenden Idealtypen der absoluten und der konstitutionellen Herrschaft im Betrieb unterscheiden: Während bei der ersteren der oder die Eigentümer/Unternehmer in ihren Entscheidungen ungebunden sind, besteht bei der letzteren eine klare Bindung der Leitung an die Untergebenen, eine oft quasi verfassungsmäßig niedergelegte wechselseitige Abhängigkeit. Möglicherweise gibt es eine Tendenz zur Ausbreitung des konstitutionellen Typs der betrieblichen Herrschaft[18a].

Unter dem Aspekt der Betriebsverfassung ist sowohl das deutsche System der Betriebsräte als auch vor allem die sogenannte Mitbestimmung höchst problematisch. Die Betriebsräte waren von Anfang an mit der Zwitterrolle belastet, einerseits die „Wahrnehmung der gemeinsamen wirtschaftlichen Interessen der Arbeitnehmer ... dem Arbeitgeber gegenüber“ und andererseits die „Unterstützung des Arbeitgebers in der Erfüllung der Betriebszwecke“ leisten zu müssen[19]. Bei der Mit-

[18a] Eine – allerdings nach zwei Jahren im Experimentierstadium noch nicht abschließend beurteilbare – Variante ist in einer hessischen Glashütte initiiert worden: Nach dem unternehmerischen Konkurs übernahmen die Arbeiter den Betrieb und besetzen den Aufsichtsrat im Rotationsverfahren. Verantwortung und Arbeitsfreude sollen damit intensiviert werden (Konkret 11/1972, S. 42).

[19] Betriebsrätegesetz vom 4. Februar 1920, § 1. – Zur herrschaftstheoretischen Analyse des betrieblichen Konflikts vgl. *U. Schumm-Garling:* Herrschaft in der industriellen Arbeitsorganisation (Frankfurt/M. 1972, S. 48 ff.).

bestimmung liegt es, vor allem für den Arbeitsdirektor, noch schlimmer; hier wird einem Mitglied des Managements strukturwidrig die Aufgabe der Vertretung von Arbeitnehmerinteressen zugeschrieben. In beiden Fällen müssen die Träger der Positionen einer Seite ungerecht werden – und in beiden Fällen bedeutet dies, daß Einrichtungen, die zur Milderung der Konflikte geschaffen wurden, tatsächlich neue Konflikte hervorrufen oder kaum merkliche Veränderungen schaffen. In diesem Zuge kann die Betriebsstruktur als der kapitalistischen Gesellschaftsordnung noch zu wenig entgegengesetzte kritisiert werden [299, S. 172], die Einführung der Mitbestimmung als ein beklagenswerter Sieg erscheinen [278] oder gar als „Ersatzideologie" für fehlende Selbstbestimmung angeprangert werden [309, S. 175; s. a. 310 a].

Ansatzpunkte zur Durchsetzung einer konstitutionellen Herrschaft im Betrieb dürfen etwa in den folgenden Tendenzen gesehen werden: Durch Einschaltung eines angestellten Managements zwischen Eigentümer und Arbeitnehmer tritt ein Prozeß der Versachlichung ein; von Betriebsversammlungen bis zu regelmäßigen Vorstandssitzungen mit dem Betriebsrat entstehen vielfältige Verhandlungskörperschaften im Betrieb; die Zugehörigkeit von Arbeitnehmervertretern zum Aufsichtsrat verändert zwar dessen Funktionen, schafft aber ebenfalls eine Verhandlungskörperschaft; in repräsentativ-demokratischen Staaten dringt auch in die Betriebe der Respekt vor den gleichen Bürgerrechten aller; u. a. m. Man könnte all diese Tendenzen auch als eine allmähliche Verwandlung von unumschränkter Befehlsgewalt zu sachlich und personell begrenzter Anordnungsbefugnis beschreiben. Sie schließen die Hoffnung ein, daß eine solche Entwicklung der Betriebsverfassung zum Ausgleich der Interessen beizutragen vermöchte.

VII. Industrie und Gesellschaft

Die soziologische Analyse der Industrie und des Industriebetriebes, vor allem aber die Theorie der Industrie, weist zwangsläufig über den im engeren Sinn industriellen Bereich hinaus. So wichtig eine Abgrenzung des Industriebetriebes von seiner Umwelt für die konkrete Analyse sein mag, so irreführend ist die Vorstellung von einer industriellen Institution als einem isolierten „sozialen System". Industrie und Industriebetrieb sind nicht in sich geschlossene, autarke Gebilde, sondern sie sind durchweg vermittelt in der Gesellschaft, der sie zugehören. „Behelfsmäßig und oberflächlich lassen sich diese Zusammenhänge zwischen Betrieb und außerbetrieblichem Milieu als Erscheinungen der industriellen Organisation beschreiben, die ihrerseits ein Gebilde der industriellen Struktur der gesellschaftlichen Entwicklung darstellt." [193, S. 14] In dieser wiederum sind nicht nur Elemente, die gewisse Auswirkungen zeitigen, sondern sie sind eingebunden in die Struktur der Gesellschaft, prägen deren Züge, wie sie umgekehrt von dieser bestimmt werden. Die daraus abzuleitende Forderung nach einer ständigen Konfrontation der Industrie- und Betriebssoziologie mit den Wechselbeziehungen von Industrie und Gesellschaft ist im einzelnen unabweisbar.

Die Untersuchung des Verhältnisses von Industrie und Gesellschaft wird häufig unterteilt in die Frage der Einwirkungen der Gesellschaft auf die Industrie und die andere der Ausstrahlungen der Industrie in die Gesellschaft. Eine solche Unterteilung bringt jedoch die Gefahr mit sich, daß dem eigentlichen Charakter des Verhältnisses von Industrie und Gesellschaft, dem oft untrennbaren Ineinander von Abhängigkeiten und Einwirkungen, nicht genügend Rechnung getragen wird.

Zwischen Einzelbetrieb und Gesellschaft besteht zunächst eine Reihe formalisierter Beziehungen über eigens zu diesem Zweck geschaffene Institutionen oder Maßnahmen. *H. Schelsky* hat hier die vor allem in den USA entwickelte Praxis der „Public Relation", der Unterrichtung der interessierten Öffentlichkeit über das betriebliche Geschehen und Pflege guter Beziehungen zu außerbetrieblichen Institutionen und Organisationen betont [16, S. 192 ff.]. Doch handelt es sich dabei allenfalls um eine Folgeerscheinung. Wichtiger dagegen ist die politische Einflußnahme der industriellen Führungskräfte[1]. Entsprechende formelle Einwirkungen von außen auf den Industriebetrieb liegen in aller den Industriebetrieb betreffenden Gesetzgebung, in der Einrichtung von Fabrikinspektoraten usw. Schließlich haben auch Unternehmer-, Manager- und Betriebs-Ideologien auf der einen wie die öffentliche Meinung, kulturelle Stilbegriffe und Kommunikationsmedien auf der anderen Seite eine unauflösliche Beziehung zueinander.

Die Verknüpfung von Industriebetrieb und sozialer Umwelt äußert sich jedoch weniger in solchen institutionalisierten Beziehungen als in ihrer tatsächlichen Grundlage, wie den ökonomisch bedingten Schichtungsverhältnissen, den Kommunikationsprozessen, den Verhaltensorientierungen und der Bewußtseinslage. Industriebetriebe sind zwar gewöhnlich durch Mauern oder Zäune von ihrer Umgebung räumlich getrennt, doch lassen sie durch ihre Tore alltäglich eine Vielzahl von Menschen ein und aus. Durch seine Belegschaft, oft auch durch wirtschaftliche (Steuern usw.) und soziale (Bau von Arbeitersiedlungen usw.) Bande sind der Industriebetrieb und die ihn umgebende Gemeinde verknüpft. Insbesondere die alten Industrien des Bergbaus und Textilgewerbes und die Großbetriebe der modernen Massenproduktion formen, schon wegen der Zahl der von ihnen beschäftigten Menschen, das Bild der sie umgebenden Gemeinden (communities), seien diese kleinere, abgeschlossene Städte oder Bezirke größerer Städte. *P. F. Drucker* [98] hat die um einen modernen Großbetrieb zentrierte Gemeinde als Zukunftsbild gezeichnet. *W. L. Warners* und *R.* und *H. Lynds* Studien in amerikanischen Kleinstädten („Yankee City", „Middletown") zeigen im einzelnen die formellen und informellen Wechselbeziehungen auch zwischen mittlerem Industriebetrieb und Gemeinde [181; 389; 390]. Die „unterschwelligen" Auswirkungen der Industrie auf dörfliche und städtische Sozialzusammenhänge werden in den Untersuchungen von *G. Wurz-*

[1] Vgl. *C. W. Mills*, Die amerikanische Elite (Hamburg 1962).

bacher und *R. Mayntz* eindringlich deutlich [391][2]. Nicht nur die Abhängigkeit der wirtschaftlichen Situation der Gemeinde vom Industriebetrieb, sondern auch die ihrer Prestige-Schichtung von der des Betriebes, der Einfluß der geographischen und konfessionellen Zugehörigkeit der Gemeinde auf das Arbeitsklima des Betriebes, die Rolle des Industriebetriebes als gemeinsame Arbeitsstätte, seine Auswirkungen auf die Ökologie der Gemeinde und viele andere Phänomene bestätigen die Durchdringlichkeit der Wechselbeziehung zwischen dem Betrieb und seiner engeren sozialen Umwelt.

Doch ist die einzelne Gemeinde selbst nur ein Teil der weiteren Einheit der Gesellschaft, wie der einzelne Betrieb Glied der gesamten industriellen Arbeitswelt, eben des hier mit „Industrie“ bezeichneten Sektors der Gesellschaft ist. Gewiß haben sozialer Status und Klassenzugehörigkeit, soziale Verhaltensweisen und Einstellungen sowohl ihren Ursprung wie auch die größte Realität innerhalb begrenzter Strukturen. Soziale Schichtung wird dem einzelnen mehr im Verhältnis zu seinen Nachbarn, Interessenkonflikte mehr in dem zum ihm bekannten Unternehmer als innerhalb der weniger realen Gesamtgesellschaft bewußt. Doch vollzieht sich die Umwandlung der in vielen kleinen Sozialgebilden gelebten Einzelerfahrungen in beherrschende Verhaltensmuster und soziale Kontrollen innerhalb der größeren Einheit Gesellschaft. So ist die allgemeine Rede von „Industrie“ und „Gesellschaft“ nur scheinbar abstrakt: Alle für ganze Gesellschaften gültigen Wechselbeziehungen mit der Industrie haben ihren realen Grund wie vor allem ihre reale Bedeutung im einzelnen Betrieb, in der einzelnen Gemeinde.

Der soziologische Ansatz zur Beschreibung der Struktur von Gesellschaften liegt in der Annahme, daß jede soziale Struktur als Institutionalisierung eines mehr oder minder kohärenten Systems von Wertsetzungen angesehen werden kann. Die durch Ideologien beeinflußte vorherrschende Bewertung von Verhal-

[2] *G. Wurzbacher:* Das Dorf im Spannungsfeld der industriellen Entwicklung (Stuttgart 1955).

tensweisen und Tätigkeiten bestimmt Status und Verhaltenserwartungen aller einzelnen sozialen Rollen. Dieses Wertsystem entspricht dem „Sozialethos“ der älteren deutschen Soziologie, wenn dieses „nicht spiritualistisch, als freischwebende geistige Potenz verstanden (wird), sondern als Wertintention und Wertrangordnung, in der eine Anzahl von kontingenten Faktoren, darunter auch solche des realen wirtschaftlichen und gesellschaftlichen Lebens, schon eingeschmolzen sind“ [1, S. 34/35]. Das spezifische Wertsystem oder Sozialethos der industriellen Gesellschaft in diesem Sinne bezeichnet den Punkt, an dem Verknüpfung und Wechselwirkung von Industrie und Gesellschaft sich verdeutlichen. Zugleich verdeutlicht sich daran, was *D. C. Miller* und *W. H. Form* die vier Widersprüche im Leben der industriellen Gesellschaft nennen:

1. Neben dem Glauben an das Ideal der Demokratie erfolgt eine zunehmende Konzentration wirtschaftlicher Macht.
2. Wirtschaftliche Vorgänge werden als auf die Gemeinde beschränkt betrachtet, gehen tatsächlich jedoch darüber hinaus.
3. Äußerlich gesehen werden die Individuen immer weiter integriert und zugleich immer weiter in Interessengruppen gespalten.
4. Jeder sucht nach Zuneigung und doch kämpfen alle gegeneinander [11, S. 304 f.].

Seit *M. Weber* (1904/5) seine Untersuchung über „die protestantische Ethik und den Geist des Kapitalismus“ veröffentlichte, ist die Diskussion um den Zusammenhang zwischen dem Wertsystem des Kapitalismus, d. h. des frühen Industrialismus, und den weltlichen Konsequenzen des calvinistischen Protestantismus nicht abgerissen. Eines zumindest hat diese Diskussion mit großer Klarheit ergeben: daß es einen „Geist des Kapitalismus“, ein dem Industrialismus angemessenes, teils diesen erst ermöglichendes, teils aus diesem hervorgehendes Sozialethos gibt. Die Grundzüge dieses Wertsystems sind von *W. Sombart* und *M. Weber* bis zu *W. E. Moore* und

T. Parsons [56, Bd. II, S. 23–64[3]; 3, Kap. XII/XIII; 12, Kap. V] in zwar unterschiedlichen Begriffen, aber doch ähnlichem Sinne beschrieben worden. Gesellschaften, in denen industrielle Produktion die vorherrschende Wirtschaftsweise darstellt, verlangen aufgrund der Erfordernisse und Strukturprinzipien dieser Produktionsweise ein Ethos des „ökonomischen Rationalismus" *(W. Sombart)*, dem die bewußte Anpassung der vorhandenen (und sich wandelnden) Mittel an den erstrebten Zweck des „wirtschaftlichen Erfolges" wichtiger ist als die Erhaltung „traditionalistischer" Formen *(M. Weber)*. Die „Ideologie der offenen Klassen" mit ihrer Vorstellung grundsätzlich gleicher Chancen für alle *(W. E. Moore)* tritt an die Stelle einer Kasten- oder Standesideologie. Solche Gesellschaften sind daher ihrem Selbstverständnis nach nicht vom „Prinzip der Geburt", sondern vom „Leistungsprinzip" beherrscht und ersetzen die hohe Einschätzung unmittelbar persönlicher durch die „universalistischer", d. h. versachlichter, durch allgemeine Normen geregelter Beziehungen *(T. Parsons)*, was sich freilich im einzelnen wiederum als ideologisch begründet erweisen kann.

Ob „sachlich" oder „ideologisch" begründet ergeben sich in der Leistungsordnung jedenfalls enge Beziehungen zwischen soziologischer Theorie und wirtschaftlicher Praxis. „Wenn sich jemals Theorie und Praxis in einer Wissenschaft engstens wechselseitig durchdrungen haben, dann ist dies in jenen Wissenschaften der Fall, die sich das Studium des industriellen Milieus und eine bessere wechselseitige Anpassung zwischen diesem und dem Arbeiter und insbesondere zwischen Mensch und Maschine zur Aufgabe gesetzt haben." [205, S. 371]

Historisch stellen diese Wertvorstellungen zum Teil Vorbedingungen der industriellen Entwicklung und insofern Einwirkungen der Gesellschaft auf die Industrie, zum Teil Konsequenzen dieser Entwicklung und insofern Ausstrahlungen der Industrie auf die Gesellschaft dar. In allen industriellen Gesell-

[3] *M. Weber:* Die protestantische Ethik und der Geist des Kapitalismus (Gesammelte Aufsätze zur Religionssoziologie, Bd. I, Tübingen 1922), S. 30–62.

schaften vereinigen sich die funktionalen Bedingungen industrieller Produktion mit den diesen adäquaten Ideologien der Gesellschaft zur Bildung eines spezifischen Wertsystems. So erwachsen aus der Verbindung der in Buchführung und Produktionsplanung dokumentierten Rationalität, des den „freien“ Arbeitsvertrag ermöglichenden Universalismus, des von der Notwendigkeit sozialer Umschichtungen verlangten Leistungsprinzips und anderer industriespezifischer Gegebenheiten mit aufklärerisch-rationalistischen oder calvinistisch-asketischen Auffassungen die Wertvorstellungen, die der Struktur industrieller Gesellschaften ihr Gesicht geben.

Bei der umfassenden Vermittlung von Industrie und Gesellschaft wird die Aufzählung weniger Verknüpfungen immer ungenügend sein. Es bleibt, einige von der (ideal-typisch bis zur Identität reichenden) Wechselbeziehung zwischen dem industriellen und dem gesellschaftlichen Wertsystem ableitbare Schwerpunkte der Sozialstruktur industrieller Gesellschaften zu bezeichnen, an denen spezifisch industrielles und allgemein gesellschaftliches Sozialverhalten ineinandergreifen und wechselseitig aufeinander einwirken: (1) die zentrale Stellung der Berufsrolle im sozialen Leben in der industriellen Gesellschaft, (2) die Beziehung zwischen der industriellen und der gesellschaftlichen Status-Hierarchie, (3) die Beziehung zwischen der Klassen- und Machtstruktur in Industrie und Gesellschaft.

Eine Reihe von sozialen Funktionen, die in der „partikularistischen“ vorindustriellen Gesellschaft noch gekoppelt oder doch in enger räumlicher Verbindung auftraten, sind durch die Industrie getrennt worden. Dies gilt vor allem für die sozialen Rollen, die aus Herkunft, Familienbeziehung und Beruf hervorgehen. Für den Handwerker, der den Betrieb seines Vaters übernimmt und seine Arbeit in dem Hause, in dem er mit seiner Familie wohnt, oft unter Beteiligung seiner Frau und Kinder ausübt, sind die Rollen des Sohnes eines Handwerkers, des Vaters einer Familie und des Handwerksmeisters mit allen aus diesen hervorgehenden Verpflichtungen und Rechten noch relativ ungeschieden. Der Industriearbeiter dagegen übt seinen Beruf schon räumlich an einer von seinem Wohnort getrennten Stelle, zumeist ohne sachliche Beziehung zu den Interessen und Möglichkeiten der Anteilnahme seiner Familie und bis zu einem gewissen Grade unabhängig von seiner Herkunft aus. Die drei Rollen des Sohnes etwa eines Bauern, des Vaters einer Familie und des Arbeiters in einer Fabrik sind drei getrennte Sphären seiner sozialen Existenz. Die zuvor unwesentliche Frage der Priorität einer Rolle, der Rangordnung von Rollen, tritt auf und wird aufgrund faktischer Bedingungen durch gesellschaftliche Wertsetzung so entschieden, daß die Berufsrolle den Vorrang vor Familien- und Herkunftsrolle genießt[4].

Die Trennung der verschiedenen Sozialsphären hat zunächst zur Folge, daß die Familie sowohl im engeren Sinne der Intimsphäre als auch im weiteren des Herkunftsortes an Bedeutung verliert. Die Berufsrolle, Leistung und Erfolg im Beruf, bestimmen nach wirtschaftlichem Lebensstandard wie nach Prestige und Status die soziale Lage der Familie. Dabei hat die berufliche Ausgangsposition nur mehr eine ständig sich verringernde mittelbare Abhängigkeit von der Herkunft, insofern diese nämlich den Grad vorberuflicher Ausbildung beeinflußt. Die so unterstrichene zentrale Stellung der Berufsrolle mit der an sie geknüpften Leistungserwartung findet ihren Ausdruck in einer großen Zahl von sozialen und personalen Phänomenen der Industriegesellschaft: Die Funktion des sozialen Auf- und Abstieges als Strukturprinzip, der (wennschon eingeschränkte) „Lebensraum"-Charakter des Industriebetriebes, die Bedeutung von Qualifikationen, Diplomen und Titeln, die Stellung der nicht berufstätigen Frau und anderes mehr ist von hier her verständlich und erklärbar.

Der klarste Ausdruck für die Bedeutung der Berufsrolle in industriellen Gesellschaften liegt in ihrer Bestimmungskraft für

[4] N. *Smelser* hat in seinem Buch „Social Change in the Industrial Revolution" (London 1959) eindrucksvoll gezeigt, wie allmählich dieser Prozeß der Rollendifferenzierung tatsächlich war, wie tief er andererseits auch in England schon in das Leben der Betroffenen eingriff.

den Status ihres Trägers. „Der Beruf ist", das haben auch empirische Studien immer wieder bestätigt, „vielleicht der wichtigste der Status-Struktur in Gemeinde und Industrie zugrundeliegende Faktor" [11, S. 367]. Wo einer in der Gesellschaft „steht", welches Prestige er genießt, wer sich mit ihm und mit wem er sich assoziiert, zu wem er oder wer zu ihm hinauf- oder hinabblickt, ist vorwiegend durch seinen Beruf bestimmt. Gewiß spielen in der engeren Sozialsphäre des einzelnen auch persönliche Qualitäten eine Rolle für die Wertschätzung, die er genießt. Vornehmlich jedoch ist es der mit einem System von Titeln und Symbolen ausgestattete Beruf, der den Platz des einzelnen in der gesellschaftlichen Hierarchie bestimmt.

Am Beispiel der Status-Hierarchie oder auch der Klassenstruktur läßt sich die Wechselbeziehung von Industrie und Gesellschaft besonders deutlich machen. Auf der einen Seite wirkt die industrielle Status-Organisation in die Gesellschaft hinein. *W. L. Warner* hat gezeigt [181, Kap. IX], wie rein technologisch begründete Veränderungen des Status von Arbeitern in der umgebenden Gesellschaft parallele Veränderungen hervorrufen. Entwicklung und Position des „neuen Mittelstandes" im Industriebetrieb haben ähnliche Wirkung gehabt. Auf der anderen Seite behalten gesellschaftlich hochgeschätzte Berufsrollen wie die des Wissenschaftlers auch im Industriebetrieb ihren Status bei, selbst wenn sie dort formell Berufen von niedrigerem Status untergeordnet sind.

Schließlich besteht ein enges Verhältnis zwischen der Macht- und Klassenstruktur der industriellen Arbeitswelt und ihrer sozialen Umsphäre. Selbst wenn man die grobe Vereinfachung der *Marxschen* These vom Staat als dem Herrschaftsinstrument der „Kapitalisten" ablehnt, bleibt unleugbar, daß die Kontrolle wirtschaftlicher Produktionsmittel oder, in noch umfassenderer Definition der Macht, die Bestimmungsgewalt über die „Lebenschance" *(M. Weber)* anderer im Bereich der Industrie auch über diesen Bereich hinaus politischen Einfluß schafft. Dabei wird es zunehmend unentscheidbarer, ob diese Bestimmungsgewalt durch Eigentum, wie im Falle der Kapitalisten, durch Delegation der Eigentumsrechte, wie im Falle der Manager, oder durch demokratische Wahl, wie im Falle der „Neuen Männer der Macht“ *(C. W. Mills)*, der Gewerkschaftsführer, legitimiert wird. „Je komplizierter der Vorgang der Entscheidung im Betrieb wird, desto mehr kann man von politischen Prozessen im Betrieb sprechen, desto stärker wird jedoch auch die Tendenz, die Arbeitnehmer in ihrer großen Mehrzahl zu bloßen Instrumenten statt aktiven Teilnehmern des wirtschaftlichen Wachstums zu machen – wenn wir nur die direkten Konsequenzen der Rationalisierung betrachten.“ [326, S. 1069]

Der aus der Machtverteilung hervorgehende Interessenkonflikt innerhalb der Industrie bleibt ebensowenig auf deren Grenzen beschränkt, wie die Auswirkungen der Machtverteilung selbst. Die überbetrieblichen Zusammenschlüsse der großen Interessengruppen sind an sich schon politische Verbände. Aus ihrer Absicht, der Beibehaltung oder Veränderung der bestehenden Machtverteilung, ergibt sich zudem, daß diese Verbände sich entweder auch als politische Parteien konstituieren oder doch Anschluß suchen an diese. Wie das Sozialethos und die Grundstrukturen der industriellen Gesellschaft, kommt auch der Anstoß zu deren Entwicklung und Veränderung aus der Industrie.

Die Eingebundenheit der Industrie in die sie umgebende Gesellschaft läßt sich noch an vielen weiteren Phänomenen aufzeigen. Durch die Industrie, zumal die Großindustrie, wird die Konzentration großer Zahlen von Menschen an einem Ort erforderlich. Die Entwicklung der Städte erfährt damit starken Auftrieb. Zugleich mit den Städten wachsen dann die Erscheinungen der herkömmlich bezeichneten „Massengesellschaft“, die aufgrund ihrer Beziehung zu den Produktivkräften besser als Konsumgesellschaft bezeichnet werden kann. Die Mechanisierung und Technisierung, zunächst nur ein Erfordernis industrieller Produktion, erfaßt viele Lebensbereiche. Die Massenproduktion von Konsumgütern schafft und befriedigt neue

Verbrauchsgewohnheiten, deren „Massen"-charakter das Bild der Gesellschaft bestimmt. Praktisch in allen Bereichen ihres Soziallebens macht nur der Bezug auf die Formen und Folgen der industrialisierten Arbeitswelt, damit also auf die dieser zugrunde liegenden Produktionsverhältnisse, die Struktur und Kultur der Industriegesellschaft verständlich[4a].

Den vorangehenden Bemerkungen liegt weitgehend ein abstrakt typisierendes Modell der Industrie und der Industriegesellschaft zugrunde, in dem Wertintentionen und tatsächliche Strukturen als „systemkongruent" gefordert sind. In der Betrachtung verschiedener industrieller Gesellschaften werden dennoch bei allen Gemeinsamkeiten Unterschiede deutlich. Solche Unterschiede beruhen auf unterschiedlichen Traditionen, einer unterschiedlichen Wirtschafts- und Sozialgeschichte und der unterschiedlichen Gestalt religiöser und politischer Ideologien. Dieser Unterschied verdeutlicht sich auch in den verschiedenen Graden und Formen der Integration des industriegesellschaftlichen Wertsystems in die Geschichte der Kultur. Jede Gesellschaft hat ihr spezifisches „Sozialethos", das – seinerseits wirtschafts- und sozialgeschichtlicher Herkunft – nicht nur die sozialen, sondern auch die industriellen Strukturen prägt.

Das Überleben „traditionalistischer" Wertsetzungen etwa bedingt besondere Formen betrieblicher Autorität. Wo, wie in Deutschland vor 1933, die persönlichere Arbeitsbeziehung des Handwerkers zu seinen Gesellen und Lehrlingen noch eine besondere Wertschätzung genießt, wird der Rest einer „patriarchalischen Haltung" mit ihrem „nach Analogie der Großfamilie konstituierten Verpflichtungsgefühl des Betriebsleiters gegenüber den Betriebszugehörigen" [1, S. 45] in den Industriebetrieb hinübergerettet und prägt dessen Sozialcharakter. Allgemein ist der gegenüber den USA stärkere Einfluß traditionalistischer Werte auf eine europäische Industrie hervorgehoben worden [150].

[4a] Dieser Prozeß zur Industrialisation wird umfassend dargestellt bei N. *Anderson,* The industrial urban community (New York 1971).

Ähnlich unvollkommene Integration industrie-adäquater Werte mit ihren Folgen für die Sozialstruktur der Industrie findet sich dort, wo die Forderung der gleichen Leistungschance verwurzelten Kastenprivilegien entgegensteht, also etwa die Zugehörigkeit zu bestimmten Rassen oder Nationen als Privileg empfunden wird. Innerhalb der Industrie entsteht dann eine Kastenschichtung, die etwa Farbige, Einwanderer oder Gastarbeiter von jedem Aufstieg über Hilfsarbeiter-Funktionen hinaus ausschließt. –

Dennoch haben Sachgesetzlichkeitstheorien dazu geführt, zwangsläufige Konvergenzen in den Strukturen westlicher und östlicher Industriegesellschaften anzunehmen. So identifiziert *G. Friedmann* tendenziell Rationalisierungsbemühungen im weiteren Sinne mit einer Hinwendung zum Sozialismus und folgert, daß wir es „bei der Rationalisierung nur mit einem Aspekt der gewaltigen Bemühung zu tun (haben), die quer durch das ganze System hindurch nach Organisation drängt und durch welche das System selbst in seinen Tiefen den Sozialismus vorbereitet" [205, S. 24]. Und *G. von Eynern* sieht eine „sachlogische Entwicklung" zu einem neuen Typ der Wirtschaftsstruktur, die er „Plan-Marktwirtschaft" nennt[5]. Schließlich wird in den letzten Jahren die Frage der Industriekultur in zunehmendem Maße als das Problem des Verhältnisses zwischen den entfalteten Industriegesellschaften und der sogenannten Dritten Welt der „Entwicklungsländer" formuliert [383]. Dabei ist vor allem der Widersinn des Vergleichs industrieller Systemvorstellungen mit Gesellschaften historisch anders strukturierter kultureller Prägung zu erinnern [401 a][6].

Die Forderung an die Industrie- und Betriebssoziologie, sich der Verknüpfung ihres Gegenstandes mit den Strukturen und Funktionen der Gesamtgesellschaft stets bewußt zu bleiben, ist unumgänglich. Der Sache nach ist die Trennung dieser spezi-

[5] Tendenzen wirtschaftlicher und politischer Annäherung von Ost und West, in: Universitätstage 1965 (Berlin 1965); S. 201.

[6] Vgl. *P. Worsley:* The Trumpet Shall Sound (London 1968²).

ellen Soziologie von der allgemeinen Soziologie in den Fragen des Verhältnisses von Industrie und Gesellschaft nicht möglich. Auf der einen Seite können die Ergebnisse industriesoziologischer Forschung zum Ausgangspunkt allgemein soziologischer Analysen werden und müssen daher stets im Hinblick auf diese Möglichkeit formuliert sein. Auf der anderen Seite ist die Analyse gesamtgesellschaftlicher Strukturen in ihrem Bezug auf die Industrie nicht nur Aufgabe der Industrie- und Betriebs-, sondern vor allem der allgemeinen Gesellschaftstheorie. Die Bedeutung dieser Analyse für die Bewältigung des eigenen Gegenstandes der Industrie- und Betriebssoziologie liegt eher darin, daß ihre Resultate den allgemeinen Horizont abgeben, vor dem die innerindustriellen Prozesse sich abspielen.

In der industriellen Gesellschaft sind Industrie und Industriebetriebe nicht nur eine neben anderen Institutionen. Wirtschaftlich, sozial und kulturell bilden sie die strukturelle Basis dieser Gesellschaft. Das plötzliche Aufhören der industriellen Produktion würde die wirtschaftlichen Folgen ihrer Störung durch Krisen oder Streiks vervielfachen. Es würde aber vor allem der sozialen Struktur ihre Grundlage nehmen. Prestige-Schichtung und Klassenstruktur, Verhaltensmuster und Einstellungen, das gesamte System von Wertintentionen und Wertrangordnungen industrieller Gesellschaften sind in hohem Maße von der Industrie, vom einzelnen Industriebetrieb her geprägt. Es dürfte schwer sein, in industriellen Gesellschaften ein Sozialphänomen zu finden, das unverändert bestehen könnte, und unmöglich, einen Menschen vorzustellen, dessen Verhaltens- und Einstellungsweisen sich gleich bleiben würden, auch wenn es keine industrielle Produktion gäbe. Wie die Berufsrolle im Zentrum des sozialen Lebens des einzelnen, so steht die Industrie heute im Zentrum der Gesellschaft und die Industrie- und Betriebssoziologie im Zentrum der Soziologie. Und wie immer sie orientiert sein mag, hat sie der Notwendigkeit beständiger Ablösung rigider Institutionen durch flexiblere Organisationsformen nachzugehen.

Dabei hat sie wiederholt dem Dogma und dessen Eingewöhnung entgegenzutreten, die industrielle Bestimmtheit des gesellschaftlichen Lebens sei in derzeitigen Formen in hochentwickelten Gesellschaften unabänderlich oder unantastbar und auf weniger industriell entwickelte Gesellschaften zu übertragen. Tatsächlich jedoch gibt es in den vorhandenen Gesellschaftstheorien zwei grundsätzlich verschiedene Bewertungen der Wirtschaft und damit der Industrie: zum einen wird die Ökonomie als das Instrument der Anpassung bestimmt und als solches zu bestätigen und aufrechtzuerhalten versucht[7], zum anderen erscheint sie als die Instanz manipulativer Herrschaft in allen gesellschaftlichen Bereichen[8]. Das heißt, die Erhaltung des gegenwärtigen Systems steht im einen, die Kritik an zuständlichen Gesellschaftsverhältnissen im anderen Falle im Vordergrund. In beiden Fällen wird das gesellschaftliche Primat der Ökonomie bestätigt; allerdings aus ganz verschiedenen – konservativen und kritischen – Impulsen heraus. So stehen sich System- und Herrschaftstheorien unvermittelt gegenüber. Der Soziologie muß es um ihrer kritischen Tradition willen darum zu tun sein, die Bedeutung beider Positionen bewußt zu halten.

Literaturhinweise

Die folgende Auswahl einiger wichtiger Werke der Industrie- und Betriebssoziologie ist unter dem Gesichtspunkt zusammengestellt, auf eine überschaubare Anzahl von Veröffentlichungen zu einzelnen Themen unter Berücksichtigung verschiedener Ansätze zu deren Bearbeitung hinzuweisen. Vollständigkeit ist daher nicht erstrebt; auch sind nicht alle im Text erwähnten Literaturangaben wiederholt.

Bei der Auswahl ist Wert gelegt worden vor allem auf die Aufnahme von Veröffentlichungen der letzten Jahre, so daß zumal in Abschnitt B. nur wenige Autoren mit je einem repräsentativen Werk erwähnt sind. Deutsche oder ins Deutsche übertragene Werke sind

[7] *T. Parsons* und *N. Smelser*, a. a. O.
[8] *P. A. Baran* und *P. M. Sweezy*, Monopolkapital (Frankfurt/M. 1967).

zwar bevorzugt worden, doch war die Aufnahme zahlreicher englischer und amerikanischer Veröffentlichungen bei der Lage der Forschung unumgänglich. Zeitschriftenaufsätze sind nur in Ausnahmefällen aufgeführt.

Die Anordnung der Bibliographie ist in den Abschnitten A. und B. chronologisch (nach dem Jahr des ersten Erscheinens, bei späteren Neuauflagen in Klammern hinzugefügt), in allen anderen Abschnitten alphabetisch. Die Unterteilung in Abschnitte ist locker zu verstehen; in einem Abschnitt (vor allem in A. und B.) erwähnte Werke enthalten oft auch Beiträge zu Themen anderer Abschnitte.

Für weitere bibliographische Angaben vgl. vor allem die unten aufgeführten Werke von *H. Schelsky:* Industrie- und Betriebssoziologie; *W. E. Moore:* Industrial Relations and the Social Order; *W. E. Moore:* Industrialization and Labor; *D. C. Miller* und *W. H. Form:* Industrial Sociology, *F. Fürstenberg,* Grundfragen der Betriebssoziologie.

Die Bibliographie und die Register wurden von Wolfgang E. Klotz und Sigrid Hofmann erstellt.

A. Einführungen, Textbücher, Handbuchartikel usw.

[1] *Briefs, G.:* Betriebssoziologie, in: *A. Vierkandt* (Hg.): Handwörterbuch der Soziologie, Stuttgart 1931, 2. Aufl., 1959.

[2] *Moore, W. E.:* The Sociology of Economic Organization, in: *G. Gurvitch* und *W. E. Moore* (Hg.): Twentieth Century Sociology. New York 1945. (franz.: La Sociologie du XXe Siècle. Paris 1945.)

[3] *Moore, W. E.:* Industrial Relations and the Social Order. New York 1946.

[4] *Whyte, W. F.* (Hg.): Industry and Society. New York – London 1946.

[5] *Moore, W. E.:* Industrial Sociology – Status and Prospects, in: American Sociological Review, August 1948.

[6] American Journal of Sociology, Sonderheft: Industrial Sociology, Januar 1949.

[7] *Merton, R. K.:* Social Theory and Social Structure. Glencoe, Ill. 1949, 2. Aufl. 1957.

[8] *Adams, W.:* The Structure of American Industry. New York 1950.

[9] *Gardner, B. B.* und *Moore, D. C.:* Human Relations in Industry. Homewood, Ill. 1950. (dtsch.: Praktische Menschenführung im Betrieb. Köln–Opladen 1957.)

[10] *Geck, L. H. A.:* Zur Entstehungsgeschichte der Betriebssoziologie, in: *K. G. Specht* (Hg.): Soziologische Forschung in unserer Zeit. Köln– Opladen 1951.

[11] *Miller, D. C.* und *Form, W. H.:* Industrial Sociology. New York 1951. (dtsch.: Unternehmen, Betrieb und Umwelt. Köln – Opladen 1957.)
[12] *Parsons, T.:* The Social System. London 1961.
[13] *Brown, J. A. C.:* The Social Psychology of Industry – Human Relations in the Factory. Penguin Books 1954. (dtsch.: Psychologie der industriellen Leistung. Hamburg 1956.)
[14] *Caplow, Th.:* The Sociology of Work. Minneapolis 1954. (dtsch.: Soziologie der Arbeit. Meisenheim 1958.)
[15] *Schelsky, H.:* Aufgaben und Grenzen der Betriebssoziologie, in: *H. Böhrs* und *H. Schelsky:* Die Aufgaben der Betriebssoziologie und der Arbeitswissenschaften. Stuttgart – Düsseldorf 1954.
[16] *Schelsky, H.: Industrie- und Betriebssoziologie,* in: *A. Gehlen* und *H. Schelsky* (Hg.): Soziologie, Düsseldorf – Köln 1955.
[17] *Geck, L. H. A.:* Artikel, Betrieb (Betriebssoziologie) und Industrie (Industriesoziologie), in: *W. Bernsdorf* und *F. Bülow* (Hg.): Wörterbuch der Soziologie. Stuttgart 1955.
[18] Kölner Zeitschrift für Soziologie und Sozialpsychologie. Jg. 7, Heft 4 (Nov. 1955) mit Beiträgen von *A. W. Gouldner, H. Stirn, F. Fürstenberg, G. Gäfgen, O. Rüschemeyer* und *S. Braun.*
[19] *Whyte, W. H. jr.:* The Organization Man. New York 1956. (dtsch.: Herr und Opfer der Organisation. Düsseldorf 1958.)
[20] *Parsons, T.* und *Smelser, N. J.:* Economy and Society. London 1957.
[21] *Schneider, E. V.:* Industrial Sociology. New York 1957.
[22] *Whyte, W. F.* und *Miller, F. B.:* Industrial Sociology, in: *J. B. Gittler* (Hg.): Review of Sociology. New York 1957.
[23] *Dubin, R.:* The World of Work. Englewood Cliffs, N. J. 1958.
[24] *Dahrendorf, R.:* Betriebliche Sozialordnung (I), Betriebssoziologie, in: Handwörterbuch der Sozialwissenschaften, Bd. II, 1959.
[25] *Fürstenberg, F.:* Industriesoziologie – Vorläufer und Frühzeit. Neuwied 1959.
[26] *Harding, F. O.:* Politisches Modell zur Wirtschaftstheorie. Freiburg 1959.
[27] *Vincent, M. J.* und *Mayers, J.:* New Foundations for Industrial Sociology. New York 1959.
[28] *Ferrarotti, F.:* La Sociologia Industriale in America e in Europa. Turin 1960.
[29] *Form, W. H.* und *Miller, D. C.:* Industry, Labor and Community. New York 1960.
[30] *Fürstenberg, F.:* Wirtschaftssoziologie. Berlin 1961.
[31] *König, R.:* Die informellen Gruppen im Industriebetrieb, in: TFB-Handbuch: Organisation, Berlin – Baden-Baden 1961.
[32] *Rüssel, A.:* Arbeitspsychologie. Bern – Stuttgart 1961.

[33] *Touraine, A.:* Industrie- und Betriebssoziologie, in: *R. König* (Hg.): Handbuch der empirischen Sozialforschung. Stuttgart 1961.

[34] *Aron, R.:* Dix-huit Leçons sur la Société Industrielle. Paris 1962. (dtsch.: Die industrielle Gesellschaft. Frankfurt/M. – Hamburg 1964.)

[35] *Braunreuther, K.* (Hg.): Zur Kritik der bürgerlichen Soziologie in Westdeutschland. Berlin 1962.

[36] *Heimann, E.:* Soziale Theorie der Wirtschaftssysteme. Tübingen, 1963.

[37] *Smelser, N. J.:* The Sociology of Economic Life. Englewood Cliffs, N. J. 1963.

[38] *Hartmann, H.:* Funktionale Autorität. Stuttgart 1964.

[39] *Filipec, J.:* Die Industriegesellschaft in soziologischer Diskussion. Prag 1967.

[40] *Kohout, J.:* Soziologie und Wirtschaftsleitung. Prag 1967.

[41] *Klofáč, J.* und *Tlustý, V.:* Soziologie (Bd. Industriesoziologie). Prag 1967.

[42] *Lepsius, R. M.:* Industrie und Betrieb, in: *R. König* (Hg.): Soziologie, Neuausgabe 1967.

[42a] *Mandel, E.:* Marxistische Wirtschaftstheorie. Frankfurt/M. 1968.

B. Frühe Industrie- und Betriebssoziologie

[43] *Ure, A.:* A Philosophy of Manufactures. London 1835.

[44] *Proudhon, P.-J.:* Système des Contradictions Economiques. (1846) 3. Aufl. Paris 1867.

[45] *Marx, K.:* Das Kapital. (1867–94) Neuaufl. Berlin 1953.

[46] *Schulze-Gävernitz, G.:* Der Großbetrieb. Leipzig 1892.

[47] *Schmoller, G.:* Über die Entwicklung des Großbetriebes und die soziale Klassenbildung, in: Preußisches Jahrbuch 1892.

[48] *Herkner, H.:* Die Arbeiterfrage. (1895) 7. Aufl. Berlin 1921.

[49] *Webb, B.* und *Webb, S.:* Industrial Democracy. London 1897.

[50] *Durkheim, E.:* De la Division du Travail Social. 5. Aufl. Paris 1926.

[51] *Weber, M.:* Zur Psychophysik der industriellen Arbeit (1908/9) und andere Aufsätze, in: Gesammelte Aufsätze zur Soziologie und Sozialpolitik. Tübingen 1924.

[52] *Bernays, M.:* Auslese und Anpassung der Arbeiterschaft der geschlossenen Großindustrie. Schriften des Vereins für Sozialpolitik, 133. Band, Leipzig 1910.

[53] *Taylor, F. W.:* The Principles of Scientific Management (1911) und andere Schriften, in: Scientific Management. New York – London 1947.

[54] *Weber, Al.:* Das Berufsschicksal des Industriearbeiters, in: Archiv für Sozialwissenschaften und Sozialpolitik, Bd. 34, 1912.
[55] *Fayol, H.:* Administration Industrielle et Générale. Paris 1916. (dtsch.: Allgemeine und industrielle Verwaltung. München – Berlin 1929.)
[56] *Sombart, W.:* Der moderne Kapitalismus. 4 Bde. (1916) 4. Aufl. München – Leipzig 1921.
[57] *Cole, G. D. H.:* Chaos and Order in Industry. London 1920.
[58] *Taylor, J. L.:* Occupational Sociology. (1920) Southend-on-Sea 1951.
[59] *Hellpach, W.* und *Lang, R.:* Gruppenfabrikation. Berlin 1922.
[60] *Rosenstock, E.:*Werkstattaussiedlung. Berlin 1922.
[61] *Winschuh, J.:* Praktische Werkpolitik. Berlin 1923.
[62] *Veblen, Th.:* Absentee Ownership and Business Enterprise. New York 1923.
[63] *Rowntree, B. S.:* The Human Factor in Business. London 1925.
[64] *Cathcart, E. P.:* The Human Factor in Industry. London 1928.

C. Sozialgeschichte der Industrie

[65] *Abendroth, W.:* Sozialgeschichte der europäischen Arbeiterbewegung. Frankfurt/M. 1965.
[66] *Baritz, L.:* The Servants of Power. Middletown, Conn. 1960.
[67] *Beckerath, H. von:* Großindustrie und Gesellschaftsordnung. Tübingen – Zürich 1954.
[68] *Born, K. E.:* Moderne deutsche Wirtschaftsgeschichte. Köln – Berlin 1966.
[69] *Brinkmann, C.:* Wirtschafts- und Sozialgeschichte. 2. Aufl. Göttingen 1953.
[70] *Clapham, J. H.:* Economic Development of France and Germany 1815–1914. Cambridge 1923 (2. Aufl.).
[71] *Clapham, J. H.:* Economic History of Modern Britain. Cambridge 1930–38.
[72] *Dobb, M.:* Studies in the Development of Capitalism. 2. Aufl. London 1963.
[73] *Elias, N.:* Über den Prozeß der Zivilisation. Basel 1939.
[74] *Geck, L. H. A.:* Die sozialen Arbeitsverhältnisse im Wandel der Zeit. Berlin 1930.
[75] *Hammond, J. L.* und *Hammond, B.:* The Rise of Modern Industry. 2. Aufl. London 1926.
[76] *Hammond, J. L.* und *Hammond, B.:* The Bleak Age. 2. Aufl. London 1947.
[77] *Hoffmann, W.:* Stadien und Typen der Industrialisierung. Jena 1931.

[78] *Hoffmann, W. G.:* Das Wachstum der deutschen Wirtschaft seit Mitte des 19. Jahrhunderts. Berlin – Heidelberg – New York 1965.
[79] *Hofmann, W.:* Ideengeschichte der sozialen Bewegung. Berlin 1962.
[80] *Jantke, C.:* Vorindustrielle Gesellschaft und Staat, in: *A. Gehlen* und *H. Schelsky* (Hg.): Soziologie. Düsseldorf – Köln 1955.
[81] *Kuczynski, J.:* Die Geschichte der Lage der Arbeiter in Deutschland von 1800 bis in die Gegenwart. 2 Bde., Berlin 1947/8.
[82] *Kuo-Heng-Shih:* China Enters the Machine Age. Cambridge, Mass. 1944.
[83] *Lütge, F.:* Deutsche Sozial- und Wirtschaftsgeschichte. Berlin – Göttingen – Heidelberg 1960.
[83a] *Mandel, E.:* Die EWG und die Konkurrenz Europa – Amerika. 5. Aufl. Frankfurt/M. 1972.
[84] *Michel, E.:* Sozialgeschichte der industriellen Arbeitswelt. Frankfurt/M. 1947.
[85] *Moore, W. E.:* Industrialization and Labor. Ithaka – New York 1951.
[85a] *Morf, O.:* Geschichte und Dialektik in der politischen Ökonomie. 2. Aufl. Frankfurt/M., Wien 1970.
[86] *Mumford, L.:* Technic and Civilization. New York 1934.
[87] *Rostow, W.:* Stadien wirtschaftlichen Wachstums. Göttingen 1960.
[88] *Smelser, N. J.:* Social Change in the Industrial Revolution. London 1959.
[89] *Sweezy, P. M.:* The Theory of Capitalist Development. 4. Aufl. New York 1956. (dtsch.: Theorie der kapitalistischen Entwicklung. Köln 1959.)
[90] *Teuteberg, H. J.:* Geschichte der industriellen Mitbestimmung in Deutschland. Tübingen 1961.
[91] *Wehler, H. U.:* Moderne deutsche Sozialgeschichte. Köln – Berlin 1966.

D. Soziologie des Industriebetriebes

a) Allgemeine Werke

[92] *Barnard, Ch. I.:* The Functions of the Executive: 16. Aufl. Cambridge, Mass. 1964 (1. Aufl. 1938).
[93] *Bergmann, J. E.* und *Zapf, W.:* Kommunikation im Industriebetrieb. Frankfurt/M. 1965.
[94] *Briefs, G.:* Betriebsführung und Betriebsleben in der Industrie. Stuttgart 1934.
[94a] *Chield, J.:* The Business Enterprise in Modern Society. London 1969.

[95] *Churchman, C. W.* und *Verhulst, M.* (Hg.): Management Sciences – Models and Techniques. London 1960.

[96] *Croner, F.:* Soziologie der Angestellten. Köln – Berlin 1962.

[97] *Dahrendorf, R.:* Sozialstruktur des Betriebes. Wiesbaden 1959.

[98] *Drucker, F. P.:* The Concept of the Corporation. New York 1946. (dtsch.: Das Großunternehmen. Düsseldorf – Wien 1966.)

[99] *Erard, M.:* Eléments d'une sociologie de l'entreprise. Neuchâtel 1959.

[100] *Friedmann, G.* und *Naville, P.:* Traité de sociologie du travail. Paris 1962.

[101] *Fürstenberg, F.:* Grundfragen der Betriebssoziologie. Köln – Opladen 1964.

[102] *Gardner, B. B.:* Human Relations in Industry. Chicago 1945.

[103] *Gasser, Ch.:* Der Mensch im modernen Industriebetrieb. 3. Aufl. Köln – Opladen 1958.

[104] *Geck, L. H. A.:* Soziale Betriebsführung. 2. Aufl. Essen 1953.

[105] *Gronau, H.:* Die soziologische Rollenanalyse als betriebsorganisatorisches und berufspädagogisches Instrument. Stuttgart 1965.

[106] *Homans, G. C.:* The Human Group. New York 1950. (dtsch.: Theorie der sozialen Gruppe.2. Aufl. Köln – Opladen 1966.)

[107] *Jonas, F.:* Sozialphilosophie der industriellen Arbeitswelt. Stuttgart 1960.

[108] *Jost, W.:* Das Sozialleben des industriellen Betriebes. Berlin 1932.

[108a] *Kluth, H.:* Soziologie der Großbetriebe. 2. Aufl. Stuttgart 1971.

[109] *Kohout, J.* und Mitarbeiter: Soziologie und Psychologie in wirtschaftlicher Praxis. Prag 1966.

[110] *König, R., Fischer, W. M., Buntenbach, R.* und *Stosberg, M.:* Der industrieähnliche Betrieb. Köln – Opladen 1966.

[111] *Lepsius, R. M.:* Strukturen und Wandlungen im Industriebetrieb. München 1960.

[112] *Lupton, T.:* Management and the Social Sciences. London 1966.

[112a] *Matejko, A.:* Sociologia zakladu pracy. 2. Aufl. 1969.

[113] *Mayntz, R.:* Die soziale Organisation des Industriebetriebes. 2. Aufl. Stuttgart 1966.

[114] *McGivering, I. C., Matthews, D. G. J.* und *Scott, W. H.:* Management in Britain – General Characterization. Liverpool 1960.

[115] Mensch und Betrieb. Nürnberger Abhandlungen zu den Wirtschafts- und Sozialwissenschaften, Heft 1, Berlin 1952.

[116] *Michel, E.:* Industrielle Arbeitsordnung. Jena 1932.

[117] *Mueller, F. H.:* Soziale Theorie des Betriebes. Berlin 1952.

[117a] *Oetterli, J.:* Betriebssoziologie und Gesellschaftsbild. Berlin und New York 1971.

[117b] *Oldendorff, A.:* Sozialpsychologie im Industriebetrieb. Köln 1970.

[118] *Potthoff, H.* (Hg.): Die sozialen Probleme des Betriebes. Berlin 1925.
[119] *Roethlisberger, F. J.:* Management and Morale. Cambridge, Mass. 1943. (dtsch.: Betriebsführung und Arbeitsmoral. Köln – Opladen 1954.)
[120] *Schmitz, Ch.:* Die Welt der modernen Fabrik. Jena 1929.
[121] *Siebel, W.* und *Hetzler, H. W.:* Innerbetrieblicher Funktionszusammenhang und Berufsqualifikation. Köln – Opladen 1962.
[122] *Slejška, D.:* Der Betrieb und der Mensch. Prag 1967.
[123] *Stüber, R.:* Wissenschaftliche Leitungstätigkeit im sozialistischen Betrieb und konkrete Sozialforschung, in: Deutsche Zeitschrift für Philosophie, 13. Jg., 1965/66.

b) Monographien

[124] *Aufhäuser, S.:* An der Schwelle des Zeitalters der Angestellten. Berlin 1963.
[125] *Bahrdt, H. P.:* Industriebürokratie. Stuttgart 1958.
[126] *Baldamus, W.:* Der gerechte Lohn. Berlin 1960.
[127] *Bayer, H.* (Hg.): Der Angestellte zwischen Arbeiterschaft und Management. Berlin 1962.
[128] *Bendix, R.:* Work and Authority in Industry. New York 1956. (dtsch.: Herrschaft und Industriearbeit. Frankfurt/M. 1960.)
[129] *Bienstock, G., Schwarz, S. M.* und *Yogow, A:* Management in Russian Industry and Agriculture. New York 1944.
[130] *Boetticher, K. W.:* Unternehmer oder Manager. Köln – Berlin 1963.
[131] *Bouman, P. J.:* Industrieel Klimaat, Assen 1961.
[132] *Braun, S.:* Die Angestellten in der industriellen Gesellschaft. Frankfurt/M. 1962.
[133] *Burns, T.* und *Stalker, C. M.:* The Management of Innovation. Frankfurt/M. 1962.
[134] Centralnyj Instytut Ochrony Piacy: Struktura robotniczej zalogi w jednej z fabryk warszawskich, Studium socjograficzne. Warszawa 1961.
[135] *Claessens, D.:* Arbeiter und Angestellte in der Betriebspyramide. Berlin 1960.
[136] *Clémens, R.* (Hg.): L'information dans l'entreprise. Liège 1959.
[137] *Clements, R. V.:* Managers – A Study of their Careers in Industry. London 1958.
[138] *Cottrell, W.:* The Railroader, Stanford 1958.
[139] *Crozier, M.:* Petits fonctionnaires au travail. Paris 1955.
[140] *Dalton, M.:* Men Who Manage. New York 1959.
[141] *Fendt, F.:* Der ungelernte Industriearbeiter. München – Leipzig 1936.
[142] *Friedeburg, L. v.:* Soziologie des Betriebsklimas, in: Frankfurter Beiträge zur Soziologie, Bd. 13, Frankfurt/M. 1963.

[143] *Friedrich, A.:* Das Leitbild des Unternehmers wandelt sich. Stuttgart 1959.

[144] *Fürstenberg, F.:* Probleme der Lohnstruktur. Tübingen 1958.

[144a] *Fürstenberg, F.* und Mitarbeiter: Die Soziallage der Chemiearbeiter. Neuwied – Berlin 1969.

[145] *Gardner, B. B.* und *Whyte, W. F.:* The Man in the Middle, Position and Problems of the Foremen. Sondernummer der Zeitschrift: Applied Anthropology, Frühjahr 1945.

[146] *Götte, M.:* Betriebsklima. Göttingen 1962.

[147] *Gouldner, A. W.:* Patterns of Industrial Bureaucracy. London 1955.

[148] *Harbison, F.* und *Myers, C. A.* (Hg.): Management in the Industrial World. New York 1959.

[149] *Harbison, F.* und *Kerr, C.:* Industrialism and Industrial Man. London 1962.

[150] *Hartmann, H.:* Authority and Organization in German Management. Princeton, N. J. 1959. (dtsch.: Amerikanische Firmen in Deutschland. Köln – Opladen 1963.)

[151] *Helle, H. J.:* Die unstetig beschäftigten Hafenarbeiter in den nordwesteuropäischen Häfen. Stuttgart 1960.

[152] *Hetzler, H. W.:* Die Bewertung von Bürotätigkeiten. 2. Aufl. Köln – Opladen 1964.

[153] Institut de Sociologie de la Faculté de Droit de Liège: Problèmes d'emploi. Liège 1964.

[154] Institut de Sociologie de l'Université Liège: Pratiques de formation des dirigeants dans trois entreprises industrielles. Lüttich 1961.

[155] Institut für Sozialforschung: Betriebsklima. Frankfurt/M. 1957.

[156] *Jantke, C.:* Die Eigentumslosen. Freiburg – München 1965.

[157] *Kellner, W.:* Unternehmer und Arbeitsmoral, in: Kölner Zeitschrift für Soziologie und Sozialpsychologie, 12. Jg., 1960.

[158] *Klein, V.:* Britain's Married Woman Workers. London 1965.

[159] *Knebel, H. J.:* Handlungsorientierung im Industriebetrieb. Tübingen 1963.

[160] *Kornhauser, W.:* Scientists in Industry. Berkeley, Cal. 1962.

[161] *Kracauer, S.:* Die Angestellten. Allensbach – Bonn 2. Aufl. 1959.

[162] *Krönlein, E. D.:* Vertikale und horizontale Mobilität im Industriebetrieb, in: Kölner Zeitschrift für Soziologie und Sozialpsychologie 13. Jg. 1961.

[163] *Lafitte, P.:* Social Structure and Personality in the Factory. London 1958.

[164] *Likert, R.:* New Pattern of Management. London 1961.

[165] *Malanowski, J.:* Robotnicy Warszawskiej Fabryky Motocykli, Ossolineum, Wroclaw 1962.

[166] *Marcson, S.:* The Scientist in American Industry. Princeton, N. J. 1950.
[167] *McKitterich, T. E. M.:* Workers and Management. London 1953.
[167a] *Meissner, M.:* Technology and the Worker. San Francisco 1969.
[168] *Mills, C. W.:* White Collar. New York 1951. (dtsch.: Menschen im Büro. Köln 1955.)
[168a] *Möhring, H.:* Der Mensch im modernen Betrieb. Essen 1970.
[169] *Neuloh, O.:* Der neue Betriebsstil. Tübingen 1960.
[170] *Nikisch, A.:* Zur Neuabgrenzung der Begriffe Angestellte und Arbeiter. Berlin 1959.
[171] *Osipov, G. V.* (Hg.): Sociologija v SSSR. 2 Bde., Moskva 1965.
[172] *Paul, H.* und *Steinmetz, P. H.* (Hg.): Die Gruppe im Betrieb, in: Schriftenreihe für Gruppenforschung und Gruppenpflege, Heft 2, Dortmund 1952.
[173] *Pirker, Th., Braun, S., Lutz, B.* und *Hammelrath, F.:* Arbeiter, Management, Mitbestimmung. Stuttgart – Düsseldorf 1955.
[174] *Redlich, F.:* Der Unternehmer. Göttingen 1964.
[175] *Roethlisberger, F. J.* und *Dickson, W. J.:* Management and the Worker. Cambridge, Mass. 1939.
[176] *Signón, M.:* Problemas humanos del trabajo industrial, Madrid 1958.
[177] *Simey, T. S.* (Hg.): The Dockers. Liverpool 1955.
[178] *Stirn, H.:* Die informelle Gruppe im Betrieb. Dortmund 1952.
[179] *Teschner, M.:* Zum Verhältnis von Betriebsklima und Arbeitsorganisation. Frankfurter Beiträge zur Soziologie, Sonderheft II, Frankfurt/M. 1961.
[180] *Touraine, A.:* L'évolution du travail aux usines Renault. Paris 1955.
[181] *Warner, W. L.* und *Low, J. O.:* The Social System of the Modern Factory. New Haven, Conn. 1947.
[182] *Warner, W. L.* und *Martin, N. H.:* Industrial Man. New York 1959.
[183] *Weltz, F.:* Vorgesetzte zwischen Management und Arbeitern. Stuttgart 1964.
[184] *Whitehead, T. N.:* The Industrial Worker. Cambridge, Mass. 1938.
[185] *Whyte, W. F.:* Human Relations in the Restaurant Industry. New York 1948.
[186] *Whyte, W. F.:* Money and Motivation. New York 1955. (dtsch.: Lohn und Leistung. Köln – Opladen 1958.)
[187] *Whyte, W. F.:* Man at Work. Homewood, Ill. 1961.
[188] *Winschuh, J.:* Das neue Unternehmerbild. Baden-Baden 1955.
[188a] *Ziegler, H.:* Strukturen und Prozesse der Autorität in der Unternehmung. Stuttgart 1970.
[189] *Zweig, F.:* Men in the Pits. London 1948.

E. Industriearbeit und Arbeiter

[190] *Anderson, N.:* Work and Leisure. New York 1962.
[191] *Anderson, N.:* Dimension of Work. New York 1964.
[192] *Andrieux, A.* und *Lignon, J.:* L'ouvrier aujourd'hui, in: Recherches de sociologie du travail. Paris 1960.
[193] *Baldamus, W.:* Incentives and Work Analysis. Burmingham 1951.
[194] *Banks, O.:* The Attitudes of Steelworkers to Technical Change. Liverpool 1960.
[195] *Bednarik, K.:* Der junge Arbeiter von heute – ein neuer Typ. Stuttgart 1953.
[196] *Berger, B. M.:* Working-Class Suburb. Berkeley, Cal. 1960.
[197] *Berger, P. L.* (Hg.): The Human Shape of Work. New York 1964.
[198] *Borst, R.* und *Hellpach, W.* (Hg.): Das Problem der Industriearbeit. Berlin 1925.
[199] *Brodersen, A.:* The Soviet Worker. New York 1966.
[200] *Doorn, J. A. A. van:* Sociale ongelijkheid en sociale beleid. Utrecht 1962.
[201] *Dubreuil, H.:* Le travail et la civilisation. Paris 1953.
[202] *Dunkmann, K.:* Soziologie der Arbeit, in: *F. Giese* (Hg.): Handbuch der Arbeitswissenschaft. Halle 1933.
[203] *Ferber, Ch. v.:* Arbeitsfreude – Wirklichkeit und Ideologie. Stuttgart 1959.
[204] *Feuersenger, M.* (Hg.): Gibt es noch ein Proletariat? Frankfurt/M. 1962.
[205] *Friedmann, G.:* Problèmes Humains du Machinisme Industriel. Paris 1947. (dtsch.: Der Mensch in der mechanisierten Produktion. Köln 1952.)
[206] *Friedmann, G.:* Où va le Travail Humain? Paris 1950. (dtsch.: Zukunft der Arbeit. Köln 1953.)
[207] *Friedmann, G.:* Le Travail en Miettes. Paris 1958. (dtsch.: Grenzen der Arbeitsteilung, Frankfurter Beiträge zur Soziologie, Bd. 7, Frankfurt/M. 1959.)
[208] *Gadourek, J.:* Absences and Well-Being of Workers. Assen 1965.
[209] *Galenson, W.:* Labor in Developing Economies. Berkeley, Cal. 1962.
[210] *Geiger, Th.:* Zur Soziologie der Industriearbeit und des Betriebes, in: Die Arbeit, Jg. 1929, Heft 11 und 12.
[211] *Grinzberg, E.* und *Hymann, B.:* The American Worker in the Twentieth Century. New York 1963.
[212] *Gubbels, R.:* Productivité. Brüssel 1960.
[213] *Gurvitch, G.* (Hg.): Industrialisation et Technocratie. Paris 1949.
[214] *Hanhart, D.:* Arbeiter in der Freizeit. Bern – Stuttgart 1964.

[215] *Herzberg, F.* und *Snydermann, B. B.:* The Motivation to Work. New York 1959.
[216] *Heymann, K.:* Sozialpsychologie der Vollbeschäftigung, in: Psychologische Praxis, Heft 23, Basel – New York 1958.
[216a] *Hillmann, G.:* Die Befreiung der Arbeit. Hamburg 1970.
[216b] *Hörning, K. H.* (Hg.): Der „neue" Arbeiter. Stuttgart 1971.
[217] *Hubbard, L. E.:* Soviet Labour and Industry. London 1942.
[218] *Isambert, F. A.:* Christianisme et classe ouvrière. Paris 1961.
[219] *Kehrer, G.:* Das religiöse Bewußtsein des Industriearbeiters. München 1966.
[220] *Kentler, H.:* Jugendarbeit in der Industriewelt. München 1962.
[220a] *Kern, H.* und *Schumann, M.:* Industriearbeit und Arbeiterbewußtsein, in: Wirtschaftliche und soziale Aspekte des technischen Wandels in der BRD, Bd. 8. Frankfurt/M. 1970.
[221] *Klages, H.:* Berufswahl und Berufsschicksal. Köln– Opladen 1959.
[222] *Kluth, H., Lohmar, U.* und *Tartler, R.:* Arbeiterjugend – gestern und heute. Heidelberg 1955.
[223] *Kolaja, J.:* A Polish Factory. Lexington, Ky. 1960.
[224] *Kornhauser, A.:* Mental Health of the Industrial Worker. New York – London – Sydney 1965.
[225] *Leber, G.:* Vermögensbildung in Arbeitnehmerhand. Frankfurt/M. 1964.
[226] *Lutz, B.* und *Willener, A.:* Mechanisierungsgrad und Entlohnungsform. Luxemburg 1960.
[227] *Lutz, B.:* Berufsaussichten und Berufsausbildung in der Bundesrepublik Deutschland. Hamburg 1965.
[228] *Lutz, B.* und *Weltz, F.:* Der zwischenbetriebliche Arbeitsplatzwechsel. Frankfurt/M. 1966.
[229] *Matejko, A.:* Work and Comradeship. Warsaw. 1962.
[230] *Mayo, E.:* The Human Problems of an Industrial Civilization. 2. Aufl. Boston 1946.
[231] *Mechler, H.:* Die unentbehrliche Klasse. Stuttgart 1964.
[232] *Najduchowska, H.:* Posycja starych robotnikow. PWN 1965.
[233] *Naville, P.:* Essay sur la qualification du travail. Paris 1956.
[234] *Naville, P.:* De l'aliénation à la jouissance, Paris 1957.
[235] *Neuloh, O.:* Die durchlaufende Arbeitsweise. Tübingen 1961.
[236] *Nishio, H. K.:* Analyse der Arbeiterklasse in Japan, in: Kölner Zeitschrift für Soziologie und Sozialpsychologie, 15. Jg., 1963.
[237] *Payet, M.:* L'integration du travailleur à l'entreprise. Paris 1961.
[238] *Popitz, H., Bahrdt, H. P., Jüres, E. A.* und *Kesting, H.:* Technik und Industriearbeit. Tübingen 1957.
[239] *Popitz, H., Bahrdt, H. P., Jüres, E. A.* und *Kesting, H.:* Das Gesellschaftsbild des Arbeiters. Tübingen 1957.
[240] *Purcell, Th. V.:* Blue Collar Man. Cambridge, Mass. 1960.

[241] *Rosenmayr, L.:* Familienbeziehungen und Freizeitgewohnheiten jugendlicher Arbeiter. München 1963.
[242] *Scharmann, Th.:* Arbeit und Beruf. Tübingen 1956.
[243] *Schelsky, H.:* Arbeitslosigkeit und Berufsnot der Jugend. Köln 1952.
[244] *Slotkin, J. S.:* From Field to Factory, Glencoe, Ill. 1960.
[245] *Smigel, E. O.:* Work and Leisure. New Haven, Conn. 1963.
[246] *Szczepański, J.* (Hg.): Studia mad rozwojem klasy robotjiczej. 2 Bde. PWN, Lodz – Warszawa 1961 und 1962.
[247] *Tautscher, A.:* Vom Arbeiter zum Mitarbeiter. Berlin 1961.
[248] *Thielicke, H.* und *Pentzlin, K.:* Mensch und Arbeit im technischen Zeitalter. Tübingen 1954.
[249] *Thomas, K.:* Die betriebliche Situation der Arbeiter. Göttinger Abhandlungen zur Soziologie, Bd. 9, Stuttgart 1964.
[250] *Touraine, A.:* Ouvriers d'origine agricole. Paris 1961.
[250a] *Touraine, A.:* La conscience ouvrière. Paris 1966.
[251] Unser Verhältnis zur Arbeit – Eine Vortragsreihe. Stuttgart 1960.
[252] *Wald, R.:* Industriearbeiter privat. Stuttgart 1966.
[253] *Wurzbacher, G.:* Die junge Arbeiterin. München 1958.
[254] *Zajicek, Z.* und *Fischer, J. L.:* Die Struktur der Arbeitenden in Maschinenwerken. Prag 1965.
[255] *Zdravomyslov, A. G.* und *Jadov, V. A.* (Hg.): Trud i rozvitije ličnosti, Leningrad 1965.
[256] *Zweig, F.:* Labour, Life and Poverty. London 1948.
[257] *Zweig, F.:* The British Worker. Penguin Books 1952.
[258] *Zweig, F.:* The Israeli Worker. New York 1959.
[259] *Zweig, F.:* The Worker in an Affluent Society – Family, Life and Industry. London 1961.

F. Industrieller Konflikt und industrielle Beziehungen

[259a] *Anker-Ording, A.:* Betriebsdemokratie. Frankfurt/M. 1969.
[260] *Atteslander, T.:* Konflikt und Kooperation im Industriebetrieb. Köln – Opladen 1959.
[260a] *Ballerstedt, E.:* Soziologische Aspekte der innerbetrieblichen Partnerschaft. München 1971.
[261] *Banks, J. A.:* Industrial Participation. Liverpool 1963.
[261a] *Blumberg, P.:* Industrial Democracy. New York 1969.
[262] *Blume, O.:* Normen und Wirklichkeit einer Betriebsverfassung. Tübingen 1964.
[263] *Blumenthal, W. M.:* Die Mitbestimmung in der deutschen Stahlindustrie. Bad Homburg 1960.
[263a] *Bolle de Bal, M.:* Relations humaines et relations industrielles. 2. Aufl. Brüssel 1969.
[264] *Briefs, G.:* Zwischen Kapitalismus und Syndikalismus. Bern 1952.

[265] *Cassau, Th.:* Die Gewerkschaftsbewegung – ihre Soziologie und ihr Kampf. 2. Aufl. Berlin 1930.
[266] *Cole, G. D. H.:* An Introduction to Trade Unionism. London 1953.
[267] *Coser, L.:* The Functions of Social Conflict. London 1956. (dtsch.: Theorie sozialer Konflikte. Neuwied 1965.)
[268] *Florence, P. S.:* Labour. London 1949.
[269] *Galenson, W.* und *Lipset, S. M.* (Hg.): Labor and Trade Unionism. New York – London 1960.
[270] *Galenson, W.* (Hg.): Trade Unions Monograph Series. New York 1962.
[271] *Golden, C. S.* und *Ruttenberg, H.:* Dynamics of Industrial Democracy. New York 1942. (dtsch.: Die Dynamik der industriellen Demokratie, Graz o. D.)
[272] *Goldstein, J.:* The Government of British Trade Unions. London 1952.
[273] *Gouldner, A. W.:* Wildcat Strike. London 1955.
[274] *Grothe, H.:* Der Streik – Taktik und Strategie. Köln 1952.
[274a] *Hax, K.:* Personalpolitik und Mitbestimmung. Köln – Opladen 1969.
[275] *Hirsch, J.:* Die öffentlichen Funktionen der Gewerkschaften. Stuttgart 1966.
[276] *Hirsch-Weber, W.:* Gewerkschaften in der Politik. Köln – Opladen 1959.
[277] *Hondrich, K. O.:* Die Ideologien von Interessenverbänden. Berlin 1963.
[278] *Horné, A.:* Der beklagte Sieg. Villingen 1964.
[279] *Horné, A.* (Hg.): Zwischen Stillstand und Bewegung. Frankfurt/M. 1965.
[280] *Kahn-Freund, O.:* Das soziale Ideal des Reichsarbeitsgerichts. Mannheim 1931.
[281] *Kellner, W.:* Der moderne soziale Konflikt. Stuttgart 1961.
[282] *Knowles, K. G. J. C.:* Strikes. London 1953.
[283] *Kornhauser, A., Dubin, R.* und *Ross, A. M.:* Industrial Conflict. 2. Aufl. New York 1964.
[284] *Kulpińska, J.:* Aktywnośc spoleczna pracownikow w zakladzie pracy. Warszawa 1965.
[285] *Lechtape, H.:* Die deutschen Arbeitgeberverbände. Berlin 1926.
[286] *Lewin, K.:* Resolving Social Conflicts. New York 1948. (dtsch.: Lösung sozialer Konflikte. Bad Nauheim 1953.)
[287] *Lipset, S. M.:* Union Democracy, Glencoe, Ill. 1956.
[288] *Mausolff, A.:* Gewerkschaft und Betriebsrat im Urteil der Arbeitnehmer. Darmstadt 1952.
[289] *Millis, H. A.* und *Montgomery, R. W.:* Organized Labor. New York 1945.
[290] *Mills, C. W.* und *Schneider, H.:* The New Men of Power, Americas Labor Leaders. New York 1948.

[290a] *Nell-Breuning, O. von:* Mitbestimmung – wer mit wem? Freiburg 1969.

[291] *Neuloh, O.:* Die deutsche Betriebsverfassung und ihre Sozialformen bis zur Mitbestimmung. Tübingen 1955.

[292] *Ortlieb, H. D.* und *Schelsky, H.* (Hg.): Wege zum sozialen Frieden. Düsseldorf 1954.

[293] *Philip, H.:* La Democratie industrielle. Paris 1957.

[294] *Pirker, Th.:* Die blinde Macht. München 1960.

[295] *Potthoff, E., Blume, O.* und *Duvernell, H.:* Zwischenbilanz der Mitbestimmung. Tübingen 1962.

[296] *Reichwein, R.:* Funktionswandlungen der betrieblichen Sozialpolitik. Köln – Opladen 1965.

[297] *Reitzenstein, I. v.:* Solidarität und Gleichheit. Berlin 1961.

[298] *Ross, A. M.* und *Hartmann, P. T.:* Changing Patterns of Industrial Conflict. New York – London 1950.

[299] *Rudolph, F.:* Die Ordnung des Betriebes in der Sicht der deutschen Gewerkschaften nach 1945. Köln – Opladen 1965.

[300] *Schellhoss, H.:* Apathie und Legitimität. München 1966.

[301] *Schiefer, J.:* Geschichte der deutschen Gewerkschaften. Aachen 1948.

[301a] *Schwerdtfeger, G.:* Unternehmerische Mitbestimmung der Arbeitnehmer und Grundgesetz. Bad Homburg 1972.

[302] *Scott, W. H.:* Industrial Democracy. Liverpool 1954.

[303] *Scott, W. H.* und Mitarbeiter: Coal and Conflict. Liverpool 1963.

[304] *Selekman, B. M.:* Labor Relations and Human Relations. New York 1947.

[305] *Sheppard, H. L.:* Approaches to Conflict in American Industrial Sociology, in: British Journal of Sociology, V/4, Dezember 1954.

[306] *Slejška, D.* (Hg.): Ûcast pracujících na rízení strojtenského závodu, ÛML, Praha 1962.

[307] *Slichter, S. H.:* Union Policies and Industrial Management. Washington 1941.

[308] *Stiller, E.* (Hg.): Lohnpolitik und Vermögensbildung. Basel – Tübingen 1964.

[309] *Stolz, O.:* Die Gewerkschaften in der Sackgasse. München 1959.

[310] Technische Entwicklung und betriebliche Konflikte, in: Soziologie und moderne Gesellschaft. Verhandlungen des XIV. Deutschen Soziologentages. Stuttgart 1960.

[310a] *Vilmar, F.:* Mitbestimmung am Arbeitsplatz. Neuwied – Berlin 1971.

[311] *Voigt, F.:* Zur Theorie und Praxis der Mitbestimmung. Berlin 1962.

[312] *Weber, Ad.:* Der Kampf zwischen Kapital und Arbeit. 2. Aufl. Tübingen 1954.

[312a] *Weidig, R.:* Sozialistische Gemeinschaftsarbeit. Berlin 1969.
[312b] *Zimmermann, W.:* Fehlzeiten und industrieller Konflikt. Stuttgart 1970.

G. Organisation, Rationalisierung, Automation

[313] *Andrejewa, G. M.:* Automatizacija proizvodstva i sitranije socialnych granĕj mĕždu rabočim klassom i inženĕrno-tĕchničeskoj intĕligencijej. Naučnyje doklady vyššej školy, Filosofskije nauki, 1961, N. 4.
[313a] *Angus, A. D.:* The Computer People. London 1969.
[314] *Argyris, Ch.:* Organization and Innovation. Homewood, Ill. 1965.
[315] *Bagrit, C.:* The Age of Automation. London 1964.
[316] *Barnes, L. B.:* Organizational Systems and Engineering Groups. Boston 1960.
[316a] *Bennis, W. G.*, Changing Organizations. New York 1966.
[316b] *Bernstein, B.* und *Jetzschmann, H.:* Informations- und spieltheoretische Aspekte in der soziologischen Forschung. Berlin 1969.
[317] *Blau, P. M.* und *Scott, W. R.:* Formal Organization. London 1963.
[317a] *Bosetzky, H.:* Grundzüge einer Soziologie der Industrieverwaltung. Stuttgart 1970.
[318] *Caplow, T.:* Principles of Organization. New York – Chicago 1964.
[320] *Crozier, M.:* The Bureaucratic Phenomenon. Chicago 1964.
[321] *Diebold ,J.:* Automation. New York 1952. (dtsch.: Die automatische Fabrik. 2. Aufl. Nürnberg 1955.)
[322] *Etzioni, A.* (Hg.): Complex Organizations. New York 1961. Glencoe, Ill. 1961.
[322a] *Etzioni, A.* (Hg.): A Comparative Analysis of Complex Organizations. Glencoe 1961.
[322b] *Etzioni, A.:* Modern Organizations. Englewood Cliffs, N. J. 1964 (dtsch.: Soziologie der Organisationen. München 1967).
[322c] *Etzioni, A.* (Hg.): Readings in Modern Organizations. Englewood Cliffs, N. J. 1969.
[323] *Feigenbaum, A.* und *Feldman, J.* (Hg.): Computers and Thought. New York 1963.
[324] *Fourastié, J.:* Machinisme et bien-être. Paris 1951.
[325] *Friedrichs, G.:* Automation und technischer Fortschritt in Deutschland und den USA. Frankfurt/M. 1963.
[326] *Friedrichs, G.* (Hg.): Automation – Risiko und Chance. Frankfurt/M. 1965.
[327] *George, F. A.:* Automation, Cybernetics and Society. New York 1959.

[328] *Granick, D.:* The Red Executive. New York, Graden City 1961.

[329] *Guest, R. H.:* Organization Change. Homewood, Ill. 1961.

[330] *Haire, M.* (Hg.): Modern Organization Theory. New York 1959.

[331] *Haire, M.:* Organization Theory in Industrial Practice. New York – London 1962.

[332] *Haseloff, O. W.:* Kybernetik als soziale Tatsache, in: Bergedorfer Protokolle, Bd. 3, Hamburg – Berlin 1963.

[332a] *Irle, M.:* Macht und Entscheidungen in Organisationen. Frankfurt/M. 1971.

[333] *Jaeggi, U.* und *Wiedemann, H.:* Der Angestellte im automatisierten Büro. Stuttgart 1963.

[333a] *Katz, D.* und *Kahn, R. L.:* The Social Psychology of Organizations. New York 1966.

[333b] *Koch, C.* und *Senghaas, D.* (Hg.): Texte zur Technokratiediskussion. Frankfurt/M. 1970.

[334] *Landwehrmann, F.:* Organisationsstrukturen industrieller Großbetriebe. Köln – Opladen 1965.

[335] *Lawrence, P. R.* und *Seiler, J. A.:* Organizational Behavior and Administration. Homewood, Ill. 1965.

[336] *Litterer, J. A.* (Hg.): Organizations: Structure and Behavior. New York 1963.

[337] *Luhmann, N.:* Funktionen und Folgen formaler Organisation, in: Schriftenreihe der Hochschule Speyer, Bd. 20, Berlin 1964.

[337a] *Luhmann, N.:* Soziologische Aufklärung. Köln 1970.

[338] *Mann, F. C.* und *Hoffmann, L. R.:* Automation and the Worker. New York 1960.

[338a] *March, J. G.* und *Simon, H. A.:* Organizations. 4. Aufl. New York 1963.

[339] *Mayer, A.:* Die soziale Rationalisierung des Industriebetriebes. München 1951.

[340] *Mayntz, R.:* Die Organisationssoziologie und ihre Beziehung zur Organisationslehre, in: TFB-Handbuch: Organisation. Berlin – Baden-Baden 1961.

[341] *Mayntz, R.:* Soziologie der Organisation. Hamburg 1963 (rde 166).

[342] *Mayntz, R.:* Max Webers Idealtypus der Bürokratie und die Organisationssoziologie, in: Kölner Zeitschrift für Soziologie und Sozialpsychologie, 17. Jg., 1965.

[343] *Mills, D. L.* und *Vollmer, H. M.:* Nuclear Technology and the Professionalization of Labor, in: American Journal of Sociology, Jg. 67, 1961/62.

[344] *Muller Ph.:* Berufswahl in der rationalisierten Arbeitswelt. Hamburg 1961 (rde 133).

[344a] *Naschold, F.* und *Narr, W. D.:* Theorie der Demokratie. Stuttgart 1971.

[345] *Neuloh, O.:* Die weiße Automation. Saarbrücken 1966.
[346] *Osipov, A., Kovalenko, I.* und *Petrov, E.:* Sovětskij rabočij i avtomatizacija, Profizdat, Moskva 1960.
[347] *Pirker, L.:* Büro und Maschine. Basel – Tübingen 1962.
[348] *Pirker, L.:* Bürotechnik, Stuttgart 1963.
[349] *Pollock, F.:* Automation. Frankfurt/M. 1964.
[350] *Presthews, R. V.:* The Organizational Society. New York 1962.
[351] *Reuss, G. E.:* Management im Zeitalter des Elektronenrechners. Tübingen 1965.
[352] *Russakoff-Hoos, I .:*Automation in the Office. Washington 1961.
[353] *Schachtschabel, H. G.:* Automation in Wirtschaft und Gesellschaft. Hamburg 1961.
[354] *Scharpenack, F.* (Hg.): Strukturwandel der Wirtschaft in Folge der Computer. Tübingen 1965.
[355] *Schelsky, H.:* Die sozialen Folgen der Automatisierung. Düsseldorf – Köln 1957.
[355a] *Selznick, Ph.:* Leadership in Administration. New York 1957.
[355b] *Selznick, Ph.:* TVA and the Grass Roots. 2. Aufl. New York 1966.
[356] *Stogdill, R. M.:* Managers, Employees, Organizations. Columbus, Ohio 1966.
[357] *Thompson, V. A.:* Modern Organization – A General Theory. New York 1963.
[358] *Udy, S. H.:* Organization of Work. New Haven, Conn. 1959.
[359] *Whyte, W. F.:* Man and Organization. Homewood, Ill. 1959.
[360] *Wiedemann, H.:* Die Rationalisierung aus der Sicht des Arbeiters. Köln – Opladen 1964.
[360a] *Wiedemann, H.:* Das Unternehmen in der Evolution. Neuwied – Berlin 1971.

H. Industrie und Gesellschaft

[360b] *Altmann, N.* und *Bechtle, G.:* Betriebliche Herrschaftsstruktur und industrielle Gesellschaft. München 1971.
[360c] *Anderson, N.:* The Industrial Urban Community. New York 1971.
[361] *Argyris, Chr.* und Mitarbeiter: Social Science Approaches to Business Behavior. Homewood, Ill. 1962.
[362] *Beckerath, H. v.:* Der moderne Industrialismus. Jena 1930.
[363] *Bertaux, P.:* Maschine, Denkmaschine, Staatsmaschine, in: Bergedorfer Protokolle, Bd. 2, Hamburg – Berlin 1963.
[364] *Brepohl, W.:* Industrievolk im Wandel von der agraren zur industriellen Daseinsform. Tübingen 1957.
[365] *Burnham, J.:* The Managerial Revolution. New York 1951. (dtsch.: Das Regime der Manager. Stuttgart 1958.)
[366] *Chase, S.:* Men and Machines. New York 1937.

[367] *Chase, S.:* Roads to Agreement. New York 1951. (dtsch.: Wege zur Verständigung. Frankfurt o. D.)
[368] *Croon, H.* und *Utermann, K.:* Zeche und Gemeinde. Tübingen 1958.
[369] *Davis, J.:* Capitalism and Its Culture. New York 1955.
[370] *Dobb, M.:* Organisierter Kapitalismus. Frankfurt/M. 1966.
[371] *Drucker, F. P.:* The New Society. London 1951. (dtsch.: Gesellschaft am Fließband. Frankfurt/M. 1952.)
[372] *Form, W. H.* und *Nosow, S.* (Hg.): Man, Work and Society. New York 1962.
[373] *Freyer, H., Filipec, J.* und *Bossle, L.:* Die Industriegesellschaft in Ost und West. Mainz 1966.
[374] *Gehlen, A.:* Sozialpsychologische Probleme in der industriellen Gesellschaft. Tübingen 1949.
[375] *Goldthorpe, J. H., Lockwood, D., Bechhofer, F., Platt, J.:* The Affluent Worker in the Class Structure. Cambridge 1969. (dtsch.: Der wohlhabende Arbeiter in England. München 1970.)
[376] *Goodman, L. H.* (Hg.): Economic Progress and Social Welfare. New York – London 1966.
[377] *Gross, E.:* Work and Society. New York 1958.
[378] *Gross, E.:* Industry and Social Life. Dubuque, Iowa 1965.
[379] *Gross, H.:* Manager von morgen. Düsseldorf 1949.
[380] Grundriß der Sozialökonomik; II. Abteilung (Die natürlichen und technischen Beziehungen der Wirtschaft, 1923), III. Abteilung (*M. Weber:* Wirtschaft und Gesellschaft, 1923), IX. Abteilung (Das soziale System des Kapitalismus, 1926/7).
[381] *Heimann, E.:* Wirtschaftssysteme und Gesellschaftssysteme. Tübingen 1954.
[382] *Hoffmann, W. G.* (Hg.): Beiträge zur Soziologie der industriellen Gesellschaft. Dortmund 1952.
[383] *Hoselitz, B. F.* und *Moore, W. E.:* Industrialization and Society. 2. Aufl. Paris 1966.
[384] IFO-Institut für Wirtschaftsforschung: Soziale Auswirkungen des technischen Fortschritts. Berlin – München 1962.
[385] *Jünger, F. G.:* Die Perfektion der Technik. 2. Aufl. Frankfurt/M. 1949.
[386] *Kahl, J. A.:* La Industrializacion en America Latina. Mexico 1965.
[387] *Krisam, R.:* Der „Mittelstand" im hochindustrialisierten Wirtschaftsraum. Köln – Opladen 1965.
[387a] *Kuczynski, J.:* Studien zur Wissenschaft von den Wissenschaften. Berlin 1972.
[388] *Külp, B.:* Lohnbildung im Wechselspiel zwischen politischen und wirtschaftlichen Kräften. Berlin 1965.
[389] *Lynd, R.* und *Lynd, H.:* Middletown .New York 1929.

[390] *Lynd, R.* und *Lynd, H.:* Middletown in Transition. New York 1937.
[391] *Mayntz, R.:* Soziale Schichtung und sozialer Wandel in einer Industriegemeinde. Stuttgart 1959.
[392] *Mayo, E.:* The Social Problems of an Industrial Civilization. London 1946. (dtsch.: Probleme industrieller Arbeitsbedingungen. Frankfurt/M. 1950.)
[393] *McClelland, D.:* The Achieving Society. Princeton, N. J. 1961. (dtsch.: Die Leistungsgesellschaft. Stuttgart – Berlin 1966.)
[394] *Michel, A.:* Famille, industrialisation, logement. Paris 1959.
[395] *Moore, W. E.:* Economy and Society. New York 1955.
[396] *Morse, D.* und *Warner, A. W.:* Technological Innovation and Society. New York 1966.
[397] *Nicolai, A.:* Comportement Economique et Structures Sociales. Paris 1960.
[398] *Peggio, E.* und Mitarbeiter: Industrialisazione e sottosviluppo. Turin 1960.
[398a] *Pym, D.* (Hg.): Industrial Society. Baltimore 1969.
[399] *Rice, A. K.:* The Enterprise and its Environment. London 1963.
[400] *Rosen, S. M.* und *L.:* Technology and Society. New York 1941.
[401] *Schweinitz, K. de jr.:* Industrialization and Democracy. Toronto 1964.
[401a] *Sonntag, H. R.:* Revolution in Chile, Frankfurt/M. 1972.
[402] *Soule, G.:* Prosperity Decade. New York 1947. (dtsch.: Mehr Zeit zum Leben. Frankfurt/M. 1956.)
[403] *Tannenbaum, A. S.:* Social Psychology of the Work Organization. Belmont – London 1966.
[404] *Tannenbaum, F.:* A Philosophy of Labor. New York 1951. (dtsch.: Eine Philosophie der Arbeit. Nürnberg 1954.)
[405] *Zahn, E.:* Wirtschaftliche Entwicklungen und gesellschaftliche Erwartungen, in: Kölner Zeitschrift für Soziologie und Sozialpsychologie, 18. Jg., 1966.

Personenregister

Sachregister